斜坡虹吸排水理论与实践

孙红月　尚岳全　蔡岳良　著

“十二五”国家科技支撑计划(No. 2012BAK10B06)成果专著

科学出版社
北　京

内 容 简 介

虹吸具有免动力实现水体高效跨越输送和流动过程由液位变化自动控制的特性，具有布孔位置选择方便和经济性好的优势，适合斜坡地下水位控制的需要。本书通过模型试验、数值模拟和理论分析及工程实践，揭示了虹吸系统气泡积累导致排水中断的原因，提出了保障虹吸持续有效的技术措施，建立了斜坡虹吸排水技术体系，建设了国际上首个免维护的滑坡虹吸排水示范工程。

为便于虹吸排水技术方法的应用，编制了“斜坡虹吸排水技术指南”，作为附录列于书中，为规范使用斜坡虹吸排水技术提供了必要的技术标准。

本书论述了斜坡虹吸的基础理论和相关技术问题，构建了斜坡虹吸排水方法，编制了必要的技术标准，可供滑坡地质灾害防治领域中的勘察、设计、施工、监理等技术人员和管理人员及大专院校相关专业师生参考使用。

图书在版编目(CIP)数据

斜坡虹吸排水理论与实践/孙红月，尚岳全，蔡岳良著. —北京：科学出版社，2016.6

ISBN 978-7-03-048334-8

Ⅰ.①斜… Ⅱ.①孙…②尚…③蔡… Ⅲ.①斜坡-道路工程-排水系统-研究 Ⅳ.①U417.3

中国版本图书馆 CIP 数据核字(2016)第 112610 号

责任编辑：刘宝莉 乔丽维 / 责任校对：郭瑞芝

责任印制：张 伟 / 封面设计：左 讯

科学出版社出版

北京东黄城根北街 16 号

邮政编码：100717

http://www.sciencep.com

北京虎彩文化传播有限公司印刷

科学出版社发行 各地新华书店经销

*

2016 年 6 月第 一 版 开本：B5(720×1000)

2021 年 5 月第三次印刷 印张：11 3/4

字数：240 000

定价：88.00 元

(如有印装质量问题，我社负责调换)

前　言

降雨是诱发滑坡的主要环境因素，大量滑坡表现出雨季滑动、旱季又相对稳定的特征，它们的变形动态与降雨过程的关系十分密切。降雨强度和前期降雨积累程度往往决定着滑坡的启动时间，岩土渗透率分布决定着许多斜坡的变形破坏特征。因此，控制坡体地下水位上升，对提高滑坡稳定性有着十分重要的作用。然而，当前在控制坡体地下水位上升方面，却面临诸多困难，显得力不从心。地表截排水沟效果不佳，排水盲沟施工困难，水平排水孔往往需要很长的钻孔且使用过程中易堵塞，地下排水隧洞体系建设工期长、费用高。所有这些排水措施均对地形条件或岩土结构特征有较高的要求。只有排水井，可以高效排水且位置选择方便，但存在抽水需要动力能源、维护管理困难等缺点。

有没有一种技术能同时满足：经济高效又无需动力、排水点选择方便、后期使用可靠性好且维护简单？回答是肯定的，这种技术就是虹吸排水技术。虹吸能免动力实现水体的高效跨越输送，且流速和流动过程由液位变化自动控制，这些特性非常适合坡体地下水位控制的需要，且具有布孔位置选择方便和经济性好的优势，应该成为斜坡排水的主要手段。

将虹吸技术应用于斜坡排水，已有30年的发展历史，但至今仍然未能得到推广应用，其原因在于没能解决如何避免虹吸系统崩溃的问题。斜坡虹吸具有间歇性、缓慢流动性以及需要高扬程等特性，虹吸管内的低压环境必然导致水流析出空气，如不能及时使析出的气泡随水流排出虹吸管，就会造成管内空气积累，最后导致虹吸过程中断。解决间歇性高扬程虹吸过程持续有效的技术保障问题，是推广虹吸方法应用于斜坡排水的基础。

本书全面讨论斜坡虹吸的基础理论问题和相关技术问题。通过模型试验和理论分析，揭示虹吸过程中气泡的形成与运动规律；基于试验研究、数值模拟和理论分析，揭示不同虹吸管直径的流态特征，发现4mm内径虹吸管是形成段塞流的临界管径；通过虹吸管空气溶入与扩散理论研究，计算获得长期停流状态下管顶气泡的积累量值；采用数值模拟方法，论述斜坡虹吸排水的作用效果及其影响因素；探讨斜坡虹吸排水设计施工的相关技术问题，提出相应的技术实施方案；建设国际上首个免维护的斜坡虹吸排水示范工程，显示出斜坡虹吸排水具有强大的优势。

由于斜坡虹吸排水是一项新技术，目前还缺乏相关技术标准。为提高斜坡排水能力，减少滑坡灾害发生，推广虹吸排水技术方法的应用，规范虹吸排水技术工作，编制了“斜坡虹吸排水技术指南”。主要内容包括：斜坡工程地质条件调查分析与测试方法、虹吸管空气积累原因分析与控制技术措施、虹吸排水系统设计、虹吸排水系统建设要求、虹吸排水效果监测技术方法等。指南阐述了相关内容的基本概念、实施过程中应注意的问题、提出技术要求的原因，为规范使用斜坡虹吸排水技术提供了必要的技术标准。

在本书完成之际，作者特别感谢朱定勤、万毅宏、王江平、赵荐、周斌、何强、李仁志、方坤平、邱庆生、方东苏、何云、张灵军、王晓星、郭艳明等在虹吸排水示范工程建设中给予的大力支持和帮助；感谢课题组研究生任姗姗在斜坡虹吸排水效果和影响因素研究、熊晓亮在虹吸管气液两相流型数值分析、张世华在地下水浸润线分析及虹吸排水效果研究等方面的重要贡献；感谢课题组研究生潘攀、魏振磊、梅成、吴梦萍、赵权利、何婷婷、张文君、陈晓辉等在相关试验研究和虹吸排水示范工程建设中做出的贡献。

构建免维护持续有效的斜坡虹吸排水系统，是一项新技术探索。课题组成员开展了大量的模型试验、数值模拟和理论分析工作，并在此基础上建设了斜坡虹吸排水的示范工程，用工程实践验证了理论和技术研究成果的正确性。但构建完整的斜坡虹吸排水体系是一项富有挑战性的工作，限于著者水平，书中难免存在不足之处，恳请读者批评指正。作为首部系统论述斜坡虹吸排水理论与技术方法的专著，总结研究成果并出版，希望对我国的斜坡地质灾害防治有所帮助，并在新的实践中不断提高和完善。

孙红月

于杭州浙江大学

2016年2月10日

目　　录

第1章　绪　　论

1.1　斜坡排水意义与面临困难

我国是多山国家，斜坡是基本的地质环境，滑坡灾害经常威胁着人类生产生活安全。大多数滑坡灾害的诱发因素是由于地下水位的上升，而坡体地下水位上升又是一个降雨入渗的积累过程。许多滑坡表现为雨季滑动、旱季又处于相对稳定，或随雨季过程出现多期分区滑动，它们的变形动态受降雨影响十分明显。图1.1为新昌县下岩村滑坡10号测点的位移速率与附近钻孔地下水位变化的对应关系，充分说明了滑坡的滑动变形与地下水位变化的关系密切，滑坡变形速率变化滞后于地下水位变化，并呈正相关。

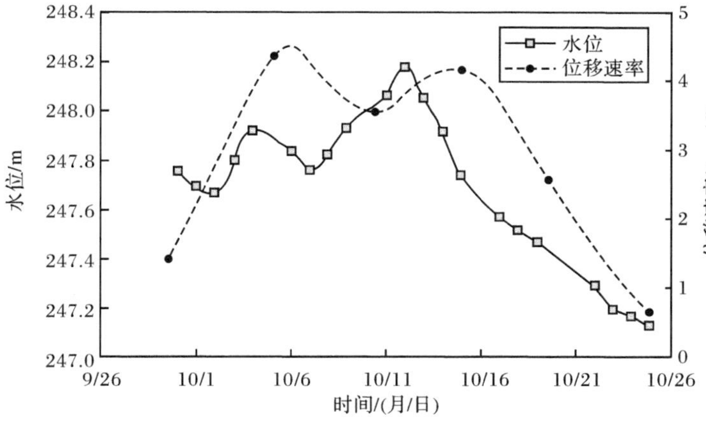

图1.1　10号测点位移速率与附近SK41钻孔地下水位变化关系

关于滑坡与降雨之间的关系及地下水位变化对滑坡稳定性影响等，已开展了多方面研究(李德心等，2012；Cascini et al.，2010)。在降雨历时、降雨量、降雨强度对滑坡稳定性影响方式等方面，进行了大量研究，但对控制坡体地下水位上升的研究相对薄弱。当前滑坡主要排水措施有：地表排水沟、排水盲沟、水平排水孔、地下排水洞、集水井抽水等，无法满足快速经济地实现滑坡地下水位有效控制的目标。地表排水沟应用最普遍，但效果不佳；排水盲沟开挖施工困难；水平排水孔往往需要很大的钻孔长度，且使用过程中容易堵塞；地下排水隧洞体系效率最高，但施工周期长、费用高；集水井抽水需要动力，维护困难。

对于一个较大规模的滑坡，如果前期没有明显的降雨积累，那么一次短时间的强降雨过程，将不会导致坡体地下水位的大幅上升，也不会引起滑坡的启动。但有前期降雨积累时，坡体的含水量高且有较高的初始地下水位，就会因强降雨过程进一步引起地下水位上升而导致滑坡启动。因此，及时排出坡体地下水，就能有效防止多数滑坡灾害的发生。但许多滑坡排水面临困难。

图 1.2 是浙江省龙游县渡贤头村滑坡的地貌环境特征，滑坡后缘有大范围的汇水斜坡区域，且表层岩土结构松散，降雨入渗条件良好。滑坡地质剖面如图 1.3 所示，滑体组成物质为碎石土、含碎石粉质黏土，主体部分属古滑坡堆积，接受大气降水和山坡土体地下水渗流补给，地下水埋深 3.2～21m，滑床为较完整的中风化晶屑凝灰岩，属隔水层。古滑坡宽 650m，最大斜长约 260m，投影面积约 11.3 万 m^2，按平均厚度 20m 计，体积约 226 万 m^3。2002 年年底，由于坡脚公路建设开挖施工，在降雨影响下，开挖坡面出现了小规模塌方并有泉点出露，坡面出现裂缝，并随时间过程变形破坏范围逐渐增大。随后采取了削坡卸荷、抬高路面等措施，但坡面仍有新的裂缝不断出现，原有裂缝继续扩展，护面墙出现裂缝，公路内侧路基隆起，滑坡产生进一步的活动变形。2003 年采用了水平排水孔，对该滑坡进行深部排水治理，最深水平排水孔达 120m(见图 1.3)，初时排水效果良好，滑坡变形得到了有效遏制，但随着时间的推移，排水孔出水量逐渐减小，排水效果不再明显。2005 年，坡体上又出现了部分新的裂缝，原有裂缝局部再次变形，公路边沟变形、路面隆起。最后花费巨额资金，采用地下排水洞和抗滑桩相结合的方法才控制了该滑坡的变形发展。

图 1.2　浙江省龙游县渡贤头村滑坡的地貌环境

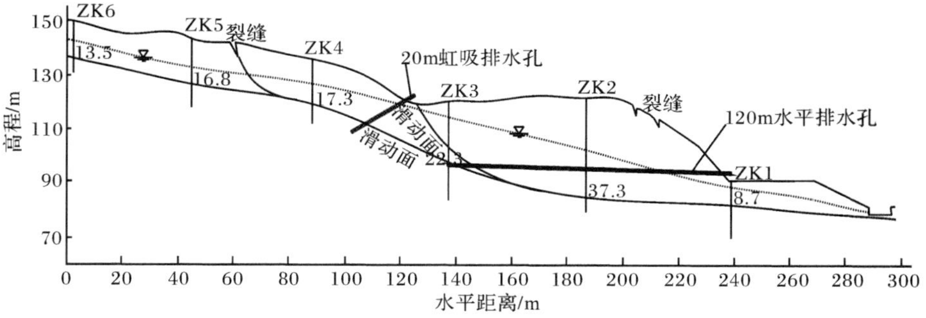

图1.3 滑坡地质剖面及排水系统布置图

渡贤头村滑坡是典型的降雨诱发型滑坡，其变形发展与降雨关系极其密切，变形加速总是发生在经历了一段时间的持续降雨之后，在相对干旱季节滑坡又恢复稳定。在滑坡治理设计期间，就充分认识到该滑坡治理应该优先采用排水措施，但排水工作的实施却面临很大的困难，事实上，许多滑坡排水都会遇到相似的困难。在渡贤头村滑坡排水中，采用现有排水措施的困难主要表现如下：

(1) 地表截排水沟：由于地表岩土的强渗透性，基本起不到截排降雨入渗的作用，而且滑坡的降雨入渗汇水区在滑坡体后缘广大的斜坡区，后缘的地下水入渗才是导致滑体地下水位上升的关键因素，地表截排水沟的作用非常有限。

(2) 排水盲沟：如图1.3所示，即使斜坡上部堆积体厚度较小的ZK6钻孔，松散堆积层厚度也达13.5m，勘探期间地下水埋深大于7m，排水盲沟需要开挖的深度很大，工程造价将很高，更主要的问题是施工开挖安全性无法保证，很难采用排水盲沟达到排水目的。

(3) 水平排水孔：为了有效降低地下水位，渡贤头村滑坡治理工程采用了水平排水孔(胡启芳，2009)，施工的水平排水孔进入滑面以下，如图1.3所示，采用上倾5%的坡率，孔深80～120m，成孔之初排水效果良好，但经历一段时间后，就因为排水孔堵塞而失效，导致滑坡再次复活。

(4) 井点抽水：对渡贤头村滑坡采用滑坡中部井点排水，显然也是可行的方案，钻孔深度不会超过20m，只是作为永久性工程，井点抽水需要动力且管理十分困难。

考虑到渡贤头村滑坡面临的困难，在经历水平排水孔排水失效后，工程上不得不采用地下排水洞系统，才使滑坡恢复到稳定状态。

1.2 虹吸原理

虹吸是一种利用液面高度差的作用力推动液体流动的物理现象，如图1.4所示。先将液体充满一根∩形管，然后将其一端置于装满液体的容器中，另一端置于低于该容器液面高程的位置，容器内的液体就会持续通过虹吸管从液面高的容器内流向液面低的容器内，直到∩形管两端的液面高度相同。虹吸的实质是因为重力和分子间黏聚力而产生液体流动。虹吸管内顶点液体在重力作用下向低位管口处移动，产生负压导致高位管口的液体被吸进管内并流向顶点，从而使液体源源不断地流入低位置容器。

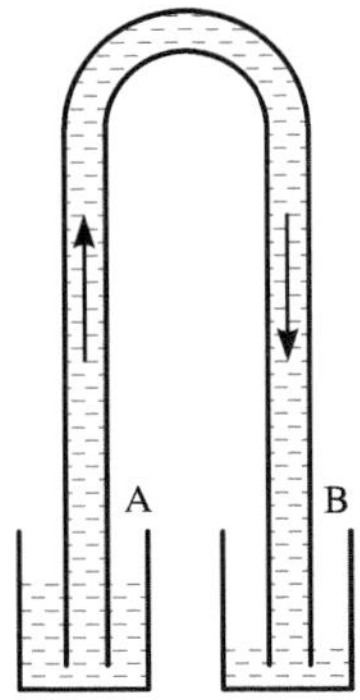

图 1.4　虹吸现象

人们很早就发现了虹吸原理，并开始在日常生活中应用。应用虹吸原理制造的虹吸管，在中国古代称“注子”、“偏提”、“渴乌”或“过山龙”。东汉末年出现了灌溉用的渴乌。西南地区的少数民族用一根去节弯曲的长竹管饮酒，也是应用了虹吸原理。宋朝曾公亮《武经总要》中，有用竹筒制作虹吸管把峻岭阻隔的泉水引下山的记载。中国古代还应用虹吸原理制作了唧筒，它是战争中一种守城必备的灭火器。宋代苏轼《东坡志林》卷四中，记载有四川盐井中用唧筒把盐水吸到地面的案例。

当前对虹吸现象已经有很明确的认识，虹吸现象是液态分子间引力与位能差所造成的，即利用大气压力，将液体往上压后再流到低处的一种现象。在大气压力相同的情况下，由于液面存在高差，液体进口管端压力大于出口管端压力，导致液体在压力差作用下流动，容器间的液面变成相同高度时，液体便会停止流动。由图 1.4 可以看出，当容器 A 液面高于容器 B 液面，且虹吸管内充满液体时，受液体重力作用，虹吸管顶点处的压力下降，而容器 A 液面处于大气压力作用下，从而使管口和管顶有一个明显的压力差，驱动容器 A 的液体向管内流动。考虑重力影响，一个标准大气压为 101.325kPa，水的容重为 9.8kN/m^3，在标准大气压条件下，容器 A 内的液面距离顶点的高差不能大于 10.336m，否则水流不能越过顶点，就不能启动虹吸。

山区坡面的大气压力会随高程增加而有所下降，虹吸的最大跨越扬程将小于

10.336m，不同高程对应的最大跨越扬程如表1.1所示。当虹吸启动后，虹吸过程进入一个稳态流动过程。由于A、B之间的液面高差，两侧的虹吸管末端有一个压强差形成驱动力，使得容器A的液体向容器B流动，不考虑沿程水头损失和局部压降，理想状态下，当两侧液面持平时，虹吸现象停止。通过对虹吸现象的描述，我们知道要保证虹吸过程的持续进行，必须满足三个基本条件：

(1) 保证虹吸管顶部处于低压状态，即虹吸管内不能积聚过多的空气。

(2) 虹吸管顶点距离进水容器液面的高度，不能超过当地大气压所能维持的水柱的高度。

(3) 出水口液面高度必须低于进水口液面高度。

表1.1 不同高程大气压折算水柱高度

海拔高度/m	200	500	1000	2000	3000
大气压力/mH_2O	10.09	9.74	9.16	8.16	6.97

1.3 虹吸排水的优势

虹吸具有免动力实现水体的高效跨越输送特征，而且流速和流动过程由液位变化自动控制，虹吸流量随坡体地下水位上升而加大，这些物理特性非常适合坡体地下水位控制的需要，且具有绿色环保和经济性好的优势，应该成为滑坡排水工程的主要手段。相比于传统排水方式，斜坡虹吸排水具有明显的优势：排水孔布置方便、集水能力强、截排水效果好、需要的钻孔长度小、工程建设速度快等。因此，应用虹吸排水方法可以实现快速、经济、有效排水的目标。

斜坡表层岩土往往结构松散，降雨容易入渗，地表截排水系统一般只是拦截地表径流，虹吸排水则可以有效排除入渗到斜坡岩土中的地下水，克服了降雨入渗水的拦截困难问题，对防止地下水位上升将更有效。事实上，大量斜坡潜在滑坡区的地下水是来自斜坡后缘坡体的入渗，如图1.2和图1.5所示，对于这类潜在滑坡问题，在斜坡工程区修建地表截排水沟，对拦截降雨入渗地下水基本没有什么作用。但采用虹吸排水方法在潜在滑坡后缘进行截排地下水，就可有效降低潜在滑坡区的地下水位。如图1.6所示的斜坡，不排水的地下水位如图1.6(a)所示，潜在滑坡区地下水位较高，可能导致滑坡启动，但进行虹吸排水后，坡体的地下水位如图1.6(b)所示，将使斜坡处于稳定状态。

虹吸排水不同于水平排水孔，虽然两种排水方法均采用了钻孔深入坡体内部，排出深部地下水，但水平排水孔依靠水的重力势能，使地下水沿缓倾坡外的水平孔流动，由于水力坡度小，流动水中的细小颗粒容易沉积并最终堵塞排水孔，而虹吸排水以细管流的形式排水，水的流动速度大，能够携带细小颗粒流出排水孔，

图 1.5　潜在滑坡区后缘广阔的降雨入渗区

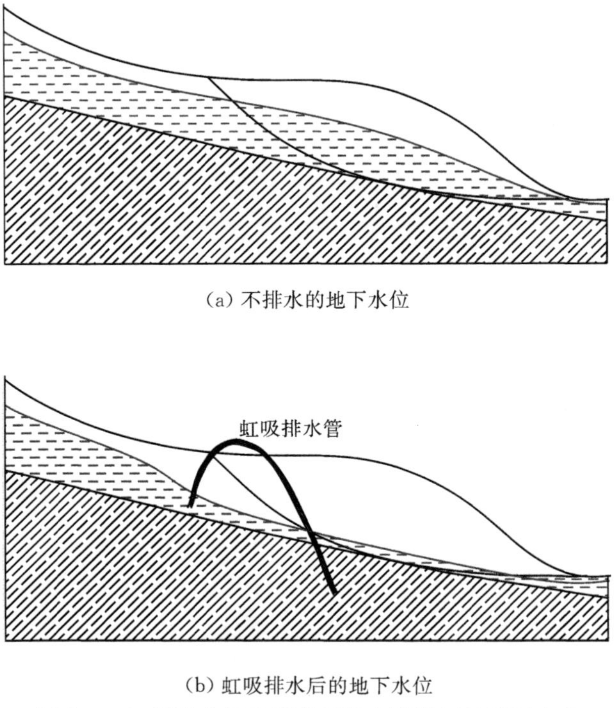

(a) 不排水的地下水位

(b) 虹吸排水后的地下水位

图 1.6　虹吸排水能有效降低潜在滑坡区的地下水位

从而避免排水系统的堵塞。同时,下倾的虹吸排水孔具有更好的集水能力,如图 1.7所示,虹吸排水孔四周的地下水均可进入,而水平排水孔只有钻孔高程以上的地下水可以进入,且在地下水沿水平排水孔外流的过程中可能回流到坡体。与水平排水孔相比,虹吸排水孔的最大优势还在于大大减小了钻孔长度,如图 1.7 所示的陡倾斜坡,实现相同的地下水拦截深度,虹吸孔的深度为 9.8m,而水平孔的深度为 15m,对于缓倾坡,这种优势将更为显著,图 1.3 所示的龙游县渡贤头村滑坡,如果采用虹吸排水系统,在滑坡中后部设置虹吸排水孔,排水孔的深度不会超过 20m,远小于水平排水孔深度(120m),将可以极大地降低排水孔施工成本。另外,斜坡地形条件复杂,各种截排水措施的实施均可能受到地下条件的制约,但虹吸排水孔布置则容易实施。

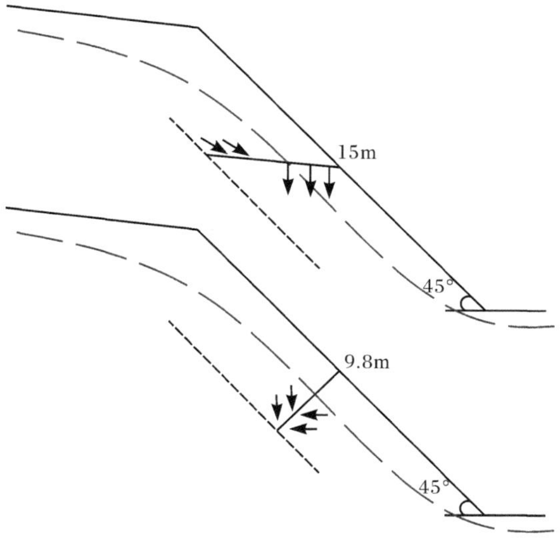

图 1.7 下倾虹吸排水孔具有更好的集水能力

虹吸排水具有诸多优势,但也有诸多制约虹吸排水应用的不利因素。

1.4 斜坡虹吸排水发展现状

将虹吸应用于斜坡排水,至今已有 30 年的发展历史,其间参与研究的人员并不多。国际上对斜坡虹吸排水方法进行系统研究的有法国学者 Gress 团队,他们首先认识到溶于水的空气在虹吸过程中会析出,形成的气泡在浮力作用下会在虹吸管的顶部积累,如果任其发展就会导致虹吸断流。因此,Gress(1991)提出在虹吸出水口设置扰流系统,利用可上下转动的刚性管产生出水口高度的周期性改变,使虹吸管的水流速度产生波动性变化,将虹吸管内气泡排出。该技术于 1991

年获得美国发明专利授权，利用该专利技术建设的斜坡虹吸排水系统，取得了成功应用。1992 年，Gress 首次发表了“虹吸排水”一文，介绍了法国第戎(Dijon)附近一处公路滑坡于 20 世纪 80 年代末采用虹吸排水取得了预期的效果，使路面以下地下水位埋深由 2m 降低至 8m，从而保证了公路稳定。运动性器件需要维护的特点使得该虹吸排水系统存在致命缺陷。

由于虹吸最大跨越高度为当地大气压的水柱高度，一般地区约为 10m，大量滑坡的地下水位埋深可能大于 10m，在此情况下，简单的虹吸就无法工作。为了实现深部排水，Gress 研究团队在利用虹吸排水技术优势的基础上，发展了结合电子气囊泵(electropneumatic pumps)的虹吸排水方法。当地下水位上升时，地下水通过置于钻孔内的泵腔底部单向阀进入，泵腔内水位由智能传感器感知，当水位上升到腔顶时，发送信号启动空气压缩机，把高压空气压入泵腔，推动腔内的水经由腔内管流向顶部单向阀后进入虹吸管，并由虹吸管排出到地表。当地下水降深在坡面以下小于 11m 时，通过虹吸管直接排水；如果大于 11m 时，则用电子气囊泵的空气压力，把地下水压入虹吸管排出到地表。

基于虹吸排水方法研究和扰流系统及电子气囊泵装置，Gress 研究团队先后对多处滑坡灾害进行了排水应用(Bomont，2008)。英国怀特岛一古滑坡由于海岸侵蚀以及高地下水位而复活(Gillarduzzi，2008)，2004 年采用了 125 个虹吸排水孔和 35 个电子气囊泵虹吸排水孔，改善了滑坡稳定性。2000 年在里昂南部地区发生约 30m 深、300m 宽、方量达到 120 万 m^3 的滑坡(Mrvík et al.，2012)，其后清坡 60 万 m^3，但监测结果表明坡体仍有变形，2006 年安装了 47 套电子气囊泵虹吸排水孔，使地下水位从 0～8m 降低到 11～15m，使滑坡恢复稳定。

张永防研究团队在我国最早开展了斜坡虹吸排水方法研究，在 1996 年湘黔线 K93 路堑滑坡整治施工期间，进行了滑坡浅表部虹吸排水(张永防等，1999)，采用井距 12m 的竖直虹吸排水井，降低浅层滑坡滑动面以上粉砂类以及砂岩类岩层的地下水。在集排水井的虹吸管出口处安装高压手动水泵，用于定期虹吸启动。1997 年 3 月 1 日开始形成虹吸排水，最高时 11 个虹吸孔的排水量为 0.139m^3/d。该滑坡雨季时地下水位在坡面以下 4～5m，利用虹吸排水降低地下水位至 7～8m，地下水位降低幅度约 3m。使得在雨季时作用在挡土墙上的作用力减小而使挡土墙趋于稳定，达到了预期目的，存在的问题是需要专职人员进行检查和雨季前的虹吸恢复工作。期间配合滑坡虹吸工程实践，张永防研究团队对虹吸排水系统的相关问题进行了研究(张永防，1999)，完成了虹吸排水形成和恢复方法的研究和试验，认为虹吸排水适合于排除埋藏较浅的地下水(≤8m)，虹吸管宜采用直径 10～40mm 的镀锌水管，保证进水口和出水口常年都在水中是保证虹吸作用恢复状态和动态平衡状态较好的虹吸管路结构形式。

随后的斜坡虹吸排水研究较少，舒群等(2005)对虹吸法排除滑坡深层地下水进行了尝试，提出虹吸管的管径有两方面的要求：一是直径不宜过大，吸水管的直径太大会把钻孔内有限的渗水很快吸干，导致吸水管进口悬空；二是吸管本身要有较大的强度，不至于在弯折和受压时堵塞。舒群等(2005)建议采用内径为12mm的壁芯夹有铝箔的日丰管，且有专用接头将管加长至任意高程和加装水龙头控制流量。他们在工程应用案例中，通过监测表明了虹吸排水使地下水位线大幅下降，整个滑体的地下水位降深达5m以上，保障了滑坡的稳定性。

作为相关应用的发展，姚爱军和杨宇友等将虹吸排水方法应用于港口岸坡排水(姚爱军等，2006，2009；杨宇友等，2005)，主要是解决岸坡地下水位与港口江水位同步降落的问题。在潜在滑坡区的虹吸管顶部设置排气阀，在需要启动虹吸时，打开排气阀，从而实现人为的抽真空，使得虹吸顺利启动。陈野鹰等(2006)对三峡水库港口岸坡排水方案进行了优化，提出了以网络盲沟、虹吸排水技术为代表的排水技术措施，创建多级串联虹吸排水技术，并应用于保障库区港口岸坡稳定性方案设计，解决库水位陡降条件下的岸坡同步排水降压和稳定安全的难题。

上述研究，虽然探讨了形成初始虹吸的方法、虹吸排水可实现的最大高度、虹吸流量计算、虹吸系统布置设计、维持虹吸管理要求、虹吸恢复方法等问题(张永防等，2012)。但没有解决保障虹吸过程长期持续有效问题，需要经常性启动和管理维护，导致斜坡排水的可靠性得不到保证，使人们失去了对斜坡虹吸排水方法的信心，虽然经历了30年的应用探索，虹吸排水方法在斜坡工程领域仍没有得到推广应用。

对于高扬程和长停流期可能导致虹吸系统崩溃的各种可能性原因进行全面研究，是确保斜坡虹吸排水可靠有效的基础理论问题。降雨的间歇性，使斜坡虹吸排水的过程也必然是间歇性。虹吸的间歇性、缓慢流动性以及高扬程等特性，易在虹吸管内析出空气并积累，如不能及时使析出的气泡随水流排出虹吸管，就会因虹吸管内空气积累导致虹吸过程中断。已有的虹吸排水研究成果，只解决了斜坡高扬程虹吸排水的有条件使用问题，而没有解决长期有效排水的问题。对于分散在斜坡环境中的虹吸排水孔，受交通条件等因素制约，一旦出现虹吸过程中断，人工及时恢复虹吸在管理上十分困难，自动恢复虹吸过程是斜坡排水的必然要求。解决间歇性高扬程虹吸过程的持续有效是推广斜坡虹吸排水方法的基础技术问题。

另外，由于进口的静水压强与虹吸管顶部的最大负压差为1个大气压，一般约为10m水柱高度，这就是虹吸的最大扬程。而大量斜坡的潜在滑体厚度较大，需要实现大于10m的地下水位降深。因此，解决10m降深限制问题，对推广斜坡虹吸排水方法的应用至关重要。

第 2 章　虹吸过程气泡产生原因与流态特征模型试验

利用虹吸的良好物理特性，构建经济有效的斜坡虹吸排水系统，具有重大的现实意义。但斜坡排水有其特殊性，制约着虹吸排水技术的应用：①坡体地下水一般埋深较大，需要采用高扬程虹吸；②旱季长期无水，虹吸管会经历长达几个月甚至更长时间的停流期。

推动虹吸流动需要满足两个基本条件：虹吸管进口的位能大于出口的位能；进口的静水压强与虹吸管顶部的负压差大于进水管内的水柱高度。对于斜坡虹吸排水，进水口压力包括大气压力和水头压力，虹吸管顶点压力大小则取决于真空度。要保证进水口与虹吸管顶点有较大的压力差，就必须使虹吸管顶部尽可能不产生空气积累。保持虹吸管顶部的负压条件，是保证虹吸过程持续有效的物理基础。对于低扬程虹吸情况，虹吸管内空气积累问题不突出，但对于高扬程虹吸情况，管内空气积累问题是无法回避的物理现象。

在虹吸上水管段(进水管水流上升段)，气泡所受浮力和水流方向一致，气泡随水流作上升运动，并不会造成气泡的聚集。但在下水管段(出水管水流下降段)，浮力和水流方向相反，当流速较慢时，水流运动的惯性力不能抵抗浮力的作用，就难以将气泡带走，会在虹吸管顶部积累，会使虹吸管顶部的真空度逐渐降低，最后导致虹吸过程中断。全面认识虹吸管内流态特征，分析虹吸过程可能出现空气积累的因素，是构建持续有效斜坡虹吸排水系统的基础。

2.1　虹吸过程气泡形成原因与特点

当虹吸管中出现空气积累时就会导致虹吸过程中断，要保障虹吸过程长期有效，首先要认识虹吸管中出现空气积累的原因。事实上，在虹吸过程中出现析出空气是必然的物理现象，因为水中溶解有空气。定温下，空气在液体中的溶解度 S_a 与该气体在液面上的平衡分压 P_a 成正比，其定量关系可由亨利定律描述，即

$$S_a = \frac{P_a}{k} \tag{2.1}$$

式中，k 为亨利常数，与温度、压力等相关。

虹吸的上水管段，水流上升运动过程中，随着上升高度的增加，管内水的压力 P_a 逐渐减小，从而使气体在液体中的溶解度 S_a 降低，必然引起溶解于水中的空气因压力降低而析出形成气泡。

气泡在水中具有浮力。计算分析表明(茆晴生,1987),当气泡直径 $\phi>25\ \mu m$ 时就会发生上升运动。气泡浮力作用于圆球的顶部,会在顶端点上产生一个使水分子离解的分力,此力随球的直径增大而增大。随着气泡直径增大,浮力也增大,在顶端产生的离解分子的力大于其表面张力时,顶端的液面水分子会不断地被拉开和更新,气泡就会像斧子一样不断地劈开顶端的液膜而上升。另外,水中气泡周围会形成一层由水分子组成的包膜,此包膜在水的表面张力作用下形成了向内收缩的力,其大小随气泡直径的增大而变小,因此当水体内两个气泡相聚时,较小气泡内的气体压力因相对较大而总要进入大气泡内合为一个更大的气泡,即气泡相遇总有不断合并变大的趋势。

为了便于观察虹吸管内溶解于水中的空气逐渐析出过程,采用图 2.1 的形式进行虹吸过程模拟试验。试验的基本参数:虹吸扬程为 7.35m,虹吸管倾角为 30°,虹吸管为内径 8mm 的 PU 管,虹吸管进出水口的水头差 Δh 为 0.45m。液体介质采用自来水。形成虹吸 10min 后,虹吸管的水流达到基本稳定,然后在进水口倒入墨水,以便拍摄气泡的分布特征。

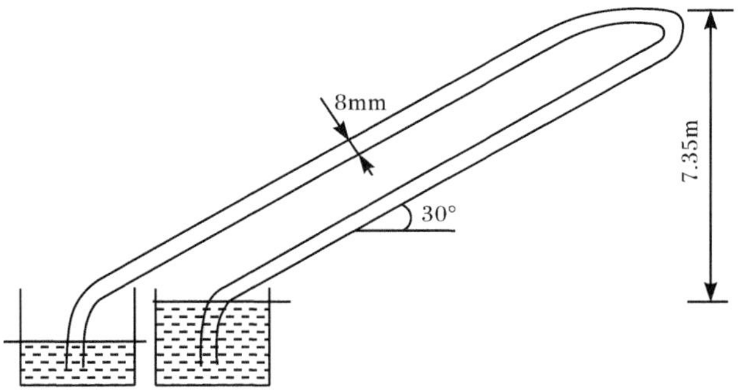

图 2.1　虹吸过程气泡形成实验示意图

试验结果表明:①以进水管的水面为基准,距基准面垂直高度 3.5m 处,虹吸管内开始明显有气泡产生,且数量较多、直径小,最大直径小于 0.5mm;②随距基准面垂直高度的增加,气泡数量也快速增加,到距基准面垂直高度 5.4m 处,看到气泡出现成串现象,气泡的最大直径达到 1mm,随虹吸高度位置的进一步提高,气泡数量也进一步增加,到虹吸顶点 7.35m 附近,气泡成串为普遍现象,但气泡的最大直径仍不超过 1mm;③经过虹吸顶点后,虹吸管中的水流由上升转为下降,气泡的浮力方向与水流方向相反,气泡随着水流继续流动的同时,其上浮力导致气泡相对于水流出现相对的反向运动,在经过虹吸顶点后的 0.2m 长度管段内,气泡发生强烈的兼并,气泡数量减少,单个气泡体积增大,并且由于大气泡受水流的推动作用大于小气泡,结果出现气泡的分段集中现象(见图 2.2),每个相对较大气泡的前端,集中分布大量小气泡,经过虹吸顶点 0.3m 长度管段后,最大气泡直径可达

4mm；④经过虹吸顶点1m长度管段后，绝大多数小气泡就只分布在大气泡的前端，单独分布的直径小于2mm的气泡极少；⑤大量气泡兼并后，一般单个气泡的直径在3～5mm，它们非均匀间隔(一般为0.3～0.8m)分布于虹吸管内，在随水流动过程中进一步兼并，最后形成占满整个虹吸管(8mm)的空气段，并在水头压力差推动下随水流一起运动，进一步兼并前方较小的气泡，在管内形成更长的空气段，最终流出虹吸管或停留在管内并上升到虹吸管顶点附近集聚。

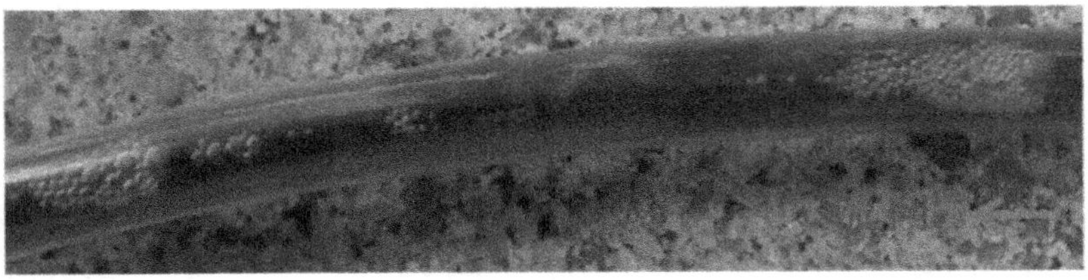

图2.2　经过虹吸顶点后气泡逐渐形成局部集中分布特征

(距离虹吸顶点0.1～0.2m)

2.2　虹吸下水管段气泡运动特征

经过虹吸管顶点以后，由于气泡的上浮力方向与水流方向相反，气泡在随着水流向下运动的同时，还因为自身的上浮力作用产生与水流方向相反的向上相对运动。Ramakrishnan等(1969)的研究表明，在1～5mm直径区间的气泡上浮速度随体积的增大而减小(见图2.3)，小气泡沿虹吸管随水流向下运动的速度小于大气泡，运动过程中小气泡有被相对快速运动的大气泡追上的趋势。

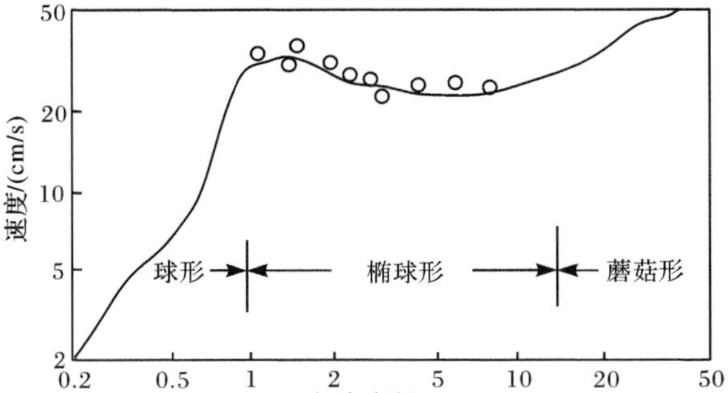

图2.3　气泡在自来水中的上升速度(Ramakrishnan et al.,1969)

对于虹吸管流，引起气泡运动速度差异更重要的因素，还在于不同大小气泡受到的水流推力的差异。管中气泡的受力特征如图2.4所示，包括气泡的上浮力

F_a、水流 Q 在气泡上下水头损失引起的压力差 Δp，沿气泡和管壁间流动引起的切应力 τ，考虑层流的情况，切应力 τ 可用牛顿内摩擦定律表达，即

$$\tau = \mu \frac{\mathrm{d}u}{\mathrm{d}y} \tag{2.2}$$

式中，μ 为动力黏度；u 为流速；y 为垂直管壁的距离。

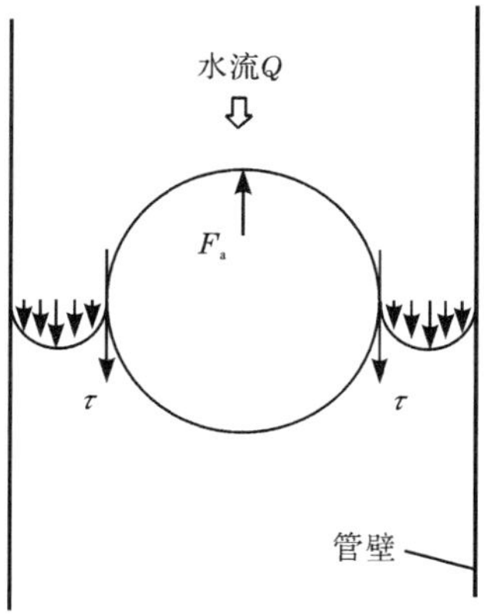

图 2.4 气泡受力分析图

根据管道流的一致性，各管段截面的流量相同。因此，气泡越大，气泡所在截面的过水断面就越小，相应的流速 u 就越大。对于试验采用的直径 8mm 虹吸管，如果气泡处于相对静止，假设平均水流为 u_0，则 2mm 直径气泡占据虹吸管 1/16 截面积后的平均流速为 1.07u_0，4mm 直径气泡占据虹吸管 1/4 截面积后的平均流速为 1.33u_0。显然，对于所研究的虹吸管流，气泡的直径和虹吸管径处于同一数量级，大气泡占虹吸管截面积较大，受水流的推动作用十分显著。试验观察中清晰可见，气泡占管径的比例越大，气泡就越能随水流一起接近同步运动，直至气泡直径达到虹吸管的内径，就基本随水流同步运动，其上浮力完全成为水流的阻力。

受压力变化的影响，气泡沿虹吸管向下流动过程中，体积逐渐减小，相应的向下运动速度也逐渐减小。如图 2.5 所示，假定 Z_1 高度处有一直径为 6mm 的气泡在随水流向下移动过程中，一方面因为压力增加而使气泡的体积减小，另一方面又因为与其他气泡兼并而使体积增大。气泡在低压力区域形成后，随管内的水流向下流动，由于气泡的大小与气压相关，有

$$P_1V_1 = P_2V_2 \tag{2.3}$$

在图 2.5 中，以 O 平面为基点，假设气泡高度 $Z_1=6\mathrm{m}$，则压力 $P_1 \approx 40\mathrm{kPa}$，假设高度 $Z_2=2\mathrm{m}$，则压力 $P_2 \approx 80\mathrm{kPa}$。气泡从 Z_1 流动到 Z_2，将使气泡的体积减小到一半。也就是说如果在 Z_1 点一个直径 4mm 的气泡，运动到 Z_2 点后，其直径减小到约为 3.2mm。随着气泡直径的减小，向下运动速度也相应降低，容易被后来

的大气泡追上，并发生兼并。

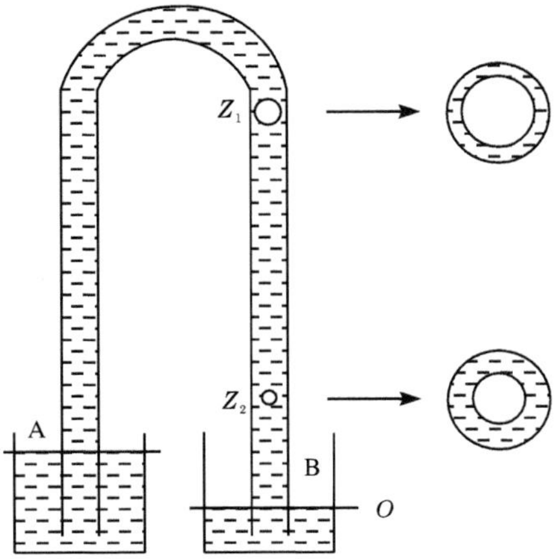

图 2.5　气泡受力分析截面位置

2.3　气液两相流型

在气液两相流动过程中，两个相之间存在界面。气液两相介质共存时可以有各种不同的存在情况，有气体以细微的气泡形式均匀充满液体中的沫状情况，有以巨大气泡形式存在于液体中的情况，还有液体以细小液滴分散在气体中的雾状情况等，这些都属于不同的流动型式。在这些不同的流动型式中，两相流的流体力学特性是不同的。要解决高扬程虹吸管中的空气积累问题，必须对不同流动型式进行分类和讨论，以得出有利于虹吸长期稳定的流动型式。

2.3.1　上水管中的流动型式

在上水管道中，气液两相的流动型式可以大致分为：泡状流、弹状流、段塞流、乳沫状流和环状流，如图 2.6 所示。

(1) 泡状流。这种流型的主要特征是气相不连续，即气相以小气泡形式不连续地分布在连续的液体流中（见图 2.6(a)）。泡状流的气泡大多数是圆球形的。在泡状流刚形成时，气泡往往很小，而随着虹吸高程的升高，气泡会逐渐扩大。气泡的大小、数量和速度随着气体流量的增加而增加。一个气泡的运动速度往往与液相有着显著不同。这种流动型式主要出现在低含气率区。

(2) 弹状流。这种流型的特征是大的气泡和大的液体块相间出现（见图 2.6(b)）。在向上流动过程中，随着压力的降低，小气泡逐渐膨胀，并且互相合并成大气泡。最后，大气泡成为顶部凸起的炮弹形气泡。管道截面上只有一个大气泡，其泡径在 0.75 倍管径以上。当管径较大时,气泡与管壁面被液膜隔开,气泡的长度变化较大,而且在流动着的大气泡尾部常常出现许多小气泡。大气弹的直径接近管径,但往往在气弹周围存在液膜或过水通道。这种流型出现在中等截面含气率和相对低的流速情况下。也可以认为,这种流型出现在泡状流和环状流的过渡区。

(3) 段塞流。当管径较小,气泡中的表面张力起主要作用时,管内流体压力进一步低于饱和压力,气体继续分离出来,并且进一步膨胀,且炮弹形大气泡形成气体柱塞,使管内出现一段液体、一段气体的柱塞状流动(见图 2.6(c))。气泡长度在一倍管径以上,整个流动可看成由气泡区和液相段塞区构成的段塞单元组成。气柱像活塞一样对液体具有很大的举升作用,气体的膨胀能量得到充分的利用。

(4) 乳沫状流(搅混流)。当管道中气相介质比上述情况进一步增加,且气相流速上升时,弹状流型式遭到破坏,形成乳沫状流(见图 2.6(d))。乳浜状流是由于大气泡破裂所形成的,破裂后的气泡形状很不规则,有许多小气泡掺杂在液流中。这种流动型式是振荡型的,液相在通道中交替地上下运动。一般来说,这种流型属于一种过渡流型,在有些情况下无法观察到。

(5) 环状流。当气相含量进一步上升时,搅混现象逐渐消失,块状液流被击碎,形成气相核心,从而形成环状流(见图 2.6(e))。环状流的特征是液相沿管壁周围连续流动,中心则是连续的气体流。在液膜和气相核心流之间,存在一个波动的交界面。由于波的作用可能造成液膜的破裂,使液滴进入气核中;气核中的液滴在一定条件下也能返回到壁面的液膜中来。这种流态在边坡虹吸排水中一般不会出现。

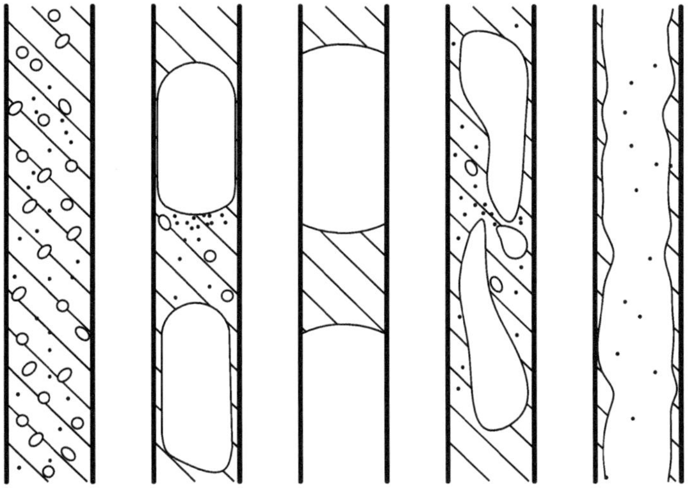

(a)泡状流　(b)弹状流　(c)段塞流　(d)乳沫状流　(e)环状流

图 2.6　上水管中的流型

2.3.2　下水管中的流动型式

在下水管道中，气液两相的流动型式与上水管中的类似，但也略有不同。由于虹吸管中气相流量往往不大，流速较慢、气相流量较小时，下水管中的主要流动型式有：泡状流、弹状流、段塞流和贴壁液膜流。

(1) 泡状流。与上水管中相同，下水管中亦有泡状流的出现，但两者的不同之处在于下水管中的气泡多向管轴线处集中，而上水管中散布于整个管截面上。下水管中泡状流的气泡大小形状各异。

(2) 弹状流。下水管中的弹状流型比上升流动时稳定，但多为较短的短弹型。气弹顶端多成圆形，而气弹底部常常带有许多小气泡。

(3) 段塞流。下水管中出现段塞流的情况比上升流更普遍。当管径较小时，下水管中兼并形成大气泡，常常使管内出现一段液体、一段气体的柱塞状流动。

(4) 贴壁液膜流。液体在下降过程中以贴壁的液膜的形式顺壁流下。管内核心区为气体，液膜表面呈波浪形，液膜内基本不含气泡。这种流型一般发生在气液两相流量均较小的情况下。

2.3.3　∩形弯管段流动型式

在虹吸流动中，管顶处为∩形弯管，由于流体在转弯时受到离心力和重力的合成作用，会形成各种不对称的流型。在这种∩形弯管处，离心力与重力的作用方向相反。但在流速较低时，离心力对液体的作用小于重力的作用，因而气泡偏向弯管外侧；当液体速度偏大时，离心力对液体的作用大于重力作用，从而使得气泡偏向弯管内侧。管顶处的主要流动型式有：泡状流、弹状流、贴壁流、段塞流，如图 2.7 所示。

(1) 泡状流。液体的流动速度往往较大，产生的离心力大于重力作用，从而使气泡偏向弯管内侧(见图 2.7(a))。初始进入弯管时，气泡散布于管截面各个位置，进入弯管后，气泡向管内侧聚集移动；过弯管后，气泡多集中于管轴线位置，呈核心区泡状流向下流动。

(2) 弹状流。液体流速下降，气泡逐渐聚集成小气弹后，当小气弹进入弯管时，由于液体的重力作用大于离心力作用，气弹会移动至管的外侧。而后发生一定的形变，但当气泡出弯管进入下水管后，其外观形状会恢复至进弯管之前的小气弹状(见图 2.7(b))。

(3) 贴壁流。当液体流速进一步下降，气弹规模逐步扩大，在过弯管时，有些气弹会在管内外侧汇聚成一段空泡区域，液体则在管内侧贴壁流下，之后的一些小气弹会汇聚于该空泡区域从而加大其规模(见图 2.7(c))。而有些气弹可以随液体一同通过弯管，继续以弹状流的形式在下水管中运动。空泡区域在持续的流动过程中有时会被水流带走，但往往会持续较长一段时间。

(4) 段塞流。当完整的气弹整个进入弯管并布满弯管时，其流型便形成了段塞流，此时往往会造成两相流的暂时中断，形成气栓（见图 2.7(d)）。需要其后的液弹的快速补给才能使气栓整体运动，带动两相流的流动。

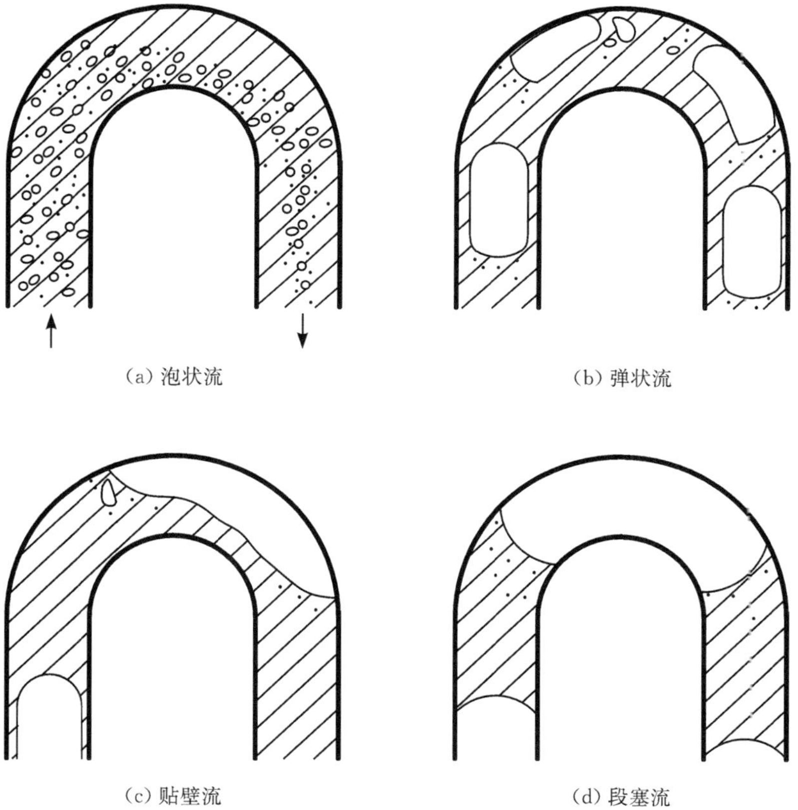

图 2.7　∩形弯头中的流型

2.3.4　流型的过渡及其与管径的关系

流动型式之间的过渡是确定流型的基础，不同流型之间的过渡不是突变的，而是一个比较模糊的过程。例如，泡状流可以过渡为弹状流，其转变是由气泡的聚结引起的，气泡的碰撞聚结过程引起气泡长大，并最终使泡状流过渡到弹状流。因此，确定这种过渡的关键是气泡碰撞聚结的频率。气泡的碰撞频率是气泡直径和截面含气率的函数，它们之间的关系为

$$f \propto \frac{\bar{c}}{d_b\left[\left(\frac{0.74}{\alpha}\right)^{\frac{1}{3}} - 1\right]^5} \tag{2.4}$$

式中，f 为气泡的碰撞频率；$\bar{c}$ 为气体平均相对速度；d_b 为气泡直径；α 为截面含气率。

气泡碰撞的频率主要取决于气泡的数量，还与过渡时间和其他一些因素有关。这个过程是比较难以确定的，初步的试验结论是当 $\alpha > 0.3$ 时，基本上过渡到了弹状流。但当环境压力较大时，泡状流的范围将扩大，而弹状流的范围会缩小。高压下由于表面张力减小，就不存在弹状流。当压力为 3MPa 时典型的弹状流几乎不存在，而在 α 较大时仍为泡状流。当压力达到 10MPa 时，弹状流完全消失，泡状流将直接过渡为环状流。但在高扬程虹吸管中，由于管顶接近真空，表面张力的作用会相应更加明显，出现弹状流的范围也就大大增加了，所以在高扬程虹吸中，弹状流是一种主要的气液两相流动型式。

显然，要形成段塞流，表面张力必须占主要作用，表面张力通过壁面黏附形成弯液面，产生的附加压力大于重力作用，使得弯液面不被挤压变形。Wilkinson (1984)提出用 Bond 数来表征重力和表面张力之比，表达式(2.5)中只有管径为变量，管径越大，重力作用越明显，反之，表面张力作用越明显。

$$Bo = \frac{(\rho_l - \rho_g)gd^2}{\sigma} \tag{2.5}$$

式中，ρ_l 和 ρ_g 分别为液相和气相密度；g 为重力加速度；σ 为表面张力；d 为管道直径。

根据 Mehendale 等(2000)基于管道直径对通道的尺度划分：微通道，$1\mu m < d < 100\mu m$；中等通道，$100\mu m \leqslant d < 1mm$；常规通道，$1mm \leqslant d \leqslant 6mm$；大通道，$> 6mm$。考虑到流量的需求，前人采用的虹吸管的管径均属大通道。大通道中，重力作用较为明显，当气泡兼并积累后，随着气泡体积的扩大，气泡受到的浮力进一步增大，当水流流速较慢时，惯性力的作用不足以带动气泡，就会在管顶产生空气积累。而在小通道中，由于气泡与管壁之间表面张力引起的气体栓塞作用，可以在较大程度上抵消向上的浮力，可以使得气泡随着水流被一同排出虹吸管。

引起气泡积累的重要因素是管道的直径和管内液相的流动速度，而这两点作用的影响将直观地表现在气液两相的流型变化上，故对气液两相流型的分析就十分有必要。通过 Bond 数可知，管径越小，表面张力作用越明显。所以一个合适的管径是形成段塞流的关键因素。然而，目前文献对于这个临界管径缺乏研究，而这个临界管径对高扬程虹吸排水却有着十分重要的意义。

2.4　不同管径虹吸流态模型试验

虹吸过程中，溶解于液体的空气会因虹吸管内压力降低而析出，形成气泡，如果不能在虹吸过程中使析出的气泡随水流排出，势必会造成虹吸管顶部不断积聚空气，从而使虹吸过程中断。由于高扬程虹吸管内压力变化大，空气析出作用强烈。因此，低扬程虹吸与高扬程虹吸存在着物理条件的根本性差别。目前的虹吸应用中，除水利工程涉及高扬程虹吸外，一般只涉及低扬程虹吸。水利工程上的高扬程输水，通常在虹吸管的顶部设置排气系统，以防止虹吸管的顶部发生空气积累而破坏虹吸过程。

分析研究高扬程间歇性虹吸排水长期有效条件，是斜坡虹吸排水技术推广应用的基础。为了实现虹吸排水系统无需人工干预而保持长期运行，必须研究解决低速流动时保证管内析出空气能随水体一同排出，而不发生管内空气的积累。因此，需要研究虹吸管水流的流态变化特征及其影响因素。理论分析已经表明流型与管径存在关系，下面将通过试验明确管径对流型的控制性影响。

2.4.1　试验装置及虹吸基本特征

模型试验装置主要由储水管、上水管、下水管以及储水箱组成，如图 2.8 所示。上水管底部设置储水管模拟实际工程中的钻孔底部，其中的水位变化表示斜坡的水位变化。储水管高 2m。一个标准大气压下，所能支撑的极限水柱高度满足式(2.6)：

$$P_0 = \rho g h \tag{2.6}$$

式中，P_0 为标准大气压；ρ 为水的密度；g 为重力加速度；h 为水柱高度。

理论上虹吸所能达到的最高水头约为 10.336m。将上水管高度设置为 11.23m，在虹吸排水过程中，储水管内水位下降使虹吸扬程逐渐提高，到最后虹吸过程停止，储水管内仍会保留约 1m 高的水柱。下水管的出水口距虹吸顶点高差大于 20m，出水口置于储水箱内。试验分别采用直径为 4mm、5mm、8mm 的 PU 管作为虹吸管。

试验开始时，启动形成虹吸过程，继续向储水管加水，保持虹吸过程持续一段时间后停止向储水管加水，让其水位在虹吸过程中逐渐下降，当上水管扬程接近最大虹吸高度时停止。然后，间隔不同的时间，以不同的流量向储水管加水，反复形成间歇性虹吸过程。

试验观察到虹吸发生过程的基本现象如下：

(1) 在较高流速的条件下，4mm、5mm、8mm 虹吸上水管内均会形成不同稳定程度的弹状流和段塞流，气泡与水流基本同步运动，但在极其缓慢流速条件下，8mm 虹吸管的上水管不出现满管的气泡(即气泡充满整个虹吸管截面的气泡)，

5mm 虹吸管的上水管出现少量满管的气泡，4mm 虹吸管的上水管有较多的满管气泡，如图 2.9(a)所示。

(2) 在缓慢流速条件下，下水管中，4mm、5mm、8mm 虹吸管内均会形成不同稳定程度的弹状流和段塞流，如图 2.9(b)所示。

(3) 虹吸过程停止一段时间后，上水管和下水管的水气分布特征相似，靠近虹吸管的顶点，上水管出现小范围管段无水，但下水管因高差大于 20m 而存在很长一段无水管段，上水管和下水管保留充水状态管段的长度基本相同；

(4) 虹吸过程停止后，8mm 虹吸管中的所有可见气泡均在 5min 内上升到虹吸管的顶部，5mm 虹吸管中的气泡也在约 24h 后全部上升到虹吸管的顶部，但 4mm 虹吸管在虹吸过程停止流动 7 天后仍保留有满管的封存于水柱间的气泡。

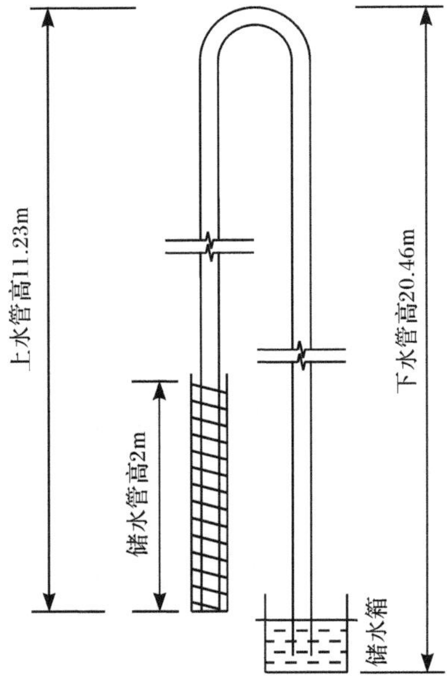

图 2.8　试验装置示意图

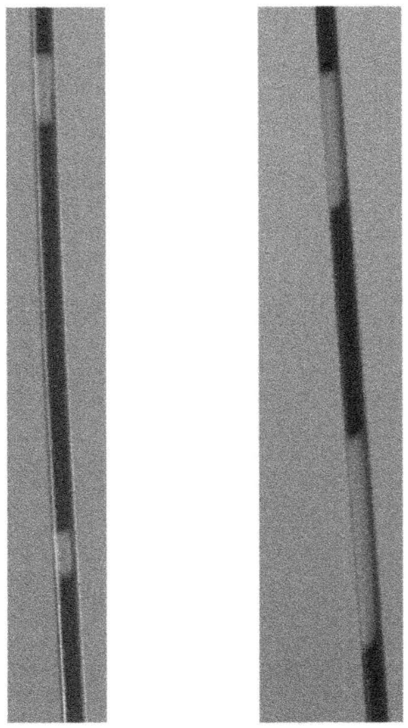

(a) 上水管气泡　　(b) 下水管气泡

图 2.9　管径 4mm 管中气泡与水柱分布

2.4.2　虹吸管顶部流态特征

斜坡工程中，降雨强度与持续时间决定着坡体地下水位上升的速率，同时也决定着虹吸管流速。试验中，对不同降雨条件下的虹吸排水情况进行模拟研究，分为三种不同的加水情况：①往储水管内快速加水模拟强降雨过程，在 30s 内猛然加入约 5L 水，用以快速抬高储水管内的水位 0.5m 以上；②以 700mL/h 的滴水流量加水方式模拟非雨季的弱地下水补给模式，持续时间在 5h 以上；③以 400mL/h 的滴水流量加水方式模拟非雨季的弱地下水补给模式，持续时间均在 5h 以上。

观察 8mm、5mm 和 4mm 管径的虹吸管顶部流态特征，发现虹吸水流通过管顶时的流态存在很大区别(见表 2.1)，具体特征如图 2.10 所示。

表 2.1　水流经过虹吸管顶部后流态特征

加水流量	流态特征		
	虹吸管 8mm	虹吸管 5mm	虹吸管 4mm
大流量加水	弹状流	段塞流	段塞流
700mL/h	贴壁流	弹状流、段塞流	段塞流
400mL/h	贴壁流	弹状流	段塞流

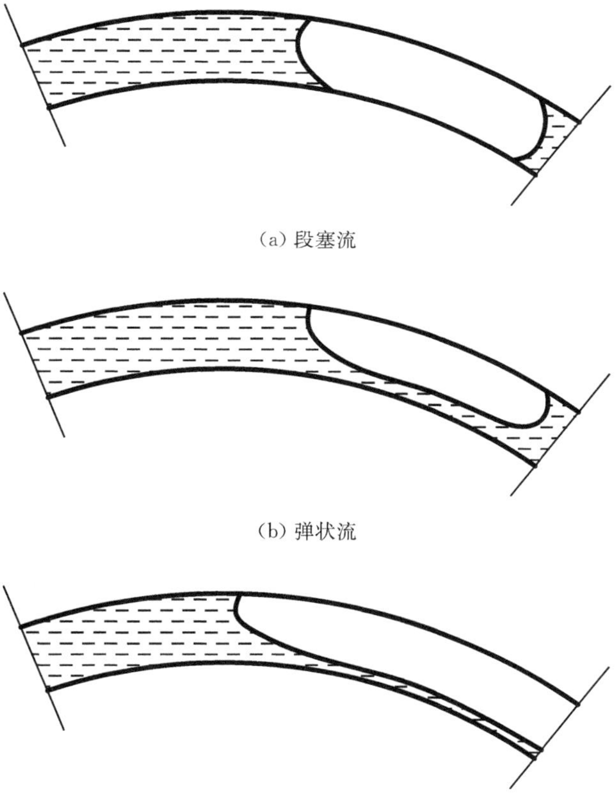

(a) 段塞流

(b) 弹状流

(c) 贴壁流

图 2.10　过管顶弯管处的三种流型示意图

向储水管快速加水，迅速提高储水管的水位，使虹吸管内流速较大时，通过管顶弯管时的流速亦较大，对于 5mm 及 4mm 管径的虹吸管，一段水柱能够整体快速通过顶部，并在重力作用下整体下落，很好地形成水柱和气泡间隔的段塞流(见

图 2.10(a)),从而推动气泡随水流一起排出,可以避免空气在虹吸管内积累。而对于 8mm 管径,其形成的多为不完整气弹,即气泡下部存在过水通道(见图 2.10(b)),无法实现气泡与水流的完全同步运动。总的来说,在流速较快的情况下,过管顶弯管后,只要形成基本完整的水弹,就能保证气体随水流一同排出,避免管顶无水段真空度的降低。

向储水管内以 700mL/h 缓慢加水,使储水管的水位保持在启动虹吸水位附近,管内流速较小时,上水管水位缓慢上升直至抵达弯管,对于管径较粗的 8mm 虹吸管,水流通常会以贴壁流的形式顺壁流入下水管(见图 2.10(c))。贴壁流态会造成管内水流动排出而空气不发生流动,无法实现管顶气体的排出,这样就会因水流带入的空气在低压管内不断析出并积聚而导致管内的真空度降低,如果其过程持续较长时间,最终会导致虹吸过程的中断。对于 5mm 虹吸管,向储水管内以 700mL/h 缓慢加水的条件下,段塞流与弹状流的情况均有出现,说明其处于一个临界状态,而将加水流量进一步减小,降到约 400mL/h 时,基本以弹状流形式出现。对于 4mm 虹吸管,向储水管内以 700mL/h 或 400mL/h 缓慢加水的条件下,均可以形成段塞流,实现气体的排出。

试验中可以观察到,产生贴壁流态是因为水的表面张力不足以维持管内水面的形态。如图 2.11 所示,在 8mm 虹吸管的情况下,上水管内水位缓慢上升直至抵达管顶弯管时,会出现上下分层的液面形式,并在水流继续缓慢上升越过弯管的顶点进入下水管后,下部液面发生塌陷,从而贴壁顺流而下,呈现图 2.10(c)所示的贴壁流态。

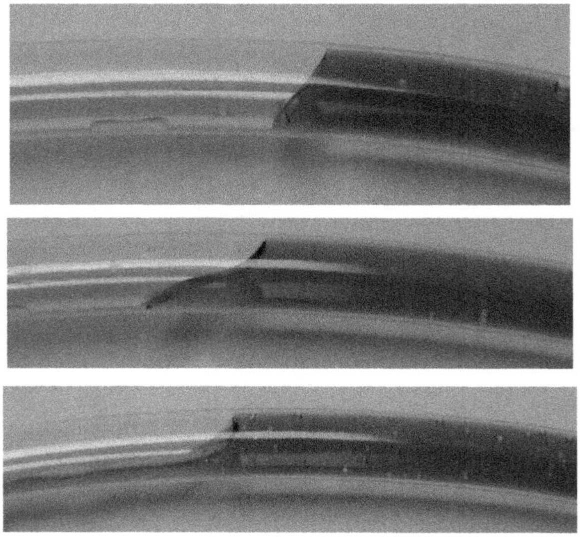

图 2.11 贴壁流型的液面形状变化过程(8mm 虹吸管)

虹吸管底部有水膜时，水流更易顺着水膜的已有路径贴壁流动，更不利于弹状流型的产生。对于斜坡排水，虹吸的间歇时间足以通过蒸发等物理作用，使管底水膜消失，故此对总体的虹吸流动影响较小。

在长期入渗水速率较慢的情况下，大管径虹吸管的水流多以贴壁流的形式流走，会造成气体在管顶的积聚，从而使管顶气压不断升高，所对应的虹吸启动扬程不断降低，最终会导致虹吸中断。对图 2.11 液面形式的成因及其临界状态进行理论探讨，揭示出现贴壁流的原因，将为斜坡虹吸排水系统设计奠定理论基础，保证虹吸管的长期稳定运行。

2.4.3　虹吸管内气泡的兼并与积累

经过虹吸管顶点后，气泡随水流向下流动过程中进一步兼并，形成水弹和气泡相间的弹状流。如图 2.8 所示的形式进行虹吸试验，虹吸管直径 4mm 的气泡兼并运动观察结果如图 2.12 所示。当大小两个气泡与水流一起向下流动时，气泡受到水流推力和气泡上浮力的共同作用，因大气泡基本占据虹吸管断面，受到更强的水流推力作用，试验观察到如图 2.12(a)所示的结果，从 t_1 到 t_2 时刻，接近虹吸管直径的大气泡的流动距离 Δh_1 大于小气泡的流动距离 Δh_2，两个气泡经历一段时间运动后出现图 2.12(b)所示的结果，两个气泡兼并形成更大的气泡。这一大气泡又会与前方的小气泡兼并，最后形成占满管径的气泡段，如图 2.12(c)所示。

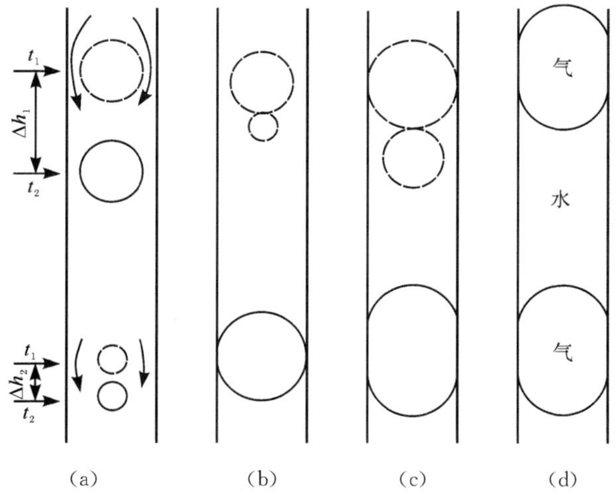

图 2.12　气泡兼并运动模式

气泡兼并过程发展的最后结果是在虹吸管内形成气泡和水弹的间隔分布，此时由于气泡占据了整个虹吸管断面，气泡的表面张力能够维持气泡形态的稳定，水流基本无法从气泡边缘通过，成为段塞流（见图 2.12(d)）。段塞流的水弹能够推动气泡同步运动，气泡最终与虹吸水流一起排出而不会在虹吸管内积累。因此，确保虹吸能够形成段塞流是保障虹吸管不产生空气积累的条件。

对向上流动的弹状流已有较多的研究，存在两种类型：稳定的长液弹及发展中的短液弹。许多研究者在液弹长度方面做了大量的试验和理论研究，陈振瑜等(2005)得出垂直上升流动中最小稳定液弹长度为$(8\sim25)d$（d 为管径）。但在静态环境中，需要的稳定液弹长度还会更长，Talvy 等(2000)利用数字图像处理技术对相邻两个 Taylor 气泡在静止液体中上升运动的相互作用进行了研究，发现液弹长度为 $50d$ 时，还存在气泡合并现象，液弹长度还没有稳定下来。可以推测垂直下降流中，因浮力方向与水流方向相反，形成段塞流将更困难。

2.4.4　形成段塞流的管径条件

当坡体地下水位高，虹吸扬程低，虹吸进水口与管顶及出水口的水头差较大时，管内流速较大，水弹容易推动气泡继续向前流动，并使气泡从出水口排出。虹吸流速越大，气泡发生积累作用就越小。对于斜坡工程，经过一段时间虹吸排水后，坡体地下水位下降，虹吸流速就极其缓慢，此时能否由水弹将气泡稳定地封存在虹吸管中，确保气泡和水流同步流动，是虹吸管内不发生空气积累的基础条件。假如水弹不能推动气泡同步向前流动，气泡因浮力作用逐渐向虹吸管顶点附近集中，最后将破坏虹吸过程。

为了揭示下水段形成塞流的条件，取图 2.13 所示的虹吸形式，进行了虹吸扬程 $H=3.5\mathrm{m}$，不同管径的虹吸试验。分别取虹吸管直径 3mm、4mm、5mm 和 8mm，保持容器 A 的水位高于容器 B 的水位。根据伯努利方程可知，管内流速与水头差成正比，为了便于量测，试验中取水头差 Δh_{AB}作为测量参数。

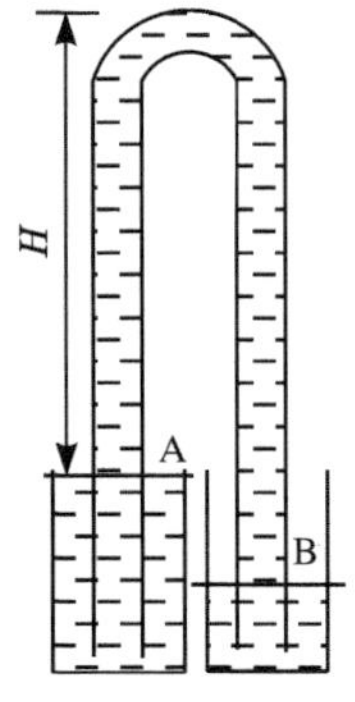

图 2.13　弹状流形成条件试验

8mm 直径虹吸管试验开始的水头差取 20cm，利用虹吸作用容器 A 的水逐渐流入容器 B，使容器 A 和容器 B 的水头差 Δh_{AB}逐渐减小。在开始阶段 Δh_{AB}较大，虹吸流速较快，尽管虹吸管中产生微小气泡，但由于小气泡的上升速度较慢，它们均受水流推动进入容器 B 中，气泡不在虹吸管内积累；随着虹吸过程的发展，Δh_{AB}下降到 10cm 后，可见大量小气泡在出水管内停留，并在虹吸管顶点附近出现一个直径约 3mm 的大气泡；Δh_{AB}降到 8cm 后，虹吸管顶点附近出现的大气泡已经基本占满整个虹吸管，并受水流推动缓慢下移，当其接近到达容器 B 时，将 Δh_{AB}下降到 5cm，虹吸过程继续，但气泡停止下移，并在经历短暂的停留后，在浮力作用下反水流方向缓慢上升，气泡呈弹状，长约 4cm；Δh_{AB}下降到 4cm 后，气泡上升速度明显加快，不同直径的气泡逐渐在虹吸管顶点附近集聚。保持 Δh_{AB}为 4cm，虹吸管顶点附近的气泡长度随时间逐渐增长，变化过程如图 2.14 所示，气泡长度随时间近于线性增长。之后不再保持 Δh_{AB}，使其在虹吸过程中逐渐接近于 0，虹吸水流最后停止，再经历 24h 后，虹吸管内所有气泡全部上升到虹吸管的顶点附近，气泡段长度达到了 30cm。由此可见，当虹吸管直径达到 8mm 时，在低水头差的斜坡虹吸排水过程中，会发生管内气泡的积累，无法形成段塞流，最终将破坏虹吸过程。

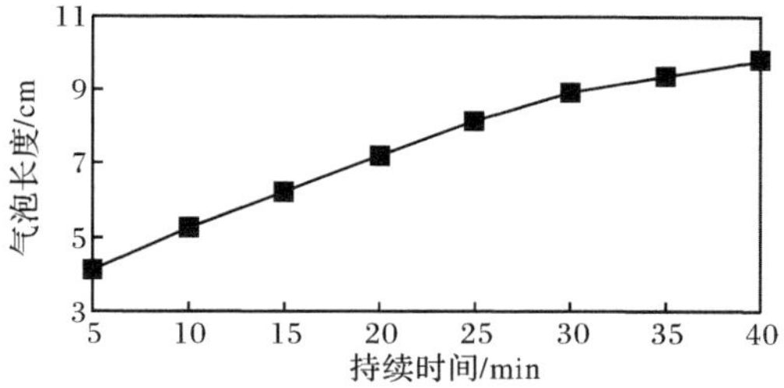

图 2.14　Δh_{AB}=4cm 虹吸管顶部气泡长度随时间变化

以往的研究结果表明，能否形成段塞流与管径有关，为了考察这种关系，开展了 3mm、4mm 和 5mm 管径的间歇性虹吸试验。为保持试验条件的一致性，3 根虹吸管捆在一起，一端放入容器 A、另一端放入容器 B 中。试验开始的水头差取 20cm，利用虹吸作用容器 A 的水逐渐流入容器 B 中，使 Δh_{AB}逐渐减小到接近 0，在第 1 天每间隔 1～2h 从容器 B 舀水到容器 A，使 Δh_{AB}出现 4cm 左右的水头差，反复相同的过程，观察虹吸管气泡分布情况。经历 8h 后，3mm、4mm 和 5mm 虹吸管均在虹吸顶点附近出现集中的气泡，但集聚的气泡长度不同，分别为 2.5cm、4.0cm 和 5.0cm。也就是说，虹吸管顶点附近气泡的集聚速度与管径成正比。此时在 3mm 和 4mm 虹吸管中，其他部位还可以看到气泡分布，而 5mm 虹吸管的气泡则全部分布在顶部。在继续试验到第 5 天，3mm、4mm 和 5mm 虹吸管在顶点附近出现的气泡长度不同，分别为 4.5cm、7.5cm 和 10cm，3mm 和 4mm 虹吸管的其他部位仍有气泡分布，但 5mm 虹吸管仅在顶部有气泡。其后经历 30 天停止虹吸流动过程后，3mm、4mm 和 5mm 虹吸管顶部的气泡长度不同，分别为 8cm、15cm 和 18cm，且 3mm 和 4mm 虹吸管的其他部位仍有占满管径封闭的气泡分布。

从试验结果可以看出，当虹吸管的直径大于等于 5mm 时，在低水头差的缓慢虹吸条件下，不能形成稳定的垂直向下的弹状流，气泡会集中分布到虹吸管的顶部；当虹吸管的直径小于等于 4mm 时，可以形成段塞流，虽然虹吸管顶部压力小，虹吸管内未占满管径的气泡全部集中到顶部，但先前形成的已经占满管径的气泡，受水弹封闭能稳定存在。

再次从容器 B 舀水到容器 A，使 Δh_{AB}出现水头差达到 5cm 后，3mm 虹吸管恢复虹吸；Δh_{AB}达到 8cm 后，4mm 虹吸管恢复虹吸；Δh_{AB}达到 10cm 后，5mm 虹吸管恢复虹吸，且其顶部的气泡也在水流的推动下流出虹吸管。因此，即使经历较长时间停止虹吸流动过程，只要适当提高 Δh_{AB}，就可使虹吸流动恢复，并在流动过程中推动气泡排出虹吸管。但对于直径 8mm 虹吸管，经过长时间停止虹吸导致顶部形成长气泡后，需要快速形成较大的水头差，才能使顶部的气泡随水流排出虹吸管，在低水头差的条件下，气泡段会发生非满管的贴壁流，其结果是顶部气泡不被推出，而是在水流带入的空气析出积累后最终彻底破坏虹吸过程。因此，在斜坡虹吸排水实践中，需要选择适当的虹吸管直径，才能保持虹吸过程长期有效。

从试验结果可以看出，当虹吸管的直径大于等于 5mm 时，在低水头差的缓慢虹吸条件下，会发生气泡集中到虹吸管顶部的作用，而且这种作用是随管径的增大而加强。另一方面虹吸管直径过小，排水的效率就低。综合考虑空气积累条件和排水效率的试验结果，由于在 5mm 管径条件下空气积累的程度仍然很低，对于经常性降雨并且坡体地下水丰富的地区，可选用直径为 5mm 的虹吸管；但对于非经常性降雨的地区，为保持虹吸过程的长期有效，应选择直径小于等于 4mm 的虹吸管。

第3章 不同虹吸管径流态特征数值模拟

虹吸管内气泡主要受惯性力、表面张力、浮力、黏性力作用。惯性力和黏性力与流速成正比，当流速较快时，完全可以带走气泡，形成泡状流。气泡积累总是在流速非常缓慢的情况下发生，所以这里只需要考虑表面张力和重力对流型的影响。

要形成段塞流，表面张力必须占主要作用，表面张力通过壁面黏附形成弯液面，产生的附加压力大于重力作用，使得弯液面不被挤压变形。

3.1 计算模型及边界条件

虹吸过程中发生空气积累最严重的部位为虹吸管顶点附近，故流态特征研究的重点是虹吸管的顶点附近区域。为了便于计算，在虹吸管的顶点附近，选取进水管、出水管的管段长度 1m 的区域进行数值模拟研究，虹吸管内侧曲率半径为 100mm，虹吸管直径分别取 8mm、6mm、5mm、4mm，计算模型基本形状如图 3.1 所示。

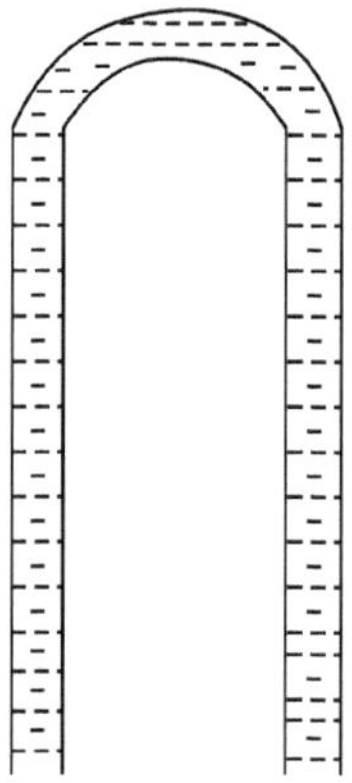

图 3.1 计算模型

为了真实再现虹吸管内流态特征，在虹吸管左侧通入直径 1mm 左右的气泡。根据高扬程虹吸排水特点，管内气泡析出量有限，从便于显示和接近真实条件考虑，设置气液体积比为 20%。为了使得模拟体现管径和流型的关系，取最小流速 v 为 10^{-2}m/s，由于流速很小，惯性力相对于黏性力和表面张力来说不太重要（付涛涛等，2011），由毛细数公式

$$C_a = \frac{\mu v}{\sigma} \tag{3.1}$$

式中，C_a 表征黏性力和表面张力之比；μ 为水的黏度；v 为水的流速；σ 为表面张力。当流速 v 为 10^{-2}m/s 时，C_a 的数量级取到 10^{-4}，相对于表面张力可忽略。

模拟采用管径分别为 4mm、5mm、6mm、8mm。考虑壁面黏附，由于目前管材都是常用的 PA 管和 PU 管，取接触角为 60°。时间步长取 10^{-4}s，模拟过程中材料性质如表 3.1 所示。

表 3.1 材料物性

介质	密度 ρ/(kg/m³)	黏度 μ/(kg/m·s)	表面张力 σ/(N/m)
空气	1.185	1.831×10^{-3}	—
水	998	8.9×10^{-4}	0.0727

3.2 数值计算方法

采用 ANSYS 软件的子模块 FLUENT 进行计算。在 FLUENT 中，目前气液两相流的数值计算方法有流体体积函数(volume of fluid，VOF)模型、混合模型和欧拉模型。虹吸管气液两相流数值模拟中，要准确追踪气液两相界面变化，而 VOF 模型可以很好地满足这方面的需求(梁晓光等，2010)，对气液界面进行捕捉。

3.2.1 二维瞬态问题方程离散方法

计算流体力学(Computational Fluid Dynamics，CFD)的基本思想是通过离散网格上点的变量值代替原来在时间和空间上连续的物理量，这些离散点通过一些内在联系建立起方程组，最后求解方程组，得到网格上点的值，并最终反映物理量场。流体流动满足动量守恒定律、质量守恒定律、能量守恒定律，如果流体处于紊流状态，还需遵守附加的紊流输运方程。

目前 CFD 领域应用最广泛的离散方法是有限体积法，其基本思想为：将计算区域离散，变成网格点，并使每个计算网格点四周有一个彼此间不重合的控制体积，在每个控制体积内，将偏微分方程对其积分，得到一系列离散方程，其中的未知量是网格点的特征变量。虹吸管内气液两相流是一个变化的过程，是一个二维瞬态问题，二维瞬态对流扩散问题的控制方程的通用形式为

$$\frac{\partial \rho\varphi}{\partial t} + \mathrm{div}(\rho v\varphi) = \mathrm{div}(\Gamma \cdot \mathrm{grad}\varphi) + S \tag{3.2}$$

式中，φ 为场变量；Γ 为扩散系数；S 为源项；t 为时间；ρ 为密度。

根据图 3.2 所示的二维计算网格，采用有限体积法对式(3.2)在控制容积节点 P 及时间 Δt 上进行积分，得到

$$\int_t^{t+\Delta t}\int_{\Delta V}\frac{\partial\rho\varphi}{\partial t}\mathrm{d}V\mathrm{d}t+\int_t^{t+\Delta t}\int_{\Delta V}\mathrm{div}(\rho v\varphi)\mathrm{d}V\mathrm{d}t$$
$$=\int_t^{t+\Delta t}\int_{\Delta V}\mathrm{div}(\Gamma\cdot\mathrm{grad}\varphi)\mathrm{d}V\mathrm{d}t+\int_t^{t+\Delta t}\int_{\Delta V}S\mathrm{d}V\mathrm{d}t \tag{3.3}$$

分别对瞬态项、源项、对流项和扩散项进行处理。

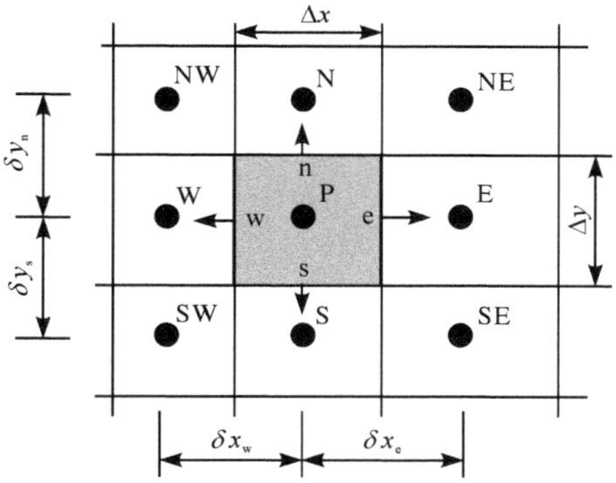

图 3.2　二维问题的计算网格

(1) 瞬态项。假定场变量 φ 在每个控制容积的节点 P 处都具有值 φ_P，同时假定密度 ρ 在时间段 Δt 上变化量极少，则瞬态项变为

$$\int_t^{t+\Delta t}\int_{\Delta V}\frac{\partial\rho\varphi}{\partial t}\mathrm{d}V\mathrm{d}t=\int_{\Delta V}\left(\int_t^{t+\Delta t}\rho\frac{\partial\varphi}{\partial t}\mathrm{d}t\right)\mathrm{d}V=\rho_P^0(\varphi_P-\varphi_P^0)\Delta V \tag{3.4}$$

式中，上标 0 表示场变量 φ 在时间 t 时刻的值，控制容积的节点为 P。

(2) 源项。同瞬态项，将源项线性化处理：$\overline{S}=S_C+S_P\varphi_P$，可变为

$$\int_t^{t+\Delta t}\int_{\Delta V}S\mathrm{d}V\mathrm{d}t=\int_t^{t+\Delta t}\overline{S}\Delta V\mathrm{d}t=\int_t^{t+\Delta t}(S_C+S_P\varphi_P)\mathrm{d}t \tag{3.5}$$

对流项。根据 Gauss 散度定律，将体积分转换成面积分，得到

$$\int_t^{t+\Delta t}\int_{\Delta V}\frac{\partial\rho\varphi}{\partial t}\mathrm{d}V\mathrm{d}t=\int_t^{t+\Delta t}[(\rho u\varphi A)_\mathrm{e}-(\rho u\varphi A)_\mathrm{w}+(\rho v\varphi A)_\mathrm{n}-(\rho v\varphi A)_\mathrm{s}]\mathrm{d}t$$
$$=\int_t^{t+\Delta t}[(\rho u)_\mathrm{e}\varphi_\mathrm{e}A_\mathrm{e}-(\rho u)_\mathrm{w}\varphi_\mathrm{w}A_\mathrm{w}+(\rho u)_\mathrm{n}\varphi_\mathrm{n}A_\mathrm{n}-(\rho u)_\mathrm{s}\varphi_\mathrm{s}A_\mathrm{s}]\mathrm{d}t \tag{3.6}$$

式中，A 为控制容积界面面积；下标分别代表东西北南四个方向。

(3) 扩散性。根据 Gauss 散度定律，将体积分转换成面积分，得到

$$\int_t^{t+\Delta t}\int_{\Delta V}\mathrm{div}(\Gamma\cdot\mathrm{grad}\varphi)\mathrm{d}V\mathrm{d}t$$
$$=\int_t^{t+\Delta t}\left[\left(\Gamma\frac{\partial\varphi}{\partial t}A\right)_\mathrm{e}-\left(\Gamma\frac{\partial\varphi}{\partial t}A\right)_\mathrm{w}+\left(\Gamma\frac{\partial\varphi}{\partial t}A\right)_\mathrm{n}-\left(\Gamma\frac{\partial\varphi}{\partial t}A\right)_\mathrm{s}\right]\mathrm{d}t$$
$$=\int_t^{t+\Delta t}\left[\Gamma_\mathrm{e}A_\mathrm{e}\frac{\varphi_\mathrm{e}-\varphi_P}{(\delta x)_\mathrm{e}}-\Gamma_\mathrm{w}A_\mathrm{w}\frac{\varphi_P-\varphi_\mathrm{w}}{(\delta x)_\mathrm{w}}+\Gamma_\mathrm{n}A_\mathrm{n}\frac{\varphi_\mathrm{n}-\varphi_P}{(\delta x)_\mathrm{n}}-\Gamma_\mathrm{s}A_\mathrm{s}\frac{\varphi_F-\varphi_\mathrm{s}}{(\delta x)_\mathrm{s}}\right]\mathrm{d}t \tag{3.7}$$

扩散项可采用中心差分格式离散。

获得方程式各项表达式后，在各项中引入全隐式格式，式(3.3)可写成

$$a_P\varphi_P = a_w\varphi_w + a_e\varphi_e + a_s\varphi_s + a_n\varphi_n + b \tag{3.8}$$

式中，

$$a_P = a_w + a_e + a_s + a_n + (F_e - F_w) + (F_n - F_s) + a_P^0 - S_P$$

$$a_w = D_w + \max(0, F_w), \quad a_e = D_e + \max(0, F_e)$$

$$a_s = D_s + \max(0, F_s), \quad a_n = D_n + \max(0, F_n)$$

$$b = S_C + a_P^0\varphi_P^0, \quad a_P^0 = \frac{\rho_P^0 \Delta V}{\Delta t}, \quad F = \rho u A, \quad D = \frac{\Gamma A}{\delta x}$$

式(3.8)即二维瞬态对流扩散问题的离散方程。

3.2.2 表面张力和壁面黏附离散方法

考虑表面张力的影响时，VOF 模型可以很好地表现出来(Hirt et al.，1981)。VOF 模型通过求解动量方程，以及流体的单相体积分数方程来处理和模拟气液两相流体气液界面的稳态和瞬态项。VOF 公式一般用来计算时间依赖解，即瞬态问题，当需要对稳态解进行求解时，VOF 模型也能求解稳态解。VOF 公式应用的时候，假设气相和液相之间没有互相穿插。当模型中增加了其他的附加相时，就相当于增加了另一个变量，即计算单元里这一附加相的体积分数。在每个计算单元内，各相共享所有变量及其属性的区域。只要每一相的体积分数在某一计算单元内是可知的，这个体积分数可以决定在任何给定单元内的变量及其属性，并且可以知道是代表了一相，还是代表了相的混合。换句话说，在计算单元内，假设第 q 相流体的体积分数记为 α_q，则存在以下三种情况：$\alpha_q=0$，第 q 相流体在单元中是空的；$\alpha_q=1$，第 q 相流体在单元中是充满的；$0<\alpha_q<1$，单元中包含了第 q 相流体和其他相流体的界面。

表面张力，是由于气液界面分子之间的引力不平衡而引发的，沿表面作用于任一界线上。例如，我们日常见到的水中的气泡。在气泡内，由于气泡周围水分子的作用，作用在分子上的力处于平衡状态。然而，在界面上，存在放射状向内的净力，整个球面在径向分力的综合影响下，表面会发生收缩，气液界面凸侧的压力得到减弱。表面张力是一种仅作用在表面上的力，它平衡了内部放射状的分子引力和跨过表面的放射状的外部压力梯度产生的附加应力。由于表面张力的作用，气液界面逐渐收缩，界面表面积尽可能减少，因此气液界面大多呈曲面。

FLUENT 中表面张力采用连续表面张力模型，由 Brackbill 等(1992)提出。在此模型中，VOF 模型计算中附加的表面张力成了动量方程中的源项。要更好地理解源项，可以假设一种特殊情况，即单位长度表面张力为常数，此时只有垂直于界面的力。可以看出，表面压差由表面张力系数 σ 以及两个半径的正交方向量度

的表面曲率 R_1 和 R_2 来反映，即

$$p_2 - p_1 = \sigma\left(\frac{1}{R_1} + \frac{1}{R_2}\right) \tag{3.9}$$

式中，p_1 和 p_2 是两种流体界面两侧的压力，在 FLUEN 个模块的 CSF(coupling level set and VOF method，水平集及 VOF 的耦合算法)模型公式中，垂直于界面的表面的局部梯度被用来求解表面曲率。n 为表面法线，为第 q 相体积分数的梯度，即

$$n = \nabla \alpha_q \tag{3.10}$$

定义表面曲率 κ，以区分单位法向量 $\hat{\boldsymbol{n}}$：

$$\kappa = \nabla \cdot \hat{\boldsymbol{n}} \tag{3.11}$$

式中，

$$\hat{\boldsymbol{n}} = \frac{\boldsymbol{n}}{|n|} \tag{3.12}$$

利用散度定理，表面张力可以表示为体积力，在动量方程中，将该体积力作为源项添加。它有如下形式：

$$F_{\mathrm{vol}} = \sum_{\mathrm{pairs}\ ij,\, i<j} \sigma_{ij} \frac{\alpha_i \rho_i \kappa_j\ \nabla \alpha_j + \alpha_j \rho_j \kappa_i\ \nabla \alpha_i}{\frac{1}{2}(\rho_i + \rho_j)} \tag{3.13}$$

在气液两相流动中，一个单元中只有两相，那么 $\kappa_i = -\kappa_j$ 和 $\nabla \alpha_i = -\nabla \alpha_j$，方程(3.13)简化为

$$F_{\mathrm{vol}} = \rho_{ij} \frac{\rho \kappa_i\ \nabla \alpha_i}{\frac{1}{2}(\rho_i + \rho_j)} \tag{3.14}$$

式中，ρ 是容积内平均密度。

方程(3.14)表明计算单元内表面张力源项与计算单元内的平均密度成比例。三角形和四面体网格上计算的表面张力与四边形和六面体网格相比，后者更准确。所以表面张力影响大的区域最好使用四边形网格和六面体网格。

在 VOF 模型中，考虑壁面黏附时，可以和表面张力模型耦合。流体与壁面之间的接触角决定壁面附近计算单元表面的法向量，而不作为壁面的边界条件。壁面附近表面曲率由动力壁面边界条件决定。假设 θ_w 为壁面的接触角，壁面附近的计算单元的表面法向量就由式(3.15)得到：

$$\hat{\boldsymbol{n}} = \hat{\boldsymbol{n}}_w \cos\theta_w + \hat{\boldsymbol{t}}_w \sin\theta_w \tag{3.15}$$

式中，$\hat{\boldsymbol{n}}_w$ 和 $\hat{\boldsymbol{t}}_w$ 是壁面的单位法向量和切向量。

接触角和计算单元内的表面法向量来共同决定表面的局部曲率，此曲率用来计算体积力项，从而最终来计算表面张力。接触角为 θ_w，它是壁面与壁面上界面切线的夹角，如图 3.3 所示。

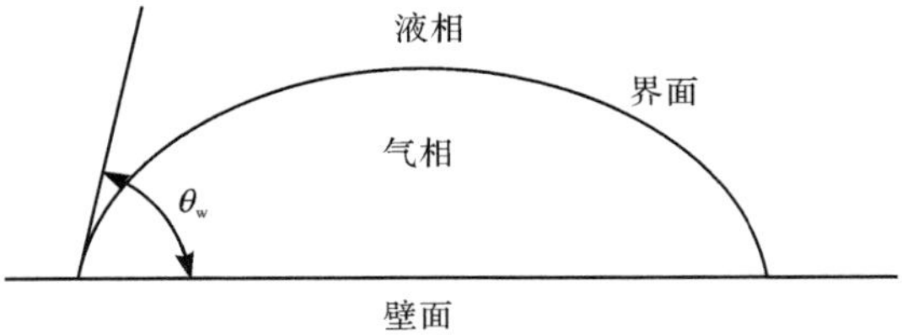

图 3.3　壁面黏附计算示意图

3.2.3　体积分数连续性方程与动量方程

求解相的连续方程时，变量为相的体积分数，从而我们可以得出相与相之间的界面位置。对于第 q 相，这个方程为

$$\frac{\partial \alpha_q}{\partial t} + \nabla \cdot (\alpha_q \boldsymbol{v}_q) = 0 \tag{3.16}$$

式中，α_q 为单元网格内第 q 相体积分数；t 为时间；$\boldsymbol{v}_q$ 为第 q 相的速度矢量，$q=1,2$。

单元网格内，全部为液相时，$\alpha=1$；全部为气相时，$\alpha=0$；α 为 0～1 时，则该网格单元处于气液交界面。另一相的体积分数通过以下约束方程求解：

$$\sum_{q=1}^{2} \alpha_q = 1 \tag{3.17}$$

求解整个区域内的动量方程时，各相共享速度场。动量方程中属性 ρ 和 μ 取混合相的平均值。

$$\frac{\partial \rho \boldsymbol{v}}{\partial t} + \nabla \cdot (\rho \boldsymbol{v}\boldsymbol{v}) = -\nabla p + \nabla \cdot [\mu(\nabla \boldsymbol{v} + \nabla \boldsymbol{v}^{\mathrm{T}})] + \rho \boldsymbol{g} + \boldsymbol{F} \tag{3.18}$$

式中，ρ 为混合相密度；μ 为混合相黏度；p 为压强；$\boldsymbol{F}$ 为表面张力。

VOF 模型中采用 Brackbill 提出的 CSF 模型，将表面张力转化为体积力，作为源项应用在动量方程中。虹吸模拟不需要考虑温度变化，所以不考虑能量方程。

3.2.4　RNG k-ε 湍流模型

由于虹吸管内流场涉及紊动，可以采取 VOF 模型耦合 RNG k-ε 湍流模型来描述虹吸管内流场变化（杲东彦等，2008）：

$$\frac{\partial \rho k}{\partial t} + \frac{\partial \rho k u_i}{\partial x_i} = \frac{\partial\left(\alpha_k \mu_{\mathrm{eff}} \dfrac{\partial k}{\partial x_j}\right)}{x_j} + G_k + \rho \varepsilon \tag{3.19}$$

$$\frac{\partial \rho \varepsilon}{\partial t} + \frac{\partial \rho \varepsilon u_i}{\partial x_i} = \frac{\partial\left(\alpha_\varepsilon \mu_{\mathrm{eff}} \dfrac{\partial \varepsilon}{\partial x_j}\right)}{x_j} + \frac{C_{1\varepsilon}\varepsilon G_k}{k} - C_{2\varepsilon}\rho \frac{\varepsilon^2}{k} \tag{3.20}$$

式中，

$$\mu_{\mathrm{eff}} = \mu + \mu_t$$

$$\mu_t = \rho C_\mu \frac{k^2}{\varepsilon}$$

$$C_\mu = 0.0845$$

$$\alpha_k = \alpha_\varepsilon = 1.39$$

$$C_{1\varepsilon} = 1.42 - \frac{\eta(1-\eta/\eta_0)}{1+\beta\eta^3}$$

$$C_{2\varepsilon} = 1.68$$

$$\eta = (2E_{ij}E_{ij})^{1/2}\frac{k}{\varepsilon}$$

$$E_{ij} = \frac{1}{2}\left(\frac{\partial u_i}{\partial x_j} + \frac{\partial u_j}{\partial x_i}\right)$$

$$\eta_0 = 4.377,\quad \beta = 0.012$$

RNG k-ε 模型通过对紊流黏度进行修正，考虑了流动中的旋转及旋流流动的影响，而虹吸管中存在弯曲段，用 RNG k-ε 模型模拟更为精确。ε 方程中增加项 E_{ij}，表示的是主流时均应变率，让 RNG k-ε 模型中的产生项不只与流动情况有关，而且是空间坐标的函数。以上两点可以使得 RNG k-ε 模型可以更好地处理流线弯曲程度较大和高应变率的流动。

3.3　数值模拟结果分析

3.3.1　虹吸管径 8mm 流态模拟

在试验中可观察到其虹吸流动过程中的空气积累及其最后的断流，数值模拟重现了空气积累过程，可以更深入地理解虹吸过程中空气析出对虹吸保持的影响方式。本次模拟中，采用固定气泡量，通过改变平均水流速度来模拟虹吸管内流型的变化，比较惯性力与表面张力的相对关系，逐渐逼近虹吸流动的断流及气泡积累现象的出现。分别取水流速度为 1m/s、0.5m/s、0.2m/s 和 0.05m/s 进行模拟计算。

虹吸过程中，随着虹吸管两侧液面高差逐渐减小，虹吸流速缓慢降低，直至断流。通过不同的水流速度工况，来模拟反映平衡过程中的不同阶段。Rezkallah 将 Weber 数作为划分两相流型的标准。Weber 数表征惯性力和表面张力的比值：

$$We = \frac{\rho v^2 d}{\sigma} \tag{3.21}$$

式中，ρ 为水的密度；v 为流速；d 为圆管直径；σ 为表面张力系数。

当平均水流速度 $v=1\text{m/s}$ 时，$We=110$，此时惯性力远远大于表面张力。如图 3.4所示，虹吸管内气泡呈颗粒状、泡状，由于浮力作用和壁面黏附，在虹吸管左侧气泡较小，右侧气泡较大，在虹吸管顶有部分气泡附壁。从整体来看，呈泡状流。在惯性力作用下，气泡随水流一起运动，不会发生气泡积累。

当水流平均流速 $v=0.5\text{m/s}$ 时，$We=27.5$，此时，虹吸管右侧气泡在浮力和表面张力作用下，抵消部分惯性力作用。如图 3.5 所示，虹吸管左侧呈泡状流动，虹吸管右侧呈微小附壁弹状流，为泡状流和弹状流的过渡流型，因为管壁存在壁面黏附，在表面张力、浮力和管道弯曲导致的离心力作用下，弹状气泡附着于虹吸管外壁，内壁未见气泡附着。在此流速作用下，气泡仍能随水流一起运动，也不会破坏虹吸过程。

图 3.4　平均流速 $v=1\text{m/s}$ 时管内流型图

图 3.5　平均流速 $v=0.5\text{m/s}$ 时管内流型图

当水流平均流速 $v=0.2\text{m/s}$ 时，$We=4.4$，此时，惯性力和黏性力作用明显减弱，表面张力和浮力作用增强。如图 3.6 所示，虹吸管左侧呈泡状流动，虹吸管右侧呈微小附壁弹状流，为泡状流和弹状流的过渡流型，因为管壁存在壁面黏附，在表面张力、浮力和管道弯曲导致的离心力作用下，弹状气泡附着于虹吸管外壁，内壁未见气泡附着。在此流速作用下，气泡仍能随水流一起运动，也不会破坏虹吸过程。

当水流平均流速为 $v=0.05\text{m/s}$ 时，$We=0.28$，此时表面张力作用远远大于惯性力作用。如图 3.7 所示，虹吸管右侧呈弹状流，气泡在表面张力作用下，积累在虹吸管右侧，并不会随水流一起运动。大气泡几乎占满整个管道，只留微小缩窄通道。

虹吸管内为泡状流和过渡流型时，由于惯性力的作用，气泡能被带走，并不会造成管顶气泡的积累，气泡被带走后，虹吸管顶以下压力回升，部分气泡溃灭，气泡量减少，所以流速较大时，气泡析出现象对虹吸过程的影响不大。但当流速减慢，形成弹状流时，将阻碍虹吸过程的正常进行。

图 3.6　平均流速 v=0.2m/s 时管内流型图

图 3.7　平均流速 v=0.05m/s 时管内流型图

如图 3.7 所示，弹状流态时，虹吸管内流动断面缩窄，由牛顿摩擦定律有

$$\tau = \mu \frac{dv}{dy} \tag{3.22}$$

式中，τ 为内摩擦应力；μ 为动力黏度；dv/dy 为法向流速梯度。

可知，断面缩窄，即 y 变小，同时速度 v 也远远大于无气泡时断面流速(见图 3.8)，dv/dy 变大，所以内摩擦应力将增大，缩窄断面内压力降低。另一方面，弹状气泡附着于虹吸管壁时，流动断面结构改变，引起边界层分离造成漩涡，增加水流的内摩擦阻力，进一步降低水体内压力。而流速的增加和压力降是加剧空气析出现象的两个最重要的因素，此时弹状气泡周围空气析出现象将更加剧烈，会形成大量气泡，与弹状气泡融合，直至占满整个管道。由于气泡的不断融合，满管气泡内真空度不断降低，而管内较高的真空度是保证虹吸持续进行的必要条件，当虹吸管顶气泡内真空度降低到一定程度时，将破坏虹吸过程，滞留的气泡也会影响虹吸的下次启动。

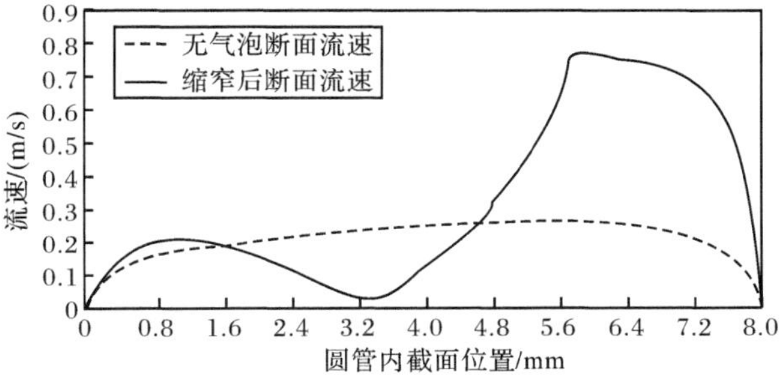

图 3.8　平均流速 v=0.05m/s 时圆管内截面流速分布图

3.3.2　虹吸管径 4～6mm 流型数值模拟

通过 Bond 数可知，管径越大，Bond 数越大，重力作用越明显。采用 8mm 管径的虹吸管时，由于重力作用强烈，不能形成段塞流，会出现管内空气积累而破坏虹吸的持续有效性。下面考察 5mm 管径的虹吸管，模拟不同流速下的虹吸流型，模拟计算结果如图 3.9 所示。当流速 v=1m/s 时，惯性力和黏性力占主导地位，形成泡状流（见图 3.9(a)），气泡完全可以随水流一起排出虹吸管；流速 v=0.5m/s 时，气泡在壁面黏附力作用下呈微小弹状流，如图 3.9(b)所示，但仍可以被水流带走，不会产生气泡积累，也不会破坏虹吸过程；当流速 v=0.05m/s 及 v=0.008m/s 时，在表面张力作用下，都形成了段塞流，与水流速度一致，被水流带走，不会聚集在管顶，如图 3.9(c)和(d)所示。

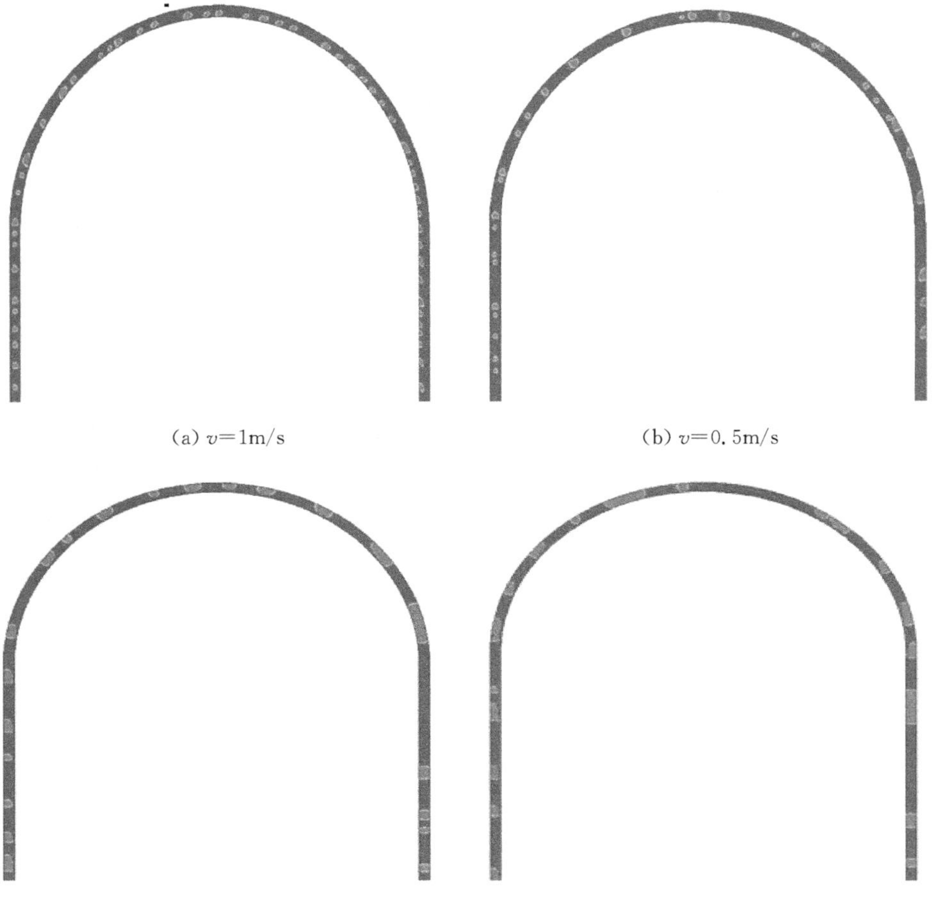

(a) v=1m/s　　(b) v=0.5m/s

(c) v=0.05m/s　　(d) v=0.008m/s

图 3.9　5mm 虹吸管不同流速下的流型图

数值模拟结果已经表明管径和流型的关系密切。当管径 $d=8\text{mm}$ 时，Bond 数 $Bo=8.8$，在虹吸管右侧形成附壁弹状流，如图 3.7 所示，此弹状流宽度接近管径，长度较大，气泡已经产生明显的积累。但当 $d=5\text{mm}$ 时，$Bo=3.4$，虹吸管内形成段塞流，如图 3.9 所示，在流速大于 0.008m/s 的条件下不会产生空气积累。

下面再考察其他管径的流态特征，取流速 v 为 10^{-2}m/s。管径 $d=6\text{mm}$ 时，$Bo=5.0$，在虹吸管右侧依然形成附壁弹状流，如图 3.10 所示，该弹状流中的气泡比 $d=8\text{mm}$ 尺寸小。当 $d=4\text{mm}$ 时，$Bo=2.2$，此时更易形成段塞流，如图 3.11 所示。可以看出，虹吸管右侧形成了段塞流，虹吸管左侧弹状气泡因为浮力作用随水流至右侧，右侧形成段塞流后，气泡与水流同步运动，可以随水流出虹吸管，不会造成气泡的积累。因管径越小，表面张力作用越来越强，重力作用越来越弱，所以，当 $d<5\text{mm}$，流速较慢，气液流量比较小时，管内也会形成段塞流，从而避免空气在虹吸管内积累导致虹吸过程中断。

图 3.10　管径 $d=6\text{mm}$ 时流型图

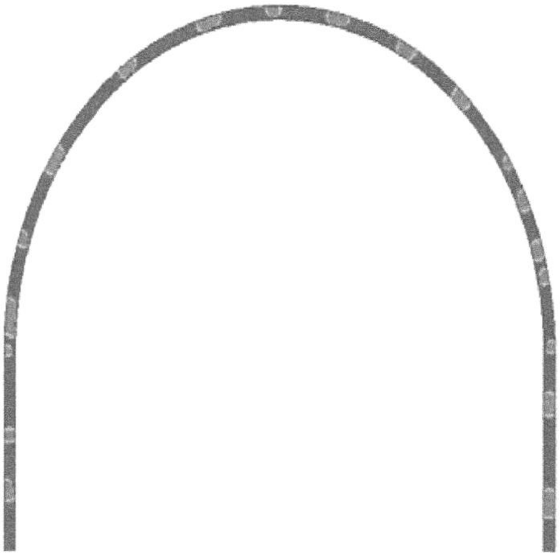

图 3.11　管径 $d=4\text{mm}$ 时流型图

由于管内并不是完全光滑的，从微观上来说，管道内必定粗糙不平，存在着前进接触角和后退接触角不一致的情况，导致毛细滞后力，且管径越小，毛细滞后力越大，对管道内流动的阻碍作用越大。液体和固体界面取代气体和固体界面叫前进接触角，气体和固体界面取代液体和固体界面叫后退接触角。通过 Young-Laplace方程可知

$$P=P_{\mathrm{v}}-P_{\mathrm{l}}=\frac{4\sigma\cos\theta}{d} \tag{3.23}$$

式中，P_{v} 为气液交界面汽一侧压力；P_{l} 为气液交界面液一侧压力；σ 为表面张力；θ 为接触角；d 虹吸管内直径。

段塞流在虹吸管内运动，前进方向存在前进接触角，后退方向具有后退接触

角。由于这两个接触角的差异，产生了毛细滞后力：

$$\Delta P = P_{\mathrm{rec}} - P_{\mathrm{adv}} = \frac{4\sigma_{\mathrm{rec}}\cos\theta_{\mathrm{rec}} - \sigma_{\mathrm{adv}}\cos\theta_{\mathrm{adv}}}{d} \tag{3.24}$$

式中，下标 rec、adv 分别表示后退方向和前进方向。

由式(3.24)可知，管径越小，毛细滞后力越大，对虹吸流动造成的阻力也就越大，所以在形成段塞流的前提下，不应选择管径太小的虹吸管。

以上数值模拟结果表明，在流速 v 为 10^{-2} m/s 的条件下，4mm、5mm 管径均能形成段塞流，6mm、8mm 管径由于重力的影响，不能形成段塞流。考虑到毛细滞后力的影响和流量的需求，在工程使用中可根据虹吸流速分析结果，采用 5mm 或 4mm 管径的虹吸管。

第 4 章　形成段塞流临界管径理论分析

在虹吸流动过程中，上水管段的气泡上浮运动与水流方向一致，气泡总是会到达虹吸管的顶部。下水管段的气泡上浮力与水流方向相反，当流速极其缓慢，且水流可以从气泡与管壁间流过时，浮力作用会使气泡上浮而可能不被水流带走，其结果会导致管内气泡在虹吸管顶部积聚引起虹吸断流。在虹吸管的顶部弯曲段，流态将更加复杂，当水流通过较大管径的虹吸管顶部弯头时，易形成贴壁流，就无法将空气一同排出，亦会导致虹吸系统的崩溃。

普通弹状流并不能保证下水管段的气泡与水流共同运动(见图 4.1(a))。段塞流由于其分段性(见图 4.1(b))，虽然会减缓流动速度，但是液体的流动势必会带动气泡的运动，气泡可以随水流一同运动而不会发生管内空气积累，从而可以保证虹吸系统长期有效。试验研究和数值模拟结果表明，选择小于等于 5mm 虹吸管径，就能形成段塞流，但试验和数值模拟均是在一定流速的条件下得到的结果，并非理论上无限缓慢流动的情况。为了确保虹吸系统在极端情况下保持有效，可能需要选择更小的虹吸管直径。另一方面，在斜坡虹吸排水中，较大管径能实现更好的排水效率。因此，分析虹吸流态与管径的关系，从理论上分析证明确保形成段塞流的临界管径条件，既能形成段塞流而保证虹吸过程长期有效，又使虹吸管径尽可能大而保证排水效率，在斜坡虹吸排水工程实践中具有十分重要的意义。

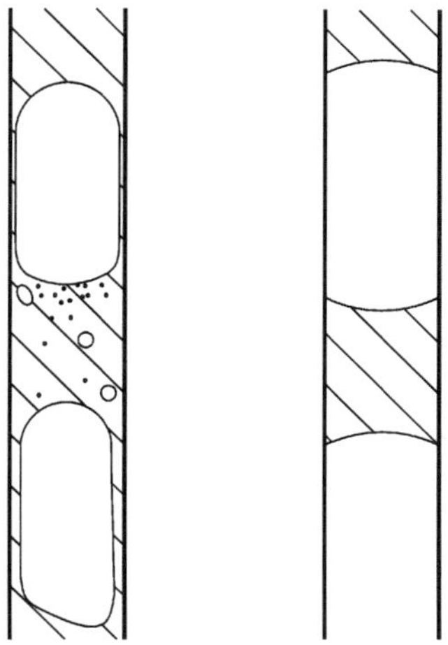

(a) 弹状流　　　(b) 段塞流

图 4.1　弹状流与段塞流示意图

4.1 水中最大稳定气泡直径分析

形成段塞流的基础是气泡占满虹吸管,且在流动过程中气泡具有物理上的稳定性。因此,可以通过分析水中最大稳定气泡的直径,来确定形成段塞流的临界管径。

当稳定、静止不动的水体中出现一个气泡时,由于表面张力作用,气泡形状总是向球形发展,并且气泡会由于浮力作用上升直至自由液面。不考虑上升过程的气体溶回,由于周围水压的不断减小,气泡大小会逐渐增大。但是气泡大小的增加并不是无止境的,由于表面张力作用的限制,稳定气泡的大小在理论上存在一个极限值。当气泡增大超过极限值时,表面张力不足以支撑整个气泡的稳定,气泡会发生破裂分离形成多个气泡。这与自然条件下形成的空气中最大水滴直径问题相类似。

4.1.1 分析计算模型

在稳定静止不动的水体中的气泡运动往往较慢,在一段时间内可以不考虑流动影响,因此可以采用流体静力学分析方法。如图 4.2 所示,在水槽中产生一个气泡(见图 4.2(a)),将气泡单独取出,如图 4.2(b)所示。考虑气泡的产生是在远离水体边界的位置,不考虑固体边界对气泡的影响。气泡的外观大小是一个三维问题,但假定其在一个半无限空间内,在水平面上受到的力均对称且相等,则其外观可以视为任一截面绕竖向中心轴旋转一周得到。故可以将该三维问题简化为二维问题进行分析,气泡任一截面如图 4.2(b)所示。

水是不可压缩流体,故在静止条件下,所选范围内水的总体积为一定值。与水相比,空气的密度可以认为是忽略不计的。将图 4.2(a)中的气泡分为上下两个部分,分别为图 4.2(b)及图 4.2(c)。如图建立坐标系 oxy。气泡的任一俯视截面均为圆形。取气泡水平最大直径作为上下部分的分界线,设其直径为 $2r$,坐标原点在直径中点。如图取 $x=\pm r$ 以及 $y=\pm a$ 作为边界线。a 的取值小于气泡中心到上自由液面或下底面的距离。假定气泡上半部分的液面可用函数 $y=f(x)$ 表示,下半部分的液面可用函数 $y=g(x)$ 表示。因为气泡左右对称,故只需考虑 $x>0$ 时的液面形状。

由假定条件可以得到一个给定边界条件,即 $f(r)=g(r)=0$。而 $f(0)$ 及 $g(0)$ 与函数表达式有关,是待求的值。

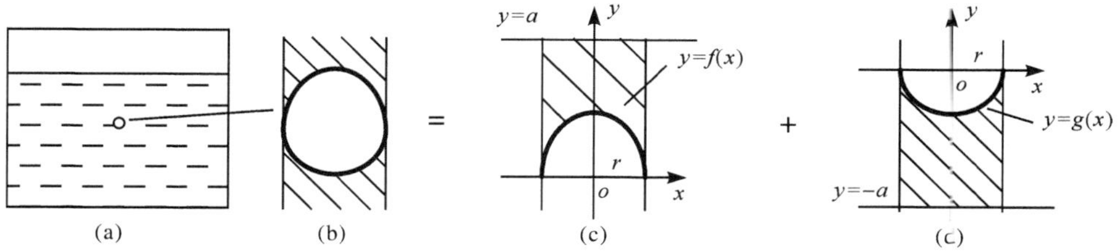

图 4.2　计算模型示意图

4.1.2　液面的能量法推导

曲面液体的表面吉布斯自由能为

$$G = -TS + PV + \sigma A \tag{4.1}$$

式中，σ 为表面张力系数；G、T、S、P、V 以及 A 分别代表吉布斯自由能、温度、熵值、压强、体积以及接触面积。

考虑重力势能作用，得到其总能量表达式：

$$E_t = G + E_g = -TS + PV + \sigma A + mgh \tag{4.2}$$

式中，E_t 为总能量；E_g 为重力势能；m、g、h 分别为液体质量、重力加速度、重心高程。

静止水头是一个等温等熵等压的过程，且水不可压缩，体积不变，所以去掉能量表达式中的不变量，得到

$$E_v = \sigma A + mgh = \sigma_{lg} A_{lg} + \gamma_w V h \tag{4.3}$$

式中，E_v 为可变能量；σ_{lg}为气液两相之间的表面张力系数；A_{lg}为气液两相之间的接触面积；γ_w 为水的重度；V 为计算段液体体积。

根据最小势能原理，当 E_v 取到最小值时，液面保持稳定。将三维问题简化为二维后，能量表达式为

$$E_v = \sigma_{lg} l_{lg} + \gamma_w s h \tag{4.4}$$

式中，l_{lg}为气液两相之间的接触弧长；s 为液体面积。

1. 气泡上半液面

对于图 4.2(c)，假定液面的函数表达式为 $y=f(x)$。分析计算段内的能量表达式

$$\begin{aligned} E_{v1} &= \sigma_{lg} l_{lg} + \gamma_w s h = \sigma_{lg} \int_0^r \sqrt{1+y'^2}\,\mathrm{d}x + \gamma_w \int_0^r (a-y)\,\frac{1}{2}(a+y)\,\mathrm{d}x \\ &= \int_0^r \left[\sigma_{lg}\sqrt{1+y'^2} + \frac{1}{2}\gamma_w (a^2 - y^2)\right]\mathrm{d}x \end{aligned} \tag{4.5}$$

因为水是不可压缩液体，故水的面积保持不变，在此条件下气泡面积亦不变。

故满足条件边界条件

$$s=\int_0^r y\mathrm{d}x=A_1 \tag{4.6}$$

根据式(4.5)与式(4.6)，做函数

$$F(x,y,y',\lambda_1)=\sigma_{\mathrm{lg}}\sqrt{1+y'^2}-\frac{1}{2}\gamma_{\mathrm{w}}y^2-\lambda_1 y \tag{4.7}$$

式中，λ_1 为拉格朗日乘子。

问题转化为求泛函 $J[f(x)]=\int_0^r F(x,y,y')\mathrm{d}x$ 的极值曲线。其欧拉方程为

$$F_y-\frac{\mathrm{d}}{\mathrm{d}x}F_{y'}=0$$

有

$$-\gamma_{\mathrm{w}}y-\lambda_1=\frac{\mathrm{d}}{\mathrm{d}x}\left(\sigma_{\mathrm{lg}}\frac{y'}{\sqrt{1+y'^2}}\right) \tag{4.8}$$

其边界条件包括已知的 $f(r)=0$，故 $y=f(x)$ 一端固定，而另一个端点可以在直线 $x=0$ 上移动，该泛函满足可动边界条件，故自由端点满足

$$[F+(\psi'-y')F_{y'}]|_{x=0}=0 \tag{4.9}$$

式中，$\psi(x)$ 为所述的自由端点所在的可动边界，即为直线 $x=0$，则 $\psi'=+\infty$，由此式(4.9)必须满足

$$F_{y'}|_{x=0}=0,\quad F|_{x=0}=0$$

得到

$$\sigma_{\mathrm{lg}}\frac{f'(0)}{\sqrt{1+f'(0)^2}}=0\Rightarrow f'(0)=0 \tag{4.10}$$

$$\sigma_{\mathrm{lg}}\sqrt{1+f'(0)^2}-\frac{1}{2}\gamma_{\mathrm{w}}f^2(0)-\lambda_1 f(0)=0\Rightarrow\lambda_1=\frac{\sigma_{\mathrm{lg}}}{f(0)}-\frac{1}{2}\gamma_{\mathrm{w}}f(0) \tag{4.11}$$

函数 F 仅依赖于 y 和 y'，故欧拉方程可以转化为

$$F_y-F_{yy'}y'-F_{y'y}y''=0$$

其首次积分可以写作

$$F-y'F_{y'}=c \tag{4.12}$$

故有

$$\sigma_{\mathrm{lg}}\sqrt{1+y'^2}-\frac{1}{2}\gamma_{\mathrm{w}}y^2-\lambda_1 y-y'\sigma_{\mathrm{lg}}\frac{y'}{\sqrt{1+y'^2}}=c$$

得到

$$\sigma_{\mathrm{lg}}\frac{1}{\sqrt{1+y'^2}}-\frac{1}{2}\gamma_{\mathrm{w}}y^2-\lambda_1 y=c \tag{4.13}$$

令 $y'=\cot\varphi,\varphi\in[0,\pi]$，故得到

$$\sigma_{\mathrm{lg}}\sin\varphi-\frac{1}{2}\gamma_{\mathrm{w}}y^2-\lambda_1 y=c \tag{4.14}$$

$$y=-\frac{\lambda_1}{\gamma_{\mathrm{w}}}+\sqrt{\left(\frac{\lambda_1}{\gamma_{\mathrm{w}}}\right)^2+\frac{2}{\gamma_{\mathrm{w}}}(\sigma_{\mathrm{lg}}\sin\varphi-c)} \tag{4.15}$$

故有

$$\mathrm{d}y=\frac{\sigma_{\mathrm{lg}}}{\gamma_{\mathrm{w}}}\frac{\cos\varphi}{\sqrt{\left(\frac{\lambda_1}{\gamma_{\mathrm{w}}}\right)^2+\frac{2}{\gamma_{\mathrm{w}}}(\sigma_{\mathrm{lg}}\sin\varphi-c)}}\mathrm{d}\varphi \tag{4.16}$$

$$\mathrm{d}x=\frac{\mathrm{d}y}{y'}=\frac{\sigma_{\mathrm{lg}}}{\gamma_{\mathrm{w}}}\frac{\sin\varphi}{\sqrt{\left(\frac{\lambda_1}{\gamma_{\mathrm{w}}}\right)^2+\frac{2}{\gamma_{\mathrm{w}}}(\sigma_{\mathrm{lg}}\sin\varphi-c)}}\mathrm{d}\varphi \tag{4.17}$$

代入边界条件，由式(4.10)得 $f'(0)=0$，得到 $x=0$ 对应取到的 $\varphi=\frac{\pi}{2}$。将式(4.11)代入式(4.15)，在 $x=0$ 的情况下，得到

$$f(0)=-\frac{\sigma_{\mathrm{lg}}}{\gamma_{\mathrm{w}}f(0)}+\frac{1}{2}f(0)+\sqrt{\left(\frac{\sigma_{\mathrm{lg}}}{\gamma_{\mathrm{w}}f(0)}-\frac{1}{2}f(0)\right)^2+\frac{2}{\gamma_{\mathrm{w}}}\left(\sigma_{\mathrm{lg}}\sin\frac{\pi}{2}-c\right)}$$

解得

$$c=0$$

因为 $f(r)=0$，而要使式(4.15)中 $y=0,\sin\varphi=0$，故得到 $x=r$ 对应取到的 $\varphi=\pi$。综合上述条件，最后得出

$$r=\int_0^r\mathrm{d}x=\frac{\sigma_{\mathrm{lg}}}{\gamma_{\mathrm{w}}}\int_{\frac{\pi}{2}}^{\pi}\frac{\sin\varphi}{\sqrt{\left(\frac{\lambda_1}{\gamma_{\mathrm{w}}}\right)^2+\frac{2}{\gamma_{\mathrm{w}}}\sigma_{\mathrm{lg}}\sin\varphi}}\mathrm{d}\varphi \tag{4.18}$$

由式(4.18)可以得出，由于 $(\lambda_1/\gamma_{\mathrm{w}})^2$ 始终大于等于零，故 r 存在一个最大值，即当 $\lambda_1=0$ 时取到。故得到

$$r_{\max}=\frac{\sigma_{\mathrm{lg}}}{\gamma_{\mathrm{w}}}\int_{\frac{\pi}{2}}^{\pi}\frac{\sin\varphi}{\sqrt{\frac{2\sigma_{\mathrm{lg}}}{\gamma_{\mathrm{w}}}\sin\varphi}}\mathrm{d}\varphi=\sqrt{\frac{\sigma_{\mathrm{lg}}}{2\gamma_{\mathrm{w}}}}\int_{\frac{\pi}{2}}^{\pi}\sqrt{\sin\varphi}\mathrm{d}\varphi=0.847\sqrt{\frac{\sigma_{\mathrm{lg}}}{\gamma_{\mathrm{w}}}} \tag{4.19}$$

取常温 21℃下的空气与水之间的表面张力系数为 $\sigma_{\mathrm{lg}}=7.28\times10^{-2}\mathrm{N/m}$，则得到常温下气泡所能达到的最大半径为 0.0023m，即 2.3mm。故水中稳定气泡的最大水平直径为 $d_{\max}=2r_{\max}=4.6\mathrm{mm}$。此时的 $y=-\frac{\lambda_1}{\gamma_{\mathrm{w}}}+\sqrt{\left(\frac{\lambda_1}{\gamma_{\mathrm{w}}}\right)^2+\frac{2}{\gamma_{\mathrm{w}}}(\sigma_{\mathrm{lg}}\sin\varphi-c)}=\sqrt{\frac{2\sigma_{\mathrm{lg}}}{\gamma_{\mathrm{w}}}}$，其值为 3.85mm。即气泡上半部分是一个竖直轴为 7.7mm、水平轴为 4.6mm的椭球的一半。

2. 气泡下半液面

同理，对于图 4.2(d)，取 $y=-a$ 为重力势能为零的面。

对于图 4.2(d)，假定液面的函数表达式为 $y=g(x)$。分析计算段内的能量表达式：

$$\begin{aligned}E_{v2}&=\sigma l+\gamma sh=\sigma_{lg}l_{lg}+\gamma_w sh\\&=\sigma_{lg}\int_0^r\sqrt{1+y'^2}\mathrm{d}x+\gamma_w\int_0^r(a+y)\frac{1}{2}(a+y)\mathrm{d}x\\&=\int_0^r\left[\sigma_{lg}\sqrt{1+y'^2}+\frac{1}{2}\gamma_w(a^2+y^2+2ay)\right]\mathrm{d}x\end{aligned}\tag{4.20}$$

同样满足条件边界条件

$$s=\int_0^r y\mathrm{d}x=A_2$$

做函数

$$G(x,y,y',\lambda_2)=\sigma_{lg}\sqrt{1+y'^2}+\frac{1}{2}\gamma_w y^2+\gamma_w ay+\lambda_2 y\tag{4.21}$$

同样，其首次积分可以写作

$$G-y'G_{y'}=c$$

故有

$$\sigma_{lg}\frac{1}{\sqrt{1+y'^2}}+\frac{1}{2}\gamma_w y^2+\gamma_w ay+\lambda_2 y=c\tag{4.22}$$

令 $y'=-\cot\varphi,\varphi\in[0,\pi]$，故得到

$$\sigma_{lg}\sin\varphi+\frac{1}{2}\gamma_w y^2+\gamma_w ay+\lambda_2 y=c\tag{4.23}$$

$$y=-\left(a+\frac{\lambda_2}{\gamma_w}\right)+\sqrt{\left(a+\frac{\lambda_2}{\gamma_w}\right)^2-\frac{2}{\gamma_w}(\sigma_{lg}\sin\varphi-c)}\tag{4.24}$$

故

$$\mathrm{d}x=\frac{\mathrm{d}y}{y'}=\frac{\sigma_{lg}}{\gamma_w}\frac{\sin\varphi}{\sqrt{\left(a+\frac{\lambda_2}{\gamma_w}\right)^2-\frac{2}{\gamma_w}(\sigma_{lg}\sin\varphi-c)}}\mathrm{d}\varphi\tag{4.25}$$

边界条件的求法与上半液面相同，得到在 $y=g(x)$ 中，$x=r$ 对应取到的 $\varphi=\pi$，$x=0$ 对应取到的 $\varphi=\frac{\pi}{2}$。由 $g(r)=0$，得到 $c=0$，所以

$$r=\frac{\sigma_{lg}}{\gamma_w}\int_{\frac{\pi}{2}}^{\pi}\frac{\sin\varphi}{\sqrt{\left(a+\frac{\lambda_2}{\gamma_w}\right)^2-\frac{2}{\gamma_w}\sigma_{lg}\sin\varphi}}\mathrm{d}\varphi\tag{4.26}$$

这里的 r 可以取到任何值，这取决于 $a+\lambda_2/\gamma_w$ 的值，将气泡上半部分中的 $r=$

2.3mm代入求得

$$a+\frac{\lambda_2}{\gamma_w}\approx 0.0047$$

代入求此时的 y 为

$$y=-\left(a+\frac{\lambda_2}{\gamma_w}\right)+\sqrt{\left(a+\frac{\lambda_2}{\gamma_w}\right)^2-\frac{2}{\gamma_w}\sigma_{lg}}$$

计算得到气泡下半部分的竖直长度约为 1.95mm。即气泡下半部分是一个水平轴为 4.6mm、竖直轴为 3.9mm 的椭圆的一半。

综合气泡上下两部分计算结果，在表面张力的作用下，没有外界干扰的极限状态下的稳定气泡形状如图 4.3 所示。

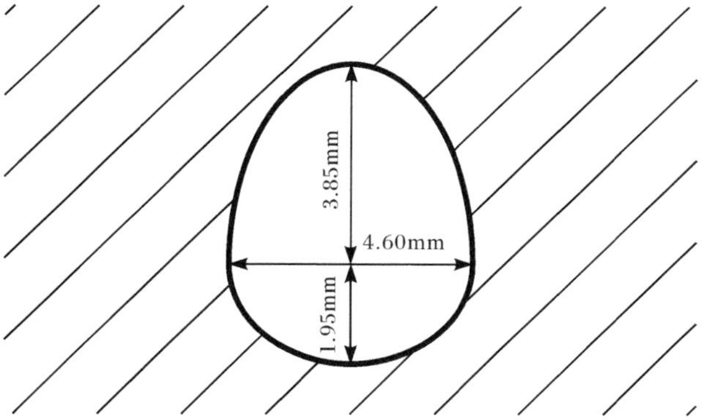

图 4.3　理论计算气泡极限大小

4.1.3　气泡极限大小与临界管径的关系

在高扬程虹吸水流由下至上的流动过程中，管内气压随高程线性下降，真空度不断增大，虹吸管的顶部近于真空状态。由理想气体的状态方程 $P_1V_1=P_2V_2$ 可知，气压的减小将使气泡体积发生膨胀。气泡的汇集以及气泡本身的体积扩大，使得自由状态下的稳定气泡会处于极限稳定状态，其水平直径最大为 $d_{max}=1.694\sqrt{\sigma_{lg}/\gamma_w}$。

当虹吸管径小于 d_{max}时，气泡在缓慢上升并兼并虹吸管上部区域其他气泡后，气泡体积扩大并接近极限稳定状态，其边界会与管壁发生接触，并最终贴壁，也就形成图 4.1(b)所示的段塞流，液面与壁面的夹角满足气液固三相的接触角。图 4.4所示为管径 4mm 时，试验显示的管道中极限气泡形态特征。

而当管径较大，超过稳定气泡的极限值时，气泡的大小将不足以形成满管的贴壁气泡，总会在气泡与管壁之间存在过水通道。在管壁的边界影响下，气泡形

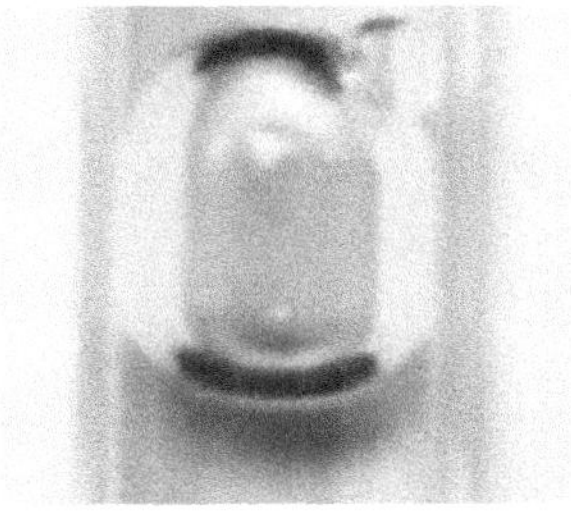

图 4.4　管道中极限气泡

状会发生些许改变，但不影响气泡与管壁的接触。故可以认为，$d_{max}=1.694\sqrt{\sigma_{lg}/\gamma_w}$即为形成弹状流与段塞流的临界管径，只有当虹吸管径小于等于d_{max}时，才能形成段塞流。

水的重度 γ_w 为一定值，故临界管径的平方与表面张力系数 σ 成正比。而 σ 与环境温度相关，故临界管径是温度的函数。作一般性考虑，分析气温变化范围为 0～40℃的情况，取两端的 0℃与 40℃的温度条件下进行计算，空气与水之间的表面张力系数的取值分别为 $\sigma_{lg}=7.56\times10^{-2}$N/m 及 $\sigma_{lg}=7.0\times10^{-2}$N/m，得到临界管径的取值范围为 4.5～4.7mm，温度越高，对应的临界管径取值越小。但应注意，并不意味着当虹吸管内径小于临界管径时，管内气泡均为段塞流。事实上，细管径虹吸管中的气泡在上升过程中也是由小到大逐渐发展，此过程中泡状流及弹状流型均会出现，只有在气泡上升至接近虹吸极限扬程时，气泡大小接近于极限大小，从而形成段塞流型。因此，只有同时满足高扬程虹吸且小于临界管径，才能在虹吸管的上水段的顶部和下水段形成段塞流。

4.2　虹吸越过管顶点段塞流临界管径分析

虹吸管的顶部弯曲段是整个虹吸管内压力最低的部位。在经历了上水管段的压力逐渐降低过程，水中溶解的空气大量析出形成气泡，高扬程虹吸的顶点流态一般为贴壁流、弹状流或段塞流。当水流通过较大管径的虹吸管顶部弯头时，易形成贴壁流，就无法将空气一同排出而导致虹吸系统的崩溃。虹吸管的顶部弯曲段的流态，无论是流动方向还是流动方式，与上水管段及下水管段均不相同。因此，需要对虹吸顶部弯曲段的流态与管径的关系进行分析，以便保障整个虹吸系统的有效性。

4.2.1　分析计算模型

向储水管内低速加水的情况下，上水管水位缓慢上升直至抵达管顶时，因流速较慢，在一段时间内可以不考虑流动影响，因此可以采用流体静力学分析方法。

实际的管顶弯管为弧状曲线，在实际斜坡工程中，由于虹吸管的管径往往取毫米或厘米级，而斜坡的规模以米甚至千米为计量单位，故往往设计的弯管曲率半径较大，使得虹吸的管顶流动更加稳定。当取弯管的曲率半径较大时，基本可以认为其为水平，故简化计算模型为水平管内的气液截面形状推导。

取液体流动方向为 y 方向，竖直向下为 x 方向，垂直纸面向里为 z 方向，有坐标系如图 4.5 所示。由于 z 方向相较于其他两个方向对液面的影响较小，每一段 $\mathrm{d}z$ 微元上的液面形状基本相近，故取最危险截面，即坐标原点附近的 z 方向微元 $\mathrm{d}z$，将三维模型简化为二维模型进行考虑，采用薄缝方式代替圆管进行理论分析，即推导两块平板之间气液截面形状。

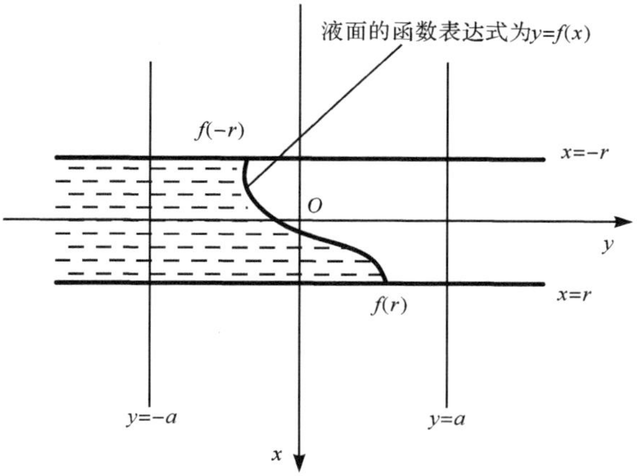

图 4.5　液面坐标系示意图

水是不可压缩流体，故在静止条件下，其总体积为一定值。

4.2.2　弯管液面的能量法推导

由曲面液体的表面吉布斯自由能表达式(4.1)，考虑重力势能作用得到总能量表达式(4.2)。注意到静止水头是一个等温等熵等压的过程，且水不可压缩，体积不变，所以去掉能量表达式中的不变量，得到弯管段的总能量表达式：

$$E_{\mathrm{v}} = \sigma A + mgh = \sigma_{\mathrm{lg}} A_{\mathrm{lg}} + \sigma_{\mathrm{sl}} A_{\mathrm{sl}} + \sigma_{\mathrm{sg}} A_{\mathrm{sg}} + \gamma_{\mathrm{w}} V h \tag{4.27}$$

式中，E_{v} 为可变能量；σ_{lg}、σ_{sl}、和 σ_{sg} 分别为气液、固液、气固两相之间的表面张力系数；A_{lg}、A_{sl} 和 A_{sg} 分别为气液、固液、气固两相之间的接触面积；γ_{w} 为液体水的重度；V 为计算段液体体积。

根据最小势能原理，当 E_{v} 取到最小值时，液面保持稳定。为简化分析，不考虑 z 方向上的影响，如图 4.5 所示简化到二维形式，采用薄缝方式代替圆管进行理论分析，取 $2a$ 长度的一段，恰好令该段内的水柱面积 $s=2ar$，式中 r 为虹吸管半径。假定液面的函数表达式为 $y=f(x)$，接触面积 A 简化为 $l\mathrm{d}z$，体积 V 简化为 $s\mathrm{d}z$，统一约去 $\mathrm{d}z$，有

$$
\begin{aligned}
\frac{E_{\mathrm{v}}}{\mathrm{d}z} &= \sigma l + \rho g A h = \sigma_{\mathrm{lg}} l_{\mathrm{lg}} + \sigma_{\mathrm{sl}} l_{\mathrm{sl}} + \sigma_{\mathrm{sg}} l_{\mathrm{sg}} + \gamma_{\mathrm{w}} s h \\
&= \sigma_{\mathrm{lg}} \int_{-r}^{r} \sqrt{1+y'^2}\,\mathrm{d}x + \sigma_{\mathrm{sl}}[2a + f(r) + f(-r)] \\
&\quad + \sigma_{\mathrm{sg}}[2a - f(r) - f(-r)] + \gamma_{\mathrm{w}} \int_{-r}^{r} (r-x)(y+a)\,\mathrm{d}x \\
&= \int_{-r}^{r} [\sigma_{\mathrm{lg}} \sqrt{1+y'^2} + \gamma_{\mathrm{w}}(r-x)(y+a)]\,\mathrm{d}x \\
&\quad + (\sigma_{\mathrm{sl}} - \sigma_{\mathrm{sg}})[f(r) + f(-r)] + 2a(\sigma_{\mathrm{sl}} + \sigma_{\mathrm{sg}}) \\
&= \int_{-r}^{r} \left[\sigma_{\mathrm{lg}} \sqrt{1+y'^2} + \gamma_{\mathrm{w}}(r-x)(y+a) + \frac{1}{r}(\sigma_{\mathrm{sl}} - \sigma_{\mathrm{sg}})(y + xy')\right]\mathrm{d}x \\
&\quad + 2a(\sigma_{\mathrm{sl}} + \sigma_{\mathrm{sg}})
\end{aligned}
\tag{4.28}
$$

式中，l_{lg}、l_{sl}、和 l_{sg}分别表示二维平面内气液、固液、气固两相之间的接触长度。

边界条件满足

$$
s = \int_{-r}^{r} (y+a)\,\mathrm{d}x = 2ar \Rightarrow \int_{-r}^{r} y\,\mathrm{d}x = 0 \tag{4.29}
$$

$x=\pm r$ 的边界条件属于可动边界条件，满足

$$
[F + (\psi' - y')F_{y'}]\big|_{x=\pm r} = 0 \tag{4.30}
$$

式中，$\psi(x)$为已知曲线，对应实际情况中即管壁水平线，故有 $\psi'=\infty$。

由式(4.28)和式(4.29)可以得到

$$
\begin{aligned}
F(x,y,y',\lambda) =& \sigma_{\mathrm{lg}} \sqrt{1+y'^2} + \gamma_{\mathrm{w}}(r-x)(y+a) \\
& + \frac{1}{r}(\sigma_{\mathrm{sl}} - \sigma_{\mathrm{sg}})(y + xy') + \lambda y
\end{aligned}
\tag{4.31}
$$

式中，λ 为拉格朗日乘子。

故问题转化为求泛函 $J = \int_{-r}^{r} F\,\mathrm{d}x$ 的极值曲线。其欧拉方程为

$$
F_y - \frac{\mathrm{d}}{\mathrm{d}x} F_{y'} = 0 \tag{4.32}
$$

将 $F(x,y,y')$代入式(4.32)，得到

$$
\gamma_{\mathrm{w}}(r-x) + \frac{1}{r}(\sigma_{\mathrm{sl}} - \sigma_{\mathrm{sg}}) + \lambda - \frac{\mathrm{d}}{\mathrm{d}x}\left[\sigma_{\mathrm{lg}} \frac{y'}{\sqrt{1+y'^2}} + \frac{x}{r}(\sigma_{\mathrm{sl}} - \sigma_{\mathrm{sg}})\right] = 0 \tag{4.33}
$$

故有

$$
\sigma_{\mathrm{lg}} \frac{y'}{\sqrt{1+y'^2}} = -\frac{1}{2}\gamma_{\mathrm{w}} x^2 + (\gamma_{\mathrm{w}} r + \lambda)x + C_1 \tag{4.34}
$$

$$\sigma_{lg}\frac{y''}{(1+y'^2)^{3/2}}=\gamma_w(r-x)+\lambda \tag{4.35}$$

式中，σ_{lg}为气液两相的表面张力系数；C_1 为一常数。

式(4.35)即可转化为曲线 $y=f(x)$的曲率表达式。取 $y'=\tan\varphi$ 表示曲线某点处的斜率，φ 为过该点的切线与 x 轴之间的夹角，代入式(4.34)，有

$$\sigma_{lg}\sin\varphi=-\frac{1}{2}\gamma_w x^2+(\gamma_w r+\lambda)x+C_1 \tag{4.36}$$

$x=\pm r$ 的边界条件是一种可动边界条件，故满足式(4.30)，$\psi(x)$为已知曲线，对应实际情况中即管壁水平线，所以 $\psi'=\infty$，当 $x=r$ 时，式(4.30)可以写为

$$\sigma_{lg}\sqrt{1+y'^2}+\frac{1}{r}(\sigma_{sl}-\sigma_{sg})(y+ry')+\lambda y+(\psi'-y')\left(\sigma_{lg}\frac{y'}{\sqrt{1+y'^2}}+\sigma_{sl}-\sigma_{sg}\right)=0 \tag{4.37}$$

因为 $\psi'=\infty$，故有

$$\sigma_{lg}\frac{y'}{\sqrt{1+y'^2}}+\sigma_{sl}-\sigma_{sg}=0 \tag{4.38}$$

$$\sin\varphi(r)=\frac{\sigma_{sg}-\sigma_{sl}}{\sigma_{lg}}=\cos\theta \tag{4.39}$$

式中，θ 为杨氏方程中固气液三相的接触角。

同理，当 $x=-r$ 时，有

$$\frac{\sigma_{lg}}{\sqrt{1+y'^2}}+2\rho gr(y+a)+\frac{1}{r}(\sigma_{sl}-\sigma_{sg})y+\lambda y+\psi'\left(\sigma_{lg}\frac{y'}{\sqrt{1+y'^2}}-\sigma_{sl}+\sigma_{sg}\right)=0 \tag{4.40}$$

$$\sin\varphi(-r)=\frac{\sigma_{sl}-\sigma_{sg}}{\sigma_{lg}}=-\cos\theta \tag{4.41}$$

将式(4.39)与式(4.41)代入式(4.36)，有

$$\begin{cases}\sigma_{lg}\cos\theta=-\dfrac{1}{2}\gamma_w r^2+(\gamma_w r+\lambda)r+C_1\\[2ex]-\sigma_{lg}\cos\theta=-\dfrac{1}{2}\gamma_w r^2-(\gamma_w r+\lambda)r+C_1\end{cases} \tag{4.42}$$

解得

$$\begin{cases}\lambda=\dfrac{\sigma_{lg}}{r}\cos\theta-\gamma_w r\\[2ex]C_1=\dfrac{1}{2}\gamma_w r^2\end{cases} \tag{4.43}$$

代入曲率表达式，有

$$\begin{cases} \sigma_{\mathrm{lg}} \dfrac{y'}{\sqrt{1+y'^2}} = -\dfrac{1}{2}\gamma_{\mathrm{w}}x^2 + \dfrac{\sigma_{\mathrm{lg}}\cos\theta}{r}x + \dfrac{1}{2}\gamma_{\mathrm{w}}r^2 \\ \sigma_{\mathrm{lg}} \dfrac{y''}{(1+y'^2)^{3/2}} = -\gamma_{\mathrm{w}}x + \dfrac{\sigma_{\mathrm{lg}}}{r}\cos\theta \end{cases} \tag{4.44}$$

根据上述推导，可得，当

$$x = \frac{\lambda}{\gamma_{\mathrm{w}}} + r = \frac{\sigma_{\mathrm{lg}}}{\gamma_{\mathrm{w}}r}\cos\theta \tag{4.45}$$

曲率取到零，$y''=0$，即此点为曲线的拐点，故当$\frac{\sigma_{\mathrm{lg}}}{\gamma_{\mathrm{w}}r}\cos\theta\in[0,r]$时，曲线在管径范围内存在拐点，而当$\frac{\sigma_{\mathrm{lg}}}{\gamma_{\mathrm{w}}r}\cos\theta>r$时，$y''$始终大于零，曲线为凹函数。要讨论其曲线形状，则必须考虑临界管径的影响。

考虑临界管径，即当$x=r_{\mathrm{c}}$时，曲率取到零，即

$$-\gamma_{\mathrm{w}}r_{\mathrm{c}} + \frac{\sigma_{\mathrm{lg}}}{r_{\mathrm{c}}}\cos\theta = 0 \tag{4.46}$$

$$r_{\mathrm{c}} = \sqrt{\frac{\sigma_{\mathrm{lg}}\cos\theta}{\gamma_{\mathrm{w}}}} \tag{4.47}$$

当管径$r>r_{\mathrm{c}}$时，液面如图4.6(a)所示，当$r\leqslant r_{\mathrm{c}}$时，液面如图4.6(b)所示。

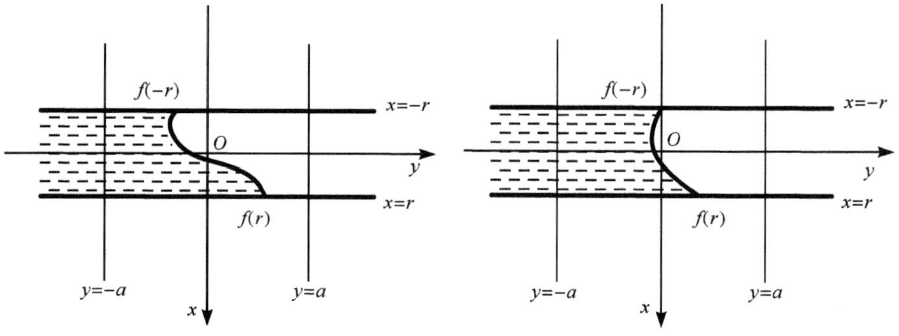

(a) $r>r_{\mathrm{c}}$　　(b) $r\leqslant r_{\mathrm{c}}$

图4.6　不同管径下的液面形状

4.2.3　避免出现贴壁流态的管径选择

根据式(4.47)中对临界半径r_{c}的公式推导，对于不同大小的接触角θ，取常温21℃下的空气与水之间的表面张力系数为$\sigma_{\mathrm{lg}}=7.28\times10^{-2}\,\mathrm{N/m}$，得到其曲线如图4.7所示。当液面呈图4.6(a)的形状时，经过虹吸管顶部后，下部液面极易塌陷，贴壁顺流而下，形成如图2.10(c)所示的贴壁流，无法将积聚在管顶的空气排

出。而当液面呈图 4.6(b)的形状时,液面整体性较好,越过虹吸管顶部的水流更易以整段水柱的形式下落,从而封存一部分气体,形成一段液柱、一段气柱的弹状流型,能够有效地将管顶的空气排出。

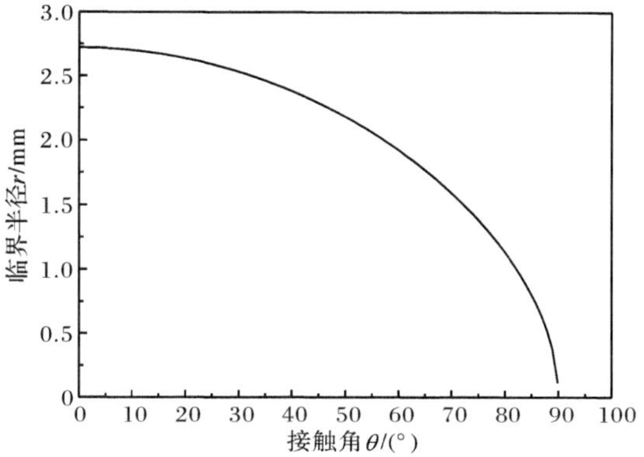

图 4.7　接触角与临界半径关系图

试验及工程中所使用的虹吸管材料一般采用 PU 管或 PA 材料管,由一些文献资料显示,未经改性的 PU 材料与水之间的接触角为 60°～65°,PA 材料与水之间的接触角为 68°～76°。故得到,在工程中,PU 材料在管顶形成弹状流和贴壁流的临界半径 r_c 及临界管径 D_c 为

$$r_c = \sqrt{\frac{\sigma_{lg}\cos\theta}{\gamma_w}} \approx 0.0018\text{m} = 1.8\text{mm}$$

$$D_c = 2r_c = 3.6\text{mm}$$

而 PA 材料在管顶形成弹状流和贴壁流的临界半径 r_c 约为 1.5mm,其临界管径 D_c 为 3mm。

以上理论分析结果是在一定简化条件下获得的,因采用薄缝代替圆管进行理论分析,所得的临界管径偏于保守。所以在实际工程中,要使下水管中呈现段塞流型,确保虹吸现象的持续,可考虑选择管径小于等于 4mm 的虹吸管。

第 5 章　停流期虹吸管空气积累问题

斜坡地下水位受降雨影响，干旱季节的地下水位可能很低，此时坡体没有地下水需要通过虹吸排出，所安装的虹吸排水系统处于停止工作状态。当下次降雨过程发生时，降雨入渗引起坡体地下水位上升，需要虹吸排水系统能够实时恢复工作状态。即斜坡虹吸排水系统要求实现间歇性虹吸的可持续性不被破坏，这就需要保证虹吸停流期间虹吸管内不发生过量的空气积累。

5.1　停流期虹吸管空气积累原因

当采用直径小于 4mm 的虹吸管时，虹吸过程中可以形成段塞流，从而保证在较低流速的虹吸情况下也能使气泡随水流一同排出，保持虹吸过程持续有效。但斜坡的地下水是由降雨入渗补给，而降雨是不定期发生的，有些地区枯水期长期缺乏降水，会导致斜坡虹吸出现长时间停流。与流动状态不同，停流状态下无法实现气泡随水体的一同流动。停流时析出的气泡会在虹吸管顶部汇聚成一段气柱，如图 5.1 所示。在虹吸管上水管顶部空气段长度 h 较大的条件下，虹吸进水口水位需要大幅上升才能重新自动恢复虹吸，其结果可能因坡体地下水位大幅上升而发生滑坡，失去斜坡虹吸排水的本来意义。

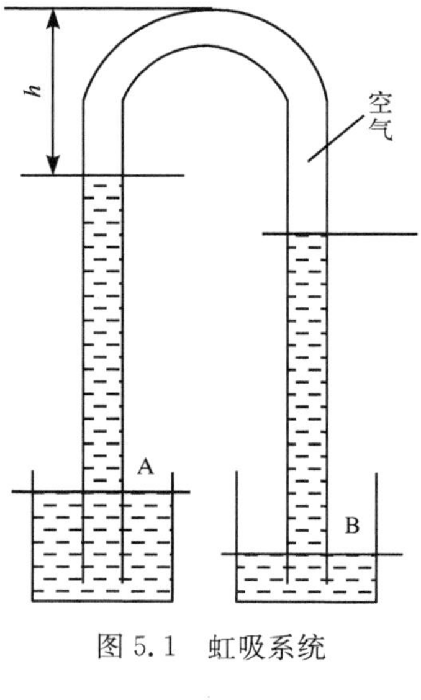

图 5.1　虹吸系统

空气作为一种难溶于水的混合气体，其溶解度大小与气压及温度密切相关，可以视其为一种理想溶液。定温下液体中的气体溶解度满足亨利定律，即溶解度与该气体在液面上的平衡分压成正比。虹吸管内液面压力随距管口液面的高程增大而逐渐减小。因此，在虹吸过程中，溶解于液体的空气会因虹吸管内压力降低而析出，形成气泡，由于高扬程虹吸管内压力变化大，空气析出作用强烈。气压低则对应较大的摩尔体积，少量的空气积聚即会产生较大的体积。因此，低扬程虹吸与高扬程虹吸存在着物理过程的根本性差别。

虽然虹吸管顶部近于真空，但虹吸管的进水口和出水口仍然处于自然大气压环境下，结果在虹吸管不同部位具有不同的空气溶解度，形成从虹吸管的进水口、出水口到顶部的空气溶解度不同的变化梯度，导致空气会不断地从虹吸管的进出水口扩散到顶部，这种情况在工程实践中无法规避。例如，虹吸停流时间过长，空气在水中的传递可能产生真空区内空气量的增加，从而增大管顶空气段长度 h。因此，管端空气溶入是否对长时间停流虹吸管空气积累产生影响，将决定着斜坡虹吸排水系统是否具有广泛的推广使用条件。因此，停流期虹吸管空气积累问题是虹吸技术能否广泛应用于斜坡排水的基础理论问题。

在经历长期停流后，能否保持虹吸管顶部的真空度，决定着下次雨季过程中能否自行恢复虹吸。概括影响停流期虹吸管顶部真空度的因素，主要包括：①管壁内外侧气体分子浓度差引起管外气体分子扩散进入；②管端空气溶入并扩散到虹吸管的顶部；③溶解于液体的空气会因虹吸管内压力降低而析出；④温度变化引起水中空气溶解度改变产生虹吸管顶部空气积累。

5.2　停流期虹吸管空气积累试验

5.2.1　管径 8mm PU 虹吸管顶部空气积累

8mm 内径虹吸管，在停止虹吸流动后的 5min 内，可见气泡全部上升到虹吸管的顶部。静置 1h 后，开始记录上水管与下水管在管顶附近的水位变化，并记录温度对其的影响。在此试验过程中，虹吸管进水口和出水口的储水管水位基本不变，其影响可以忽略。试验结果如图 5.2 所示，图中负值表示水位高程发生了下降。由水位的变化可以得到管顶空气段长度 h 的变化趋势。

由图 5.2 可以看到，上水管与下水管中的水位均在停流期间逐步下降，变化曲线基本重合，由于 8mm 虹吸管顶部气泡为一整体，气压处处相等，均匀分布于上下水管中，可以保证水位变化的一致性。

在一天中，随着温度的升高，水位发生下降，反之则上升。当昼夜温差较小

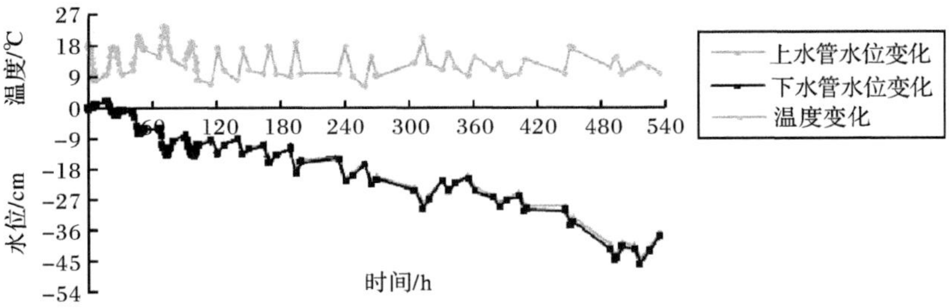

图 5.2　管径 8mm 虹吸管管顶水位及温度随时间变化曲线

时，管顶水位变化亦较小；而当昼夜温差较大时，水位的升降变化亦相对强烈。这不仅与气体的热胀冷缩相关，亦与不同温度下空气中水的饱和蒸汽压值相关。根据克劳修斯-克拉贝龙方程：

$$\ln\frac{p_2}{p_1}=\frac{\Delta_{\mathrm{vap}}H_{\mathrm{m}}^{*}}{R}\left(\frac{1}{T_1}-\frac{1}{T_2}\right) \tag{5.1}$$

式中，p_1 为温度 T_1 条件下对应的饱和蒸汽压；p_2 为温度 T_2 条件下对应的饱和蒸汽压；$\Delta_{\mathrm{vap}}H_{\mathrm{m}}^{*}$ 为水的摩尔蒸发热，在一般条件下可视为常数；R 为理想气体常数，$R=8.314\mathrm{J/(mol\cdot K)}$。

在真空度较高时，水的沸点降低，易析出水蒸气，以保持管内气体气压为该温度、该气压下的饱和蒸汽压。而同时，当温度降低时，饱和蒸汽压会相应降低，空气和水蒸气会相应回到水中，造成管内的液面上升。例如，某天中午温度为 24℃，水的饱和蒸汽压为 22.38mmHg，即在毫无别的气体的情况下，至少会有 22.38mmHg的气压。到了晚上 15℃，饱和蒸汽压为 12.79mmHg。这两个温度之间差值为 9.59mmHg，换算成水柱为 12.9cm，即会上升 12.9cm。同样，温度升高也会造成水柱下降，在完全理想的条件下，相同程度的温度降低与升高引起的水柱升降是一致的。

但在实际情况中，温度升高引起的水位下降量往往要大于温度降低引起的水位上升量，使得管顶水位下降呈现一个不可逆的累加趋势。在图 5.2 中，从总体的趋势来看，虹吸管顶无水管段长度在不断增大。温度较低且保持稳定时，水位变化不大，但当某天温度发生大幅度上升时，水位变化也就非常明显，导致管顶空气段长度增大。这就说明，在长期停止虹吸流动的情况下，对于 8mm 管径的虹吸管，管顶空气段长度有随着时间发展而不断扩大的趋势，且近似呈线性增长。

5.2.2　细管径 PU 虹吸管顶空气积累试验

虹吸管内径越小，在停止虹吸流动后，气泡全部上升到虹吸管的顶部所需要的时间越长。模型试验、数值模拟和理论分析均已经表明，对于 PU 材料虹吸管，

4mm 管径是产生段塞流的临界管径，管径大于 4mm，才会在气泡周边产生过水通道。由于表面张力作用，管径小于 4mm 时，在虹吸停止较长一段时间内仍将保留有满管的气泡封存于水柱间，呈现一段水柱、一段气柱间隔分布，如图 5.3 所示。

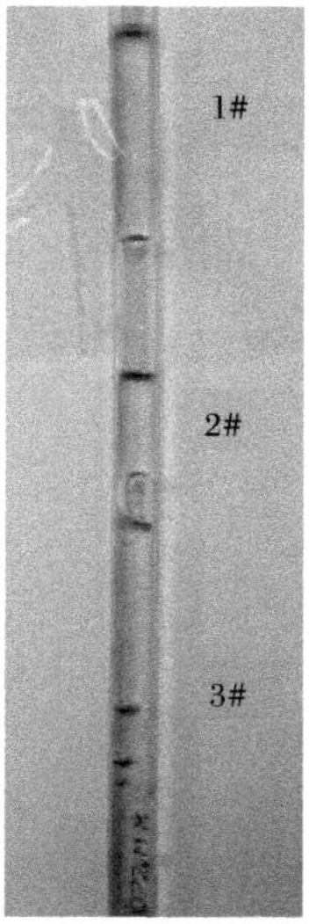

图 5.3　气泡分布图

取管径分别为 3mm、4mm、5mm 的 PU 管，进行虹吸停止后的长期试验，得到如图 5.4 所示的管顶无水管段长度变化曲线。试验观察到：

(1) 5mm 虹吸管，在虹吸停止静置一段时间后，虹吸管内的气泡段全部消失，气体全部积聚于管顶无水管段中，与 8mm 虹吸管情况相同，总体变化呈现一个近似线性增大的变化趋势，且随着气候温度的降低，增大幅度有所减缓。

(2) 3mm 虹吸管中长期存在一段水柱、一段气柱的气水分段情况，且气段布满整个虹吸管截面。但其管顶部无水管段的长度仍随时间逐步增加，管中空气段的数量随时间逐步减少，管段内的空气段由顶部依次到下部逐渐并入顶部的空气段中，但这种气泡段的消失，不是以气泡上浮运动的方式，而是以顶部第一段水柱在经历蒸发和因温度变化而发生上下运动过程后的破裂而发生的。与大于 5mm 虹吸管的空气段上浮运动有本质的差别。

(3) 4mm 虹吸管，在停止虹吸的开始一段时间内，部分水柱段长度较短的封闭气泡，因水柱的封闭能力较低而表现为相似于 5mm 虹吸管的气泡积累规律，但随着气泡段在初始阶段的集中过程后，气泡间的水柱长度增加，之后的变化规律逐渐与 3mm 虹吸管相似。静置试验结果，进一步说明 4mm 虹吸管是形成段塞流的临界管径。

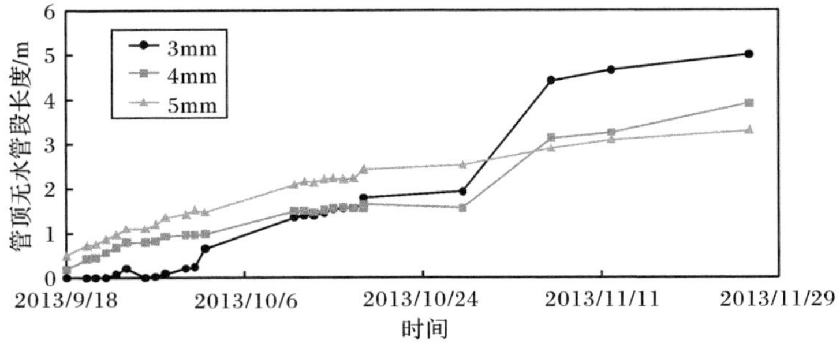

图 5.4 管径为 3mm、4mm 和 5mm 管顶无水管段长度变化曲线

5.2.3 细管径虹吸管气泡上升过程

与大管径虹吸管的管顶气泡长度变化规律不同，小管径虹吸管管顶气泡长度不仅随着时间的推移也在小幅上升，而且在此过程中存在几处陡增，如图 5.4 所示。通过试验观察发现，该陡增的发生是顶部第一段水柱的破裂，其下的气柱归拢至顶部气柱导致的，会在短时间内急剧增大管顶的气泡长度。如图 5.3 所示，当 1＃水柱破裂后，2＃水柱则成为了顶部第一段水柱。跟踪观察 4mm 虹吸管中 3＃水柱及其下气柱的长度变化，如图 5.5 所示，水柱在产生时长度较长，达到 13cm，之后水柱逐渐变短，而水柱在变短的同时，其下的气柱长度保持稳定，观察到水基本是顺着管壁顺流而下。跟踪更多管径下的气泡，发现 2.5mm 和 3mm 管径虹吸管中水柱基本呈现一个整体运动趋势，每天均为整体下降，且水柱长度变化不大。4mm 管中除顶部第一个水柱每天在缩短外，余下的气泡与水柱的变化均不大。由此可以得出，细管径虹吸管中管顶第一段水柱的长度会随着时间的推移而不断减小，直至最后破裂，从而不断扩大了管顶气柱的规模。

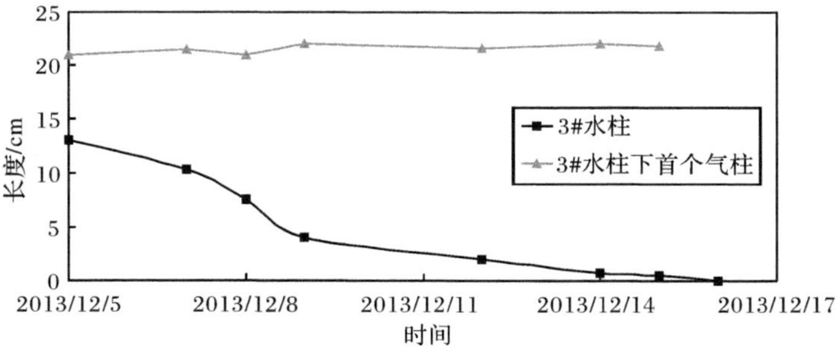

图 5.5 管径 4mm 管顶 3＃水柱及其下第一段气柱长度变化图

由于小管径虹吸管中存在顶部小水柱逐渐破裂，最终分段气泡累积成一条长气柱，考虑极端长时间条件，顶部小水柱全部破裂后，会形成与大管径相同的如

图 5.1所示的气柱分布。但在短时间内管中气泡和水柱会保持稳定的非均匀相间分布。

统计管径为 2.5mm、3mm 和 4mm 三种虹吸管内全部气泡的累计长度，得到图 5.6 所示的长度变化曲线。气泡累计长度随着时间不断增加，近似呈一个线性关系，且管径越大，其气泡积累长度越小。注意到细管径虹吸管存在水柱间的气泡段长度较大，会减小上水段水柱的平均重度，从而实现大于 1 个大气压的水柱高度 10.24m，使虹吸高度增加，反复试验结果表明，细管的最大虹吸扬程可以达到 10.7m。故在虹吸布孔设计时，为了保证孔底地下水不被吸干，孔底与孔口的高差应大于 11m，当无法达到 11m 时，应在出水口设置平衡出水管。

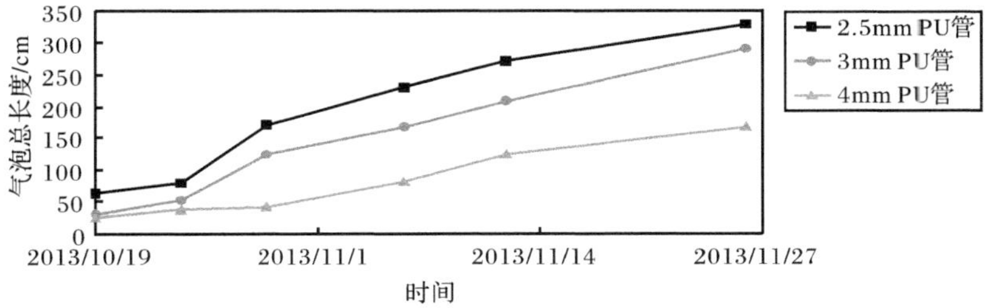

图 5.6　长期滞流状态下高扬程 2.5mm、3mm 和 4mm 虹吸管内气泡累计长度变化

5.3　虹吸管壁空气渗入理论分析

不同虹吸管径高扬程虹吸试验结果表明，虹吸管内的空气段总是随时间逐渐增长。显然，这种空气段的增长必然涉及外部空气向管内补充。事实上，任何固体材料或多或少地具有透气性。高扬程虹吸管的顶部近似于真空状态，其管壁外侧处于大气环境下，管内外存在气压差。由于一般管材的透气性很低，在短时间内一般不会产生明显的影响，但在长期停流状态下，管外空气入渗可能产生虹吸管顶部空气积累问题就必须考虑。

各种气体成分会在压力差作用下，以分子扩散的方式从高压区进入低压区。分子渗透进入虹吸管内分三个阶段：①气体分子在管材外表面的吸附溶解；②气体分子在管壁内的扩散；③气体分子在管材内表面的解吸附。

对于虹吸排水，关注的重点是管内真空度的长期保持，气体分子在管材外表面的吸附溶解过程和管壁内的扩散，虽然在虹吸开始阶段会延缓气体进入管内时间，但当达到动态平衡后，控制气体分子进入管内的因素就只有气体分子在管壁中的扩散速度。

气体在固体中的扩散可由菲克定律描述：

$$F = -D\frac{\partial C}{\partial x} \tag{5.2}$$

$$\frac{\partial C}{\partial t} = D\frac{\partial^2 C}{\partial x^2} \tag{5.3}$$

式中，F 为单位时间通过单位面积扩散的气体量，cm^3（标准状况）/（s · cm）；D 为扩散系数，cm^2/s；C 为浓度，cm^3（标准状况）/cm^3；x 为沿扩散方向的距离；t 为时间。

取高为 h 的一管段进行计算，如图 5.7 所示。设圆管外气压为 P_1，圆管内为真空，V 为圆管内体积，l 为管壁厚（内外半径分别为 R_2 和 R_1）。将上述菲克定律用柱坐标表示，则有

$$F = D\frac{\partial C}{\partial r} \tag{5.4}$$

$$\frac{\partial C}{\partial t} = D\left[\frac{1}{r}\frac{\partial}{\partial r}\left(r\frac{\partial C}{\partial r}\right)\right] \tag{5.5}$$

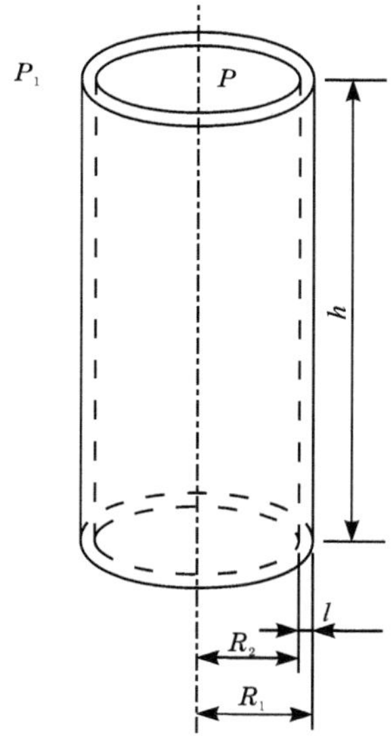

图 5.7　气体扩散计算模型

假设初始条件和边界条件是：当 $t=0$ 时，$R_2 \leqslant r \leqslant R_1$ 的所有区域内 $C=0$；当 $t \geqslant 0$ 时，$r=R_1$ 处 $C=C_1$，$r=R_2$ 处 $C=0$。

达到稳态后，管壁各点的浓度 C 不再随时间变化，有

$$\frac{\partial C}{\partial t} = D\left[\frac{1}{r}\frac{\partial}{\partial r}\left(r\frac{\partial C}{\partial r}\right)\right] = 0$$

得到

$$\frac{1}{r}\frac{\partial}{\partial r}\left(r\frac{\partial C}{\partial r}\right)=0 \tag{5.6}$$

求解并代入边界条件，有

$$C=C_1\frac{\ln r-\ln R_2}{\ln R_1-\ln R_2} \tag{5.7}$$

将式(5.7)代入式(5.4)，可求得单位时间内通过单位面积进入圆管内部的稳态渗透速率：

$$F=D\left(\frac{\partial C}{\partial r}\right)_{r=R_2}=\frac{DC_1}{(\ln R_1-\ln R_2)R_2}=\frac{DC_1}{R_2\ln\frac{R_1}{R_2}} \tag{5.8}$$

设 $C_1=uP_1$，u 为一个大气压下气体在固体中的溶解度。扩散系数 D 由气体-固体配组的性质所决定，是标志扩散的基本参数。它是关于温度的指数函数，温度越高，扩散进行得越快。定义 $K=Du$ 为渗透系数，则有

$$F=D\left(\frac{\partial C}{\partial r}\right)_{r=R_2}=\frac{DuP_1}{R_2\ln\frac{R_1}{R_2}}=\frac{KP_1}{R_2\ln\frac{R_1}{R_2}} \tag{5.9}$$

式中，K 为表示气体-固体配组渗透性能的基本参量。在分子态渗透的情况下，由于 u 是一个大气压下气体的溶解度，无量纲，所以 K 与扩散系数 D 的单位一致，即 cm^2/s。为实用上的方便，K 的单位还可以写成：cm^3(STP)/(cm^2 · s · cmHg · mm^{-1})，这个单位比前者大 7.6 倍，在计算中应注意换算。STP 表示标准状态下气体的体积，即满足 22.4L/mol 的摩尔体积。

由式(5.9)可以得出，空气由外界向真空圆管内的渗透速率与渗透系数 K 以及外界气压 P_1 成正比，且与内外径的大小比值等相关。在工程应用中，为保证形成段塞流，对内径 R_2 给出了建议值宜取 2mm，故可控参数包括渗透系数 K 以及 $\ln(R_1/R_2)$ 的大小。式中渗透系数的大小取值与温度及固体材料相关，常温下工程中常用的几种高分子管材的渗透系数取值如表 5.1 所示。

表 5.1　常温下气体在有机材料中的渗透系数表

材料	渗透系数 K/[$10^{-10}cm^3$(STP)/(cm^2 · s · cmHg/mm)]	
	氮气	氧气
PA(尼龙)	0.1～0.2	0.38
PE(聚乙烯)	3.3～20	11～59
PU(聚氨酯)	4.9	15.2～48
PVC(聚氯乙烯)	0.4～1.7	1.2～6

由表 5.1 可以看出，PA 材料的渗透系数最小，PVC 材料次之，而 PE 与 PU 材料的渗透系数较大。因此，工程中应采用 PA 管作为虹吸管，以便减小外界空气

渗入虹吸管内，避免长期停止虹吸期间在管顶产生过长的空气段。

式(5.9)中的另一个可控参数是 $\ln(R_1/R_2)$。当 R_2 大小一定时，传递速率与 $\ln(R_1/R_2)$ 成反比。一般工程中运用的排水管管径较粗，壁厚与管径不在一个数量级上，管壁的厚度所造成的影响并不大。而在细管径为优的斜坡虹吸排水中，以管径 4mm 的虹吸管为例，其内半径 $R_2=2\text{mm}$，由于管径小，往往壁厚与管径相当，有时甚至壁厚大于管径。故在不同壁厚条件下，空气传递速率会发生较大变化。取外管半径分别为 3mm、4mm 和 5mm(即壁厚分别为 1mm、2mm 和 3mm)三种情况计算稳态下气体传质速率比，得到

$$F|_{R_1=3}:F|_{R_1=4}:F|_{R_1=5}=\frac{1}{\ln 1.5}:\frac{1}{\ln 2}:\frac{1}{\ln 2.5}=2.26:1.32:1 \tag{5.10}$$

设计算管段内壁面积为 A，稳态渗透阶段所进入计算管段的气体量为

$$n=FAt=\frac{2\pi R_2 hK}{R_2\ln(R_1/R_2)}P_1 t \tag{5.11}$$

现阶段工程中常用的气动管材多为聚氨酯(PU)材料，故以 PU 材料为例进行计算。由表 5.1 可得，氮气在 PU 材料中的渗透系数为 $4.9\times10^{-10}\text{cm}^3(\text{STP})/(\text{cm}^2\cdot\text{s}\cdot\text{cmHg/mm})$，氧气在 PU 材料中的渗透系数为 $(15.2\sim48)\times10^{-10}\text{cm}^3(\text{STP})/(\text{cm}^2\cdot\text{s}\cdot\text{cmHg/mm})$。转换为摩尔数来表示，即为

$$K_{N_2}=1.9\times10^{-14}\text{mol}/(\text{cm}^2\cdot\text{s}\cdot\text{cmHg/mm})$$

$$K_{O_2}=(6.8\sim21.4)\times10^{-14}\text{mol}/(\text{cm}^2\cdot\text{s}\cdot\text{cmHg/mm})$$

以空气中 79%含量的氮气和 21%含量的氧气计算，氮气在大气中的分压约为 59.5cmHg，氧气在大气中的分压约为 15.9cmHg。假定计算管段长度 $h=1\text{m}$，得到在时间 t 内入渗的空气的物质的量为

$$n_{N_2}=\frac{2\pi hK}{\ln(R_1/R_2)}\times79\%P_0 t\approx\frac{7.2\times10^{-12}}{\ln(R_1/R_2)}t$$

$$n_{O_2}=\frac{2\pi hK}{\ln(R_1/R_2)}\times21\%P_0 t\approx\frac{6.8\times10^{-12}}{\ln(R_1/R_2)}t\sim\frac{21.5\times10^{-12}}{\ln(R_1/R_2)}t$$

得到

$$n_{\text{air}}=n_{N_2}+n_{O_2}\approx\frac{14\times10^{-12}}{\ln(R_1/R_2)}t\sim\frac{28.7\times10^{-12}}{\ln(R_1/R_2)}t \tag{5.12}$$

以一天 24h 为计算时间单位代入，得到

$R_1=3\text{mm}$ 时，$n_{\text{air}}=(3.0\sim6.1)\times10^{-6}\text{mol}$

$R_1=4\text{mm}$ 时，$n_{\text{air}}=(1.7\sim3.5)\times10^{-6}\text{mol}$

$R_1=5\text{mm}$ 时，$n_{\text{air}}=(1.3\sim2.7)\times10^{-6}\text{mol}$

由此可以得出，对于 1m 长的计算管段，每天通过 PU 材料圆管壁渗透进入真空气段的空气的物质的量的数量级为 10^{-6}mol。这是以管内完全真空作为假定条件，实际中不存在完全真空，故渗透速率会相应减小。假定管顶真空段的真空度

为 $10\%P_0$，则气体的摩尔体积变为 $V_m=224L/mol$，计算每日气柱长度增量为

$$\Delta l=\frac{n_{air}V_m}{\pi R_2^2} \tag{5.13}$$

得到壁厚 1mm 的 PU 虹吸管气柱长度增量为 5.3～10.8cm/d，壁厚 2mm 的 PU 虹吸管气柱长度增量为 3.0～6.2cm/d，壁厚 3mm 的 PU 虹吸管气柱长度增量为 2.3～4.8cm/d。

在前面的虹吸管材料的优选中可以得出，PA 材料的渗透系数最小，选用 PA 材料在避免虹吸管壁的空气入渗时有一定的优势。由表 5.1 可知，氮气在 PA 材料中的渗透系数为$(0.1\sim0.2)\times10^{-10}cm^3(STP)/(cm^2\cdot s\cdot cmHg/mm)$，同样条件下，氧气在 PA 材料中的渗透系数约为 $0.38\times10^{-10}cm^3(STP)/(cm^2\cdot s\cdot cmHg/mm)$，计算方法与 PU 管相同，得到在时间 t 内入渗的空气的物质的量为

$$n_{air}=n_{N_2}+n_{O_2}\approx\frac{3.4\times10^{-13}}{\ln(R_1/R_2)}t\sim\frac{5\times10^{-13}}{\ln(R_1/R_2)}t \tag{5.14}$$

以一天 24h 为计算时间单位代入，得到

$R_1=3mm$ 时，$n_{air}=(7.0\sim10.7)\times10^{-8}mol$

$R_1=4mm$ 时，$n_{air}=(4.1\sim6.1)\times10^{-8}mol$

$R_1=5mm$ 时，$n_{air}=(3.2\sim4.6)\times10^{-8}mol$

由此可以得出，对于 1m 长的计算管段，每天通过 PA 材料圆管壁渗透进入真空气段的空气的物质的量的数量级为 $10^{-8}mol$。同理，代入式(5.13)，得到壁厚 1mm 的 PA 虹吸管气柱长度增量为 1.2～1.9mm/d，壁厚 2mm 的 PA 虹吸管气柱长度增量为 0.7～1.1mm/d，壁厚 3mm 的 PA 虹吸管气柱长度增量为 0.6～0.8mm/d。

通过上述分析可知，在 PU 材料虹吸管中，由于圆管壁的渗透产生的气柱规模的扩大是一个重要因素，可以通过加厚管壁的措施来减少空气的积累。同时，在材料的选取上宜选择气体渗透性较差的 PA 材料作为虹吸管材，可以有效降低空气的入渗。结合经济因素，工程中建议使用内径 4mm、外径 8～10mm 的 PA 材料虹吸管，可以使得虹吸管气柱长度增量降至约 1mm/d，从而可以保障在间歇性虹吸排水过程中不会因为管顶空气段过长而无法自动恢复虹吸。

5.4　定温条件下管端空气溶入扩散速率的计算

空气作为一种混合气体，讨论其整体的溶解与扩散存在一定的难度。氧气与氮气在水中的溶解度与传递系数均不相同，随着气体的传质，溶解的空气中氧气和氮气的比值会发生改变，分压也会发生变化。但两者在溶解度与传递系数的数量级上是一致的，为简化计算，认为在溶解和传递过程中，空气是一种组分不变的

混合气体，近似作为一种单一气体来进行考虑，对于虹吸排水系统的工程应用问题分析是可行的。

空气在水中的溶解度极低，在极小浓度的变化范围内，空气溶于水的溶液均满足拉乌尔定律和亨利定律，可以视为理想溶液，溶质 B 的化学势可以表达为

$$\mu_{\mathrm{B}}=\mu_{\mathrm{B}}^{\theta}+RT\ln x_{\mathrm{B}}+\int_{P^{\theta}}^{P}V_{\mathrm{B,m}}\mathrm{d}P \tag{5.15}$$

式中，$\mu_{\mathrm{B}}^{\theta}$ 为纯空气在标准状态 T、P^{θ} 下的化学势，为一定值；x_{B} 为空气在溶液中的摩尔分数，在虹吸管中，假定每处空气均处于饱和状态，x_{B} 即为空气的溶解度；$V_{\mathrm{B,m}}$为稀溶液中空气的偏摩尔体积。

气体微量溶于水对溶液体积的变化影响不大，故可以视 $V_{\mathrm{B,m}}$为一定值。在高扬程虹吸中，空气的溶解度满足亨利定律 $P_{\mathrm{B}}=k_x x_{\mathrm{B}}$，$k_x$ 为亨利常数，为一定值，空气的平衡分压即视为气压 P。故化学势的表达式变为

$$\mu_{\mathrm{B}}=\mu_{\mathrm{B}}^{\theta}+RT\ln\frac{P}{k_x}+V_{\mathrm{B,m}}(P-P^{\theta}) \tag{5.16}$$

由式(5.16)中可以得到，空气在虹吸管中的化学势随着气压 P 的降低而降低，而虹吸管中高度越高，气压 P 越低。自然界中总是由化学势高的向化学势低的自发运动，所以在虹吸管中，空气会顺着虹吸管发生自下而上的自发传递。这一过程在工程中不可避免。

如图 5.1 所示的虹吸管中，空气会顺着虹吸管发生自下而上的自发传递，而管端空气的溶入在工程中无法避免，如虹吸停流时间过长，空气在水中的传递可能产生真空区内空气量的增加，从而增大管顶空气段长度 h。该过程如果在空气积累中占较大的比重，则需要对虹吸排水的整体装置进行重新设计。故研究该自发传递的扩散速率是解决高扬程间歇性虹吸系统能否保持长期有效的基础性理论问题。

将虹吸管简化为如图 5.8 所示的一维模型，底部为大气压，水柱段顶端为真空区，压强为 P。虹吸停止后虹吸管内所留水柱段长度为 l。水柱段顶端的真空区内由于管内原有空气的析出，其区域内的压强 P 与水柱长度相关，$P=P_0-\rho gl$。在虹吸流动停止后，虹吸管各处空气的浓度视为饱和，可以用其溶解度来表示，即满足 $P_{\mathrm{B}}=k_x x_{\mathrm{B}}$，故空气在水中的物质的量分数随着高度的升高而线性降低。在极稀的条件下，其浓度表达式可以用物质的量分数表示，写为

$$C_{\mathrm{B}}=\frac{P_{\mathrm{B}}\rho}{k_x M_{\mathrm{A}}} \tag{5.17}$$

式中，ρ 即为溶剂水的密度；M_{A} 为水的摩尔质量。

则 x 点处的压强为 $P_{\mathrm{B}}=P_0-\rho gx$，浓度即可写为

$$C=\frac{(P_0-\rho gx)\rho}{k_x M_{\mathrm{A}}} \tag{5.18}$$

由菲克第一定律，得到其扩散速率为

$$F = -D\frac{\partial C}{\partial x} = \frac{D\rho^2 g}{k_x M_A} \tag{5.19}$$

式中，D 为空气在水中的扩散系数。

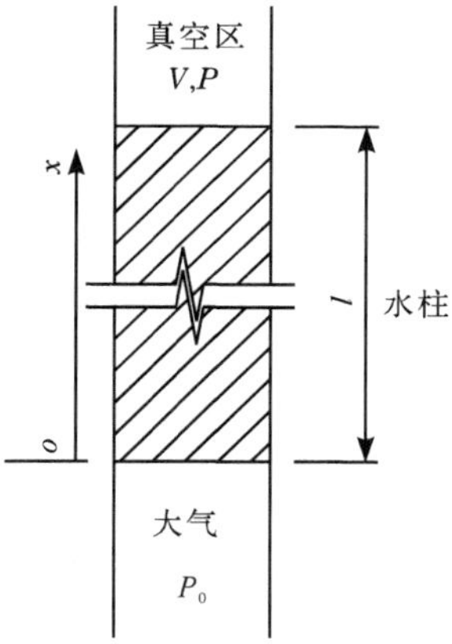

图 5.8　简化物理模型图

D 和亨利常数 k_x 与温度相关（许辉等，2009），由此可知空气在水中的扩散系数亦与温度相关。取不同温度下空气在水中的扩散系数 D 和亨利常数 k_x 值如表 5.2所示（许辉等，2009；Benson et al.，1984）。

表 5.2　不同温度下空气在水中的扩散系数 D 和亨利常数 k_x

温度/℃	0	10	20	30	40
扩散系数 $D/(10^{-9}m^2/s)$	0.87	1.24	1.67	2.17	2.74
亨利常数 k_x/GPa	4.38	5.56	6.73	7.81	8.82

计算得到不同温度下空气在水中的扩散速率如图 5.9 所示。

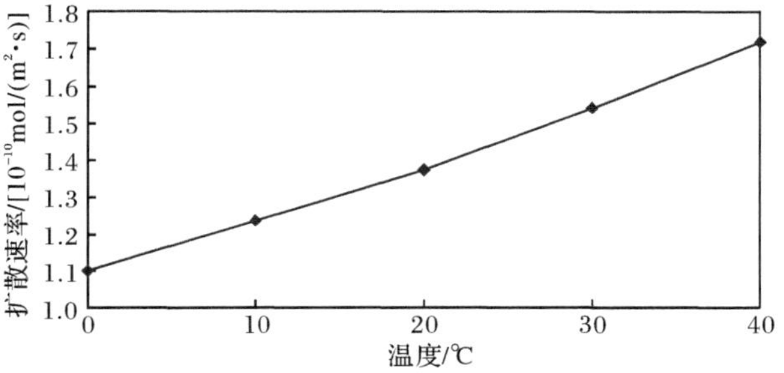

图 5.9　不同温度下空气在水中的扩散速率变化图

从图 5.9 中可以看出，随着温度的上升，空气在水中的扩散速率在不断增大，近似呈线性增长。取不利的 40℃ 高温情况进行空气扩散速率计算，$F \approx 1.8 \times 10^{-10} \mathrm{mol/(m^2 \cdot s)}$。对于 4mm 管径虹吸管，一天内扩散的空气的物质的量为

$$n = FAt = 2 \times 10^{-10} \mathrm{mol}$$

将摩尔体积 $V_m = 0.15 \mathrm{m^3/mol}$ 代入计算，得到空气段长度的增量约为 0.01mm/d。由此可以得出，在定温条件下，管端空气溶入并通过气体扩散到达管顶长气柱段引起的气体积累量较少，斜坡虹吸不会因管端空气扩散到达管顶而发生断流。

5.5　管内水中空气析出

5.5.1　虹吸管内压力减少引起空气析出

虹吸管中另一个空气来源即为虹吸管内原有空气的析出。在第 2 章中提出的虹吸流动中的空化现象即是由于压强的变化产生虹吸管内原有空气的析出，这应作为一种初始空气的积累来考虑，是一次性发生的。在高扬程虹吸中，空气的溶解度满足亨利定律 $P_B = k_x x_B$，k_x 为亨利常数，为一定值，空气的平衡分压即视为气压 P。故在虹吸管中，由于垂直高程上的气压降低，空气的溶解度势必降低从而发生析出。

在虹吸流动停止后，假定初始的瞬间，整根虹吸管内溶解的空气量处处相等，均为一个标准大气压下的空气溶解量。静置后由于管内压力变化的影响，虹吸管内各处的空气溶解度会急剧下降，此时各处的空气溶解量大于其实际溶解度，故空气会不断从水中析出，向管顶运动并汇集，在虹吸管顶部形成长段的气柱。这个现象在缓慢的虹吸流动试验中同样可以观察到。在气压较低的情况下，较少的气体即能产生较大的体积，从而形成长气柱段，如图 5.1 所示。故管内水体溶解空气的析出成为虹吸管内气泡积累的一个基础值。

忽略水中空气的质量，将摩尔分数 x_B 转变为质量分数 w_B，有

$$w_B = \frac{M_B}{M_A} x_B \tag{5.20}$$

式中，M_A 为溶剂水的摩尔质量；M_B 为溶质空气的摩尔质量。

由亨利定律 $P_B = k_x x_B$，得到一个 $\mathrm{d}x$ 微元内析出的空气量为

$$\mathrm{d}n_B = \left(\frac{P_0}{k_x} - \frac{P_0 - \rho g x}{k_x}\right) \frac{M_B}{M_A} \frac{\rho A}{M_A} \mathrm{d}x = \frac{\rho^2 g A M_B}{k_x M_A^2} x \mathrm{d}x \tag{5.21}$$

$$n_B = \int_0^l \frac{\rho^2 g A}{k_x M_A} x \mathrm{d}x = \frac{\rho^2 g A l^2 M_B}{2 k_x M_A^2} \tag{5.22}$$

式中，l 为计算水柱段的长度，由于在标准状态下，虹吸的极限扬程约为 10.24m，

故取该高扬程虹吸的计算水柱段长度 $l\approx10\text{m}$；ρ 为溶剂水的密度；A 为水柱段的截面积，计算中取管径为4mm的虹吸管。

亨利系数 k_x 是一个与温度相关的常数，作一般性考虑，分析气温变化范围为0～40℃的情况，取两端的0℃与40℃的情况下计算，亨利系数分别为4.38GPa与8.82GPa，由此计算得到，0℃条件下，静置一段时间后，10m长的虹吸管内共析出的空气的物质的量约为 $n_{\mathrm{B}}\approx1.25\times10^{-4}\text{mol}$；40℃条件下，$n_{\mathrm{B}}\approx6.2\times10^{-5}\text{mol}$。

析出的空气会最终汇集于管顶，并形成长气柱，其长度可以表示为

$$\Delta l=\frac{n_{\mathrm{B}}V_{\mathrm{m}}}{A} \tag{5.23}$$

式中，最终摩尔体积 V_{m} 可由方程计算，摩尔体积会随着压强的不断升高而变小，故在空气的不断积累过程中，摩尔体积会逐渐降低而在一定程度上减缓气柱规模的扩大；P_{w} 为该温度下水的饱和蒸汽压(Sanjari,2013)。

$$V_{\mathrm{m}}\left(\rho g\frac{n_{\mathrm{B}}V_{\mathrm{m}}}{A}+P_{\mathrm{w}}\right)=0.0224P_0 \tag{5.24}$$

计算得到，0℃与40℃下的摩尔体积均为 $V_{\mathrm{m}}=0.15\text{m}^3/\text{mol}$，得到：当环境温度为0℃时，管内原有空气析出产生的气柱累计长度为 $\Delta l\approx1.48\text{m}$；当环境温度为40℃时，$\Delta l\approx0.74\text{m}$。故在虹吸流动到静置一段时间后，水中多余的空气量全部析出后就能产生0.74～1.48m的长气柱，这需要在实际工程中加以考虑。

实际工程运用的虹吸系统往往如图5.1所示，可分为吸水的上水管与落水的下水管。管顶的长气柱段中气压处处相等，使得上水管与下水管中的水柱段长度保持一致，该现象在试验观察中亦可得到。由对称性可以得到，在虹吸流动到静置一段时间后，上水管与下水管水中多余的空气量全部析出后均能产生0.74～1.48m的长气柱，两端的气柱在管顶汇聚形成一条总长度为1.48～2.96m的∩形长气柱。如果虹吸管的进水口与出水口高程一致，则∩形长气柱在管顶对称分布；如果虹吸管的进水口与出水口存在高程差，如图5.1所示，则∩形长气柱会相应地多分布于下水管中，从而减少上水管中 h 的大小。因此，在实际工程使用中，斜坡虹吸排水设计时至少应预留1.5m的地下水位上升余量，或者保持出水口的高程比进水口高程低3m来保证析出空气段处于下水管中。

5.5.2 温度变化引起空气析出

水中空气的溶解度随着温度的升高而降低，当温度升高时，由于溶解度的降低会析出一部分气体，并全部上升至管顶的空气段。但是当温度下降时，由于浓度差的存在，空气极少由上部传递到下部，只能靠外界补充。一天中由于温度升高造成的空气析出就会在每一天内产生积累。计算每一天的积累量可以估算气体变化值。

一个 dx 微元内析出的空气量为

$$\mathrm{d}n_{\mathrm{B}}=\left(\frac{P_0-\rho gx}{k_0}-\frac{P_0-\rho gx}{k_1}\right)\frac{M_{\mathrm{B}}}{M_{\mathrm{A}}}\frac{\rho A}{M_{\mathrm{A}}}\mathrm{d}x=\frac{(k_1-k_0)(P_0-\rho gx)\rho AM_{\mathrm{B}}}{k_1k_0M_{\mathrm{A}}^2}\mathrm{d}x \tag{5.25}$$

$$\begin{aligned}n_{\mathrm{B}}&=\int_0^l\frac{(k_1-k_0)(P_0-\rho gx)\rho A}{k_1k_0M_{\mathrm{A}}}\mathrm{d}x\\&=\frac{(k_1-k_0)\rho AM_{\mathrm{B}}}{k_1k_0M_{\mathrm{A}}^2}\left(P_0l-\frac{1}{2}\rho gl^2\right)\end{aligned} \tag{5.26}$$

式中，k_0、k_1 分别对应 T_0、T_1 时候空气在水中的亨利系数。按一般性计算，分析年气温变化范围为 0～40℃的情况，取两端的 0℃与 40℃的情况下计算，假定温度由 0℃上升至 40℃，k_0、k_1 分别为 4.38GPa 和 8.82GPa(Benson et al.，1984)，计算得到析出的空气的物质的量积累总量约为 $n_{\mathrm{B}}\approx5\times10^{-5}$mol。

将摩尔体积 $V_{\mathrm{m}}=0.15\mathrm{m}^3/\mathrm{mol}$ 代入计算，得到由于温度升高引起的空气析出的长度约为 0.55m。

从上述计算中可以得出，温度升高引起的气体析出对空气的积累有较大的影响，但析出空气后气体的补充仍与管端空气溶入后的定温扩散直接相关。如图 5.10 所示，假定阶段Ⅰ是温度为 0℃时管中溶解有饱和空气的溶解量图，其满足亨利定律中的气体溶解度分布规律，溶解的空气的量在管中呈梯形线性分布；阶段Ⅱ为升温至 40℃时的空气溶解度分布，可以看到由于溶解度的降低，空气在水中的溶解量减小，通过计算，析出了 $n_{\mathrm{B}}\approx5\times10^{-5}$mol 的空气；阶段Ⅲ为气温重新降低至 0℃时的空气溶回及扩散的示意图。

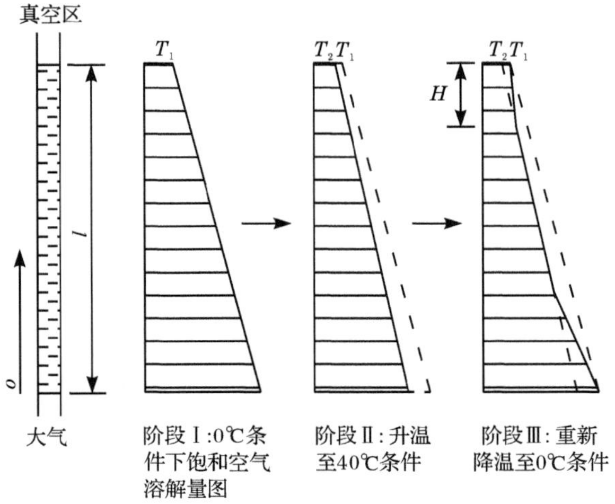

图 5.10　温度变化时虹吸管内空气溶解量变化示意图

溶回的空气仍需要由气体扩散进行传递，而气体扩散的传质速率缓慢，相对于长度长达10m甚至更长的虹吸，其能影响的范围较小，假定其影响长度为 H，如图5.11所示。作一般性考虑，分析年气温变化范围为0～40℃的情况，取两端的0℃与40℃的极限情况下计算，当温度由40℃降至0℃的瞬间，1－1剖面的空气溶解量升高至0℃时的空气溶解度 C_1，水中的空气溶解量在降温瞬间依旧为40℃时的空气溶解度 C_2。则此时扩散方程的初始条件和边界条件为

当 $t=0, 0\leqslant x\leqslant H$ 时，$C=C_2$。

当 $t\geqslant 0$ 时，在 $x=0$ 处，$C=C_1$；在 $x=H$ 处，$C=C_2$。

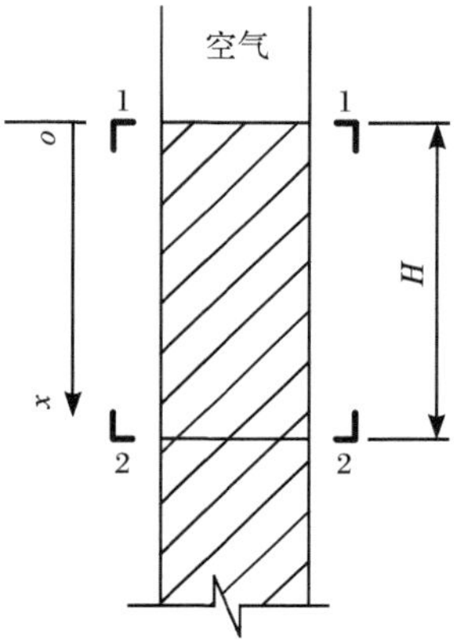

图5.11　简化物理模型图

令

$$C = C_2 + (C_1 - C_2)\left(1 - \frac{x}{H}\right) + u \tag{5.27}$$

将式(5.27)代入菲克第二定律中，得到

$$\frac{\partial u}{\partial t} = D\frac{\partial^2 u}{\partial x^2} \tag{5.28}$$

式中，u 函数的初始条件和边界条件可由 C 函数变换得到。

当 $t=0, 0\leqslant x\leqslant H$ 时，

$$u = -(C_1 - C_2)\left(1 - \frac{x}{H}\right)$$

当 $t\geqslant 0$ 时，$x=0$ 处，$u=0$，$x=H$ 处，$u=0$。

方程式(5.28)的解可以写为

$$u = \beta\exp(-\alpha^2 Dt)\sin(\alpha x)$$

根据边界条件，式中系数 α 为

$$\alpha = 0, \frac{\pi}{H}, \frac{2\pi}{H}, \cdots$$

因此，可将 u 的解表示为

$$u=\sum_{n=1}^{\infty}\beta_n\exp\left(-\frac{n^2\pi^2 D}{H^2}t\right)\sin\left(\frac{n\pi}{H}x\right) \tag{5.29}$$

式中，系数 β 可由初始条件确定如下：

$$-(C_1-C_2)\left(1-\frac{x}{H}\right)=\sum_{n=1}^{\infty}\beta_n\sin\left(\frac{n\pi}{H}x\right)$$

将上式两端乘以 $\sin\left(\frac{\pi}{H}x\right)$，$\sin\left(\frac{2\pi}{H}x\right)$，$\sin\left(\frac{3\pi}{H}x\right)$，…，然后对 x 由 $0\to H$ 求积分。

当两端乘以 $\sin\left(\frac{\pi}{H}x\right)$时可以得到

$$-\int_0^H(C_1-C_2)\left(1-\frac{x}{H}\right)\sin\left(\frac{\pi}{H}x\right)\mathrm{d}x=\sum_{n=1}^{\infty}\int_0^H\beta_n\sin\left(\frac{n\pi}{H}x\right)\sin\left(\frac{\pi}{H}x\right)\mathrm{d}x$$

$$\beta_1=-\frac{2}{H}\int_0^H(C_1-C_2)\left(1-\frac{x}{H}\right)\sin\left(\frac{\pi}{H}x\right)\mathrm{d}x=-\frac{2(C_1-C_2)}{\pi}$$

同理可得

$$\beta_2=-\frac{2(C_1-C_2)}{2\pi}$$

$$\beta_3=-\frac{2(C_1-C_2)}{3\pi}$$

……

将以上结果代入，可解得 C 的解为

$$C=C_2+(C_1-C_2)\left[1-\frac{x}{H}-\frac{2}{\pi}\sum_{n=1}^{\infty}\frac{1}{n}\exp\left(-\frac{n^2\pi^2 D}{H^2}t\right)\sin\left(\frac{n\pi}{H}x\right)\right] \tag{5.30}$$

当时间足够长时，计算 $x=H$ 时的气体扩散速率 F，忽略式中的指数项得到

$$F=-D\frac{\partial C}{\partial x}=\frac{D(C_1-C_2)}{h} \tag{5.31}$$

一个标准大气压下，0℃时的空气在水中的溶解度 $C_1=37.55\text{mg/L}$，40℃时的空气溶解度 $C_2=16.65\text{mg/L}$。假定由浓度梯度引起的空气扩散速率的 1%为可忽略的扩散速率 F_n，温度变化时空气的扩散系数也在变化，取最保守的 40℃时的空气扩散系数 $D=2.74\times10^{-9}\text{m}^2/\text{s}$(Cussler，1984)，计算其影响长度 H，则有

$$H=\frac{D(C_1-C_2)}{F_n}\approx1.1\text{m} \tag{5.32}$$

由此可以得到当温度降低，空气实现溶回时，其影响的最大长度小于 1.1m，如图 5.10 中阶段Ⅲ的 H 所示，虹吸管顶部气压较低，对应的空气在水中的溶解度亦较低，由此产生的空气溶回影响长度亦小于一个标准大气压下的计算值。同理，虹吸管底部的大气处于一个标准大气压下，其由于温差引起的空气溶入并扩

散的影响长度小于计算值 1.1m。对于 10m 长的虹吸管，其中间长水柱段中的数米区域内基本不受空气溶回的影响，空气溶解量基本保持不变。故表明由于温度变化引起的管内空气的补充较小，虹吸管中间段长水柱中的空气溶解量基本与当地年最高温度对应的空气溶解度相一致。

由此可以得到，由温度升高引起的空气析出也基本可以认为是一次性发生，假定一个地区年温度变化由 0℃上升至 40℃，则由于温度升高引起的空气析出长度约为 0.55m，该段析出空气长度宜作为管内原有空气的析出来进行考虑。故在实际运行中尽量保持较大的流量（较高流速），较小的循环水温升，可减小虹吸断流的可能。

因此，在实际工程的使用中，综合考虑管内原有空气析出产生的 0.74～1.48m的长气柱以及温度升高引起的气体一次性析出产生的 0.55m 长度，斜坡虹吸排水设计时至少应预留 2.05m 的地下水位上升余量，或者保持出水口的高程比进水口高程低 4.1m 来保证析出空气段处于下水管中。

第 6 章　斜坡虹吸排水效果有限元模拟

分析地下水渗流场，揭示自然状态和虹吸排水条件下地下水渗流场的改变作用，是评价斜坡虹吸排水效果的直接方法。地下水赋存于岩土孔隙、裂隙和溶洞中，并在其中运动。岩土孔隙和裂隙的形状、大小、连通性，在各部位差异很大，使地下水运动呈现出复杂的情况，无法就地下水在空隙中的真实运动状态进行定量描述。因此，在工程应用研究中，只探讨地下水渗流的平均运动规律，用假想的平均水流来代替真实水流，通过对假想水流的深入研究来分析寻找真实水流的平均渗透规律。

地下水渗透水流所流经的空间称为渗流场。根据渗流的特征参数随时间的变化情况，可将渗流分为稳定渗流和非稳定渗流，这些基本特征参数是水头、水力梯度、渗透速度等。当渗流中有一个或多个因素随时间而变化时，为非稳定渗流。斜坡地下水多数属于非稳定渗流，由于其变化规律十分复杂、影响因素众多，斜坡地下水浸润线很难获得真正意义上的解析解，一般采用数值模拟方法进行分析。

6.1　地下水渗流理论

6.1.1　渗流基本概念

水在压力坡降作用下穿过岩土空隙发生流动的现象称为渗透，岩土体被水透过的性能称为渗透性。地下水在土的孔隙或微小裂隙中以不大的速度连续渗透时属层流运动；而在岩石的裂隙或空隙中流动时，可能出现紊流现象。

垂直于渗流方向的含水层断面称为过水断面，包括颗粒骨架和空隙所占的全部空间。实际地下水流通过的过水面积则是指断面中的空隙部分。渗流在其过水断面上的平均流速称为渗透速度(曾婕等，2012)，即

$$v = \frac{Q}{A} \tag{6.1}$$

式中，v 为渗透速度；A 为过水断面面积；Q 为渗流量，简称流量，即单位时间内通过过水断面的渗流体积。

地下水流的压强称为渗透压强。渗透压强的大小可用水柱高度表示，该高度称为测压管高度 h_{n}，即

$$h_{\mathrm{n}} = \frac{P}{\gamma} \tag{6.2}$$

式中，P 为渗流压强；γ 为地下水的重度。

研究渗流时，可认为地下水的总水头在数值上等于测压管水头，即实用时不再区分总水头和测压管水头，统称为水头。地下水在渗流过程中，由于不断克服阻力而不断消耗机械能，出现水头损失。沿渗流方向单位渗透路径上的水头损失值叫水力坡度 j，即

$$j = -\frac{\mathrm{d}H}{\mathrm{d}S} \tag{6.3}$$

式中，H 为水头；S 为等水头面的流线，并指向水头减小的方向；负号表示沿 S 方向的水头值减小。

6.1.2　达西定律

1856 年，著名的法国工程师达西设计了装满砂样的圆筒实验装置，进行渗透性试验，得到如下关系式：

$$Q = kA\,\frac{H_1 - H_2}{l} \tag{6.4}$$

式中，Q 为渗流总通量；H_1 和 H_2 为试样两端的水头值；l 为试样长度；A 为试验装置横截面面积；k 为比例常数，称为土的渗透系数。

式(6.4)中$\frac{H_1 - H_2}{l}$即为水力坡降 j，故式(6.4)可以改写成

$$v = \frac{Q}{A} = kj \tag{6.5}$$

当 $j=1$ 时，$v=k$，这表明渗透系数 k 是单位水力坡度时的渗透速度，它是表示土的渗透性强弱的指标，单位为 cm/s，与水的渗透速度单位相同。式(6.5)称为达西定律，它表明水的渗透速度与水力坡降成正比，是水在岩土体中渗流的基本规律。

土的渗透系数，是常用于工程中计算渗流的一个重要指标。它可通过室内渗透试验或现场抽水和压水试验测定。各种土常见的渗透系数变化范围如表 6.1 所示。

表 6.1　土的渗透系数参考值

土的类别	渗透系数 k/(cm/s)
致密黏土	$<10^{-7}$
粉质黏土	$10^{-6}\sim10^{-7}$
粉土、裂隙黏土	$10^{-4}\sim10^{-6}$
粉砂、细砂	$10^{-3}\sim10^{-4}$
中砂	$10^{-1}\sim10^{-3}$
粗砂、砾石	$10^{2}\sim10^{-1}$

6.1.3 渗流连续方程

地下水渗流连续性方程是根据质量守恒原理建立的，也可以称为质量守恒方程，一般情况下也称为水均衡方程。将地下水视为不可压缩体，岩土体骨架在竖直方向上可以被压缩，但在水平方向上受到限制。为了方便计算，取平行于各向异性岩层渗流主方向分别为 x、y、z 轴。取出一微小单元体 12345678 如图 6.1 所示，棱长分别为 Δx、Δy、Δz，它的各侧面面积分别为 $\Delta y\Delta z$、$\Delta x\Delta z$、$\Delta x\Delta y$。设与 x、y、z 轴主方向对应的渗透系数分别为 k_{xx}、k_{yy}、k_{zz}。由于该立方体很小，在各个面上的每一点流速可以认为是相等的，设其流速为 v_x、v_y、v_z。

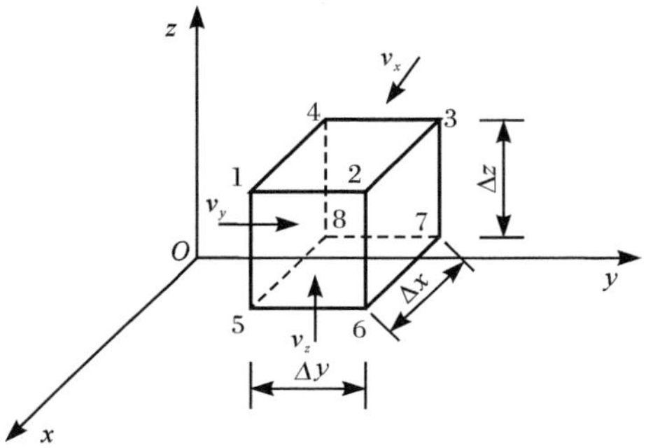

图 6.1　岩土体单元渗流图

在 $t\sim t+\Delta t$ 的时段内，流入立方体内的水质量 m_{int} 为

$$m_{\text{int}}=\rho v_x\Delta y\Delta z\Delta t+\rho v_y\Delta x\Delta z\Delta t+\rho v_z\Delta x\Delta y\Delta t \tag{6.6}$$

流出立方体内的水质量 m_{out} 为

$$m_{\text{out}}=\rho\left(v_x+\frac{\partial v_x}{\partial x}\Delta x\right)\Delta y\Delta z\Delta t+\rho\left(v_y+\frac{\partial v_y}{\partial x}\Delta y\right)\Delta x\Delta z\Delta t+\rho\left(v_z+\frac{\partial v_z}{\partial x}\Delta z\right)\Delta x\Delta y\Delta t \tag{6.7}$$

流入和流出立方体的水的体积之差为

$$\Delta m=m_{\text{int}}-m_{\text{out}}=-\rho\left(\frac{\partial v_x}{\partial x}+\frac{\partial v_y}{\partial x}+\frac{\partial v_z}{\partial x}\right)\Delta x\Delta y\Delta z\Delta t \tag{6.8}$$

设岩土的孔隙度为 n，则微元体中液体所占的体积为 $n\Delta x\Delta y\Delta z$，相应的液体质量为 $\rho n\Delta x\Delta y\Delta z$。因此，在 Δt 时间内，微元体中液体质量的变化量为：$\frac{\partial}{\partial t}(\rho n\Delta x\Delta y\Delta z)\Delta t$。

微元体水的质量变化是由流入和流出这个微元体水的质量之差引起的。在连续流动条件下，根据质量守恒定律，这两者的值应该相等，故

$$-\rho\left(\frac{\partial v_x}{\partial x}+\frac{\partial v_y}{\partial x}+\frac{\partial v_z}{\partial x}\right)\Delta x\Delta y\Delta z=\frac{\partial}{\partial t}(\rho n\Delta x\Delta y\Delta z) \tag{6.9}$$

式(6.9)即为渗流连续性方程。它表达了在岩土体渗流场中每一个微元体都必须满足质量守恒定律。

6.1.4　潜水运动微分方程

潜水含水层在稳定渗流时，渗流的浸润线不会随时间而变化，而当潜水含水层在非稳定渗流的情况下，渗流的浸润线会随时间而发生变动。

如图 6.2 所示，$abcd$ 为从渗流土体中取出的宽度为 $\mathrm{d}x$ 的微分土柱，假设土柱的底面为不透水的土层，渗流仅在 xy 平面内进行。若从微小的竖直土柱中，取出一个无限小的单元体 1234，该单元体的宽度为 $\mathrm{d}x$，高度为 $\mathrm{d}y$，垂直 xy 平面方向取为单位长度。假设流入单元土体的渗流速率为 v_x 和 v_y，流出的速率为 $v_x+\dfrac{\partial v_x}{\partial x}\mathrm{d}x$ 和 $v_y+\dfrac{\partial v_y}{\partial y}\mathrm{d}y$，则 $\mathrm{d}t$ 时间内微元体的水量增量为

$$\begin{aligned}\Delta V&=v_x\mathrm{d}y\mathrm{d}t+v_y\mathrm{d}x\mathrm{d}t-\left(v_x+\frac{\partial v_x}{\partial x}\mathrm{d}x\right)-\left(v_y+\frac{\partial v_y}{\partial y}\mathrm{d}y\right)\\&=-\left(\frac{\partial v_x}{\partial x}+\frac{\partial v_y}{\partial y}\right)\mathrm{d}x\mathrm{d}y\mathrm{d}t\end{aligned}\tag{6.10}$$

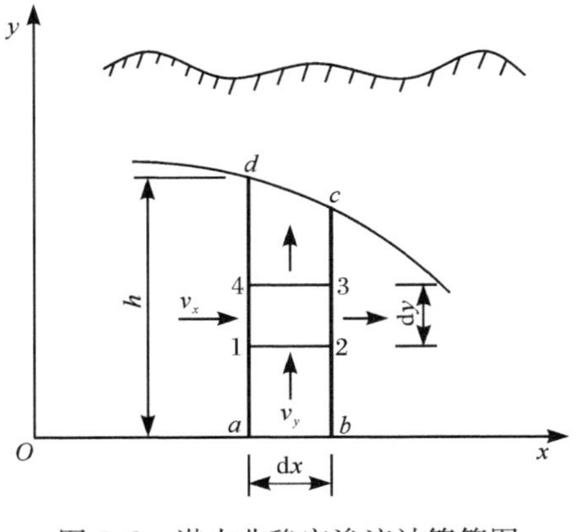

图 6.2　潜水非稳定渗流计算简图

在微分土柱 $abcd$ 土体中，水量增减的积累值，会引起渗流浸润线的升高或者下降。设 μ_d 为重力给水度，则 $\mathrm{d}t$ 时间内土体 $abcd$ 的水量增量为 $\mu_\mathrm{d}\dfrac{\partial h}{\partial t}\mathrm{d}x\mathrm{d}t$。故沿 y 轴单位高度的土柱水量增量为 $\mu_\mathrm{d}\dfrac{1}{h}\dfrac{\partial h}{\partial t}\mathrm{d}x\mathrm{d}t$，微元体 1234 在 $\mathrm{d}t$ 时间内的水量增量为 $\mu_\mathrm{d}\dfrac{1}{h}\dfrac{\partial h}{\partial t}\mathrm{d}x\mathrm{d}y\mathrm{d}t$。可以得到

$$\Delta V = -\left(\frac{\partial v_x}{\partial x}+\frac{\partial v_y}{\partial y}\right)\mathrm{d}x\mathrm{d}y\mathrm{d}t = \mu_{\mathrm{d}}\frac{1}{h}\frac{\partial h}{\partial t}\mathrm{d}x\mathrm{d}y\mathrm{d}t$$

即

$$-\left(\frac{\partial v_x}{\partial x}+\frac{\partial v_y}{\partial y}\right) = \mu_{\mathrm{d}}\frac{1}{h}\frac{\partial h}{\partial t} \tag{6.11}$$

由达西定律可以得到潜水非稳定流运动方程

$$\frac{\partial}{\partial x}\left(k_x\frac{\partial h}{\partial x}\right)+\frac{\partial}{\partial y}\left(k_y\frac{\partial h}{\partial y}\right) = \mu_{\mathrm{d}}\frac{1}{h}\frac{\partial h}{\partial t} \tag{6.12}$$

6.1.5 地下水运动定解条件

渗流控制方程本身不能反映特定区域的渗流信息，所以控制方程含有无数多个可能的解。为了寻求研究区域的地下水渗流唯一解，需要给定参数和区域范围，还应给定初始条件和边界条件。

地下水渗流有三类边界条件：水头在某部分边界上已知；某边界上的法向水力梯度已知；某个边界上的法向水力坡降与水头具有确定的线性关系。

对于给定区域的渗流问题，若水头在某部分边界上已知，则这部分边界称为第一类边界条件，可表示为

$$h(x,y,z,t) = h_1(x,y,z,t),\quad (x,y,z)\in B_1 \tag{6.13}$$

式中，B_1 为第一类边界；h_1 表示已知的水头函数。如果 h_1 不随时间而发生变化，则 B_1 为定水头边界条件。当 h_1 为零且不随时间发生变化时，该边界条件就可以称为齐次的狄利克雷特(Dirichlet)边界条件。

对于给定区域内的渗流问题，若某边界上的法向水力梯度是已知的，则这个边界就称为第二类边界条件，它可以表示为

$$-\left.\frac{\partial h}{\partial n}\right|_{B_2} = i_1(x,y,z,t),\quad (x,y,z)\in B_2 \tag{6.14}$$

式中，B_2 为第二类边界条件的空间位置；n 为 B_2 的外法向；i_1 表示已知的水力坡降，与第二类边界外法向同向。若 $i_1=0$ 则 B_2 为隔水边界，当 i_1 恒定为零时，上述的边界条件称为齐次 Neumann 条件。

对于给定区域内的渗流问题，若某个边界上的法向水力坡降与水头具有确定的线性关系，则这个边界就称为第三类边界条件，可以表示为

$$\left.\frac{\partial h}{\partial n}\right|_{B_3} = \mu h(x,y,z,t)+\omega,\quad (x,y,z,t)\in B_3 \tag{6.15}$$

式中，B_3 为第三类边界条件；n 为 B_3 的外法向；μ、ω 为两个常数，但可以随空间位置而变化。当式(6.15)中 ω 恒为零时，上述的边界条件即为齐次的 Robin 条件。

当控制方程中未含有时间项或含有的时间项为零时，地下水流是稳定的，只需要上述的边界条件即可求出。若存在时间项，则该区域内的地下水渗流是非稳

定的，在边界条件的基础上还需要具备初始条件，它是某个参考时刻内区域中的水头分布，它的选取以方便问题的求解为准则，若参考时刻相对时间为零，则初始条件可以表示为

$$h(x,y,z,t)=h_0(x,y,z),\quad t=0 \tag{6.16}$$

式中，h_0 为相对初始时刻的水头值，当 h_0 恒为零时，初始条件是齐次的。

6.2 斜坡虹吸排水有限元模拟方法

斜坡地下水渗流场总是随时间变化，但在固定时间内，斜坡渗流场中介质各点的水头、流速随时间波动较小。因此，可将斜坡渗流场视为固定时间内的稳定渗流。为了便于计算，在进行有限元法渗流分析时，作以下三个假定。

(1) 坡体中地下水渗流仍符合达西定律，即

$$v_x=-k_x\frac{\partial h}{\partial x},\quad v_y=-k_y\frac{\partial h}{\partial y},\quad v_z=-k_z\frac{\partial h}{\partial z} \tag{6.17}$$

(2) 以均质土坡为例，假设土体为理想的三维各向同性，不可压缩流体在多孔介质中流动的渗流微分方程为(张菊明，1980)

$$\frac{\partial}{\partial x}\left(k_x\frac{\partial H}{\partial x}\right)+\frac{\partial}{\partial y}\left(k_y\frac{\partial H}{\partial y}\right)+\frac{\partial}{\partial z}\left(k_z\frac{\partial H}{\partial z}\right)+W=0 \tag{6.18}$$

式中，x、y、z 为单元的渗透主方向；H 为水头；W 为源汇流量。

(3) 将排水孔视为强渗透性的导水结构，水流视为沿排水孔中心线方向上的一维流型，可用式(6.19)描述：

$$\frac{\mathrm{d}}{\mathrm{d}l}\left(k_l\frac{\mathrm{d}H}{\mathrm{d}l}\right)+W_l=0 \tag{6.19}$$

式中，l 为沿孔轴线方向的局部坐标；k_l 为排水孔渗透系数；W_l 为源汇流量。

6.2.1 有限元计算模型

采用图 6.3 所示的计算模型作为算例。取斜坡模型高度为 50m，沿斜坡倾斜方向长度为 75m，垂直于长度方向的深度为 40m，坡角为 40°，左侧水位标高 37.8m，右侧水位标高 15m，排水孔右端出水口距孔底 7m，孔长 25m，倾斜角为 10°。饱和土体渗透系数为 1m/d。土的重度、黏聚力、内摩擦角、弹性模量和泊松比分别为 $\gamma=20\text{kN/m}^3$、$c=10\text{kPa}$、$\varphi=20°$、$E=30\text{MPa}$、$\nu=0.3$。

在 ABAQUS 软件的基础上，通过建立三维有限元渗流模型，分别计算虹吸排水作用前、后的斜坡渗流场。三维有限元模型采用 10 节点四面体孔压单元，模型网格剖分如图 6.4 所示。

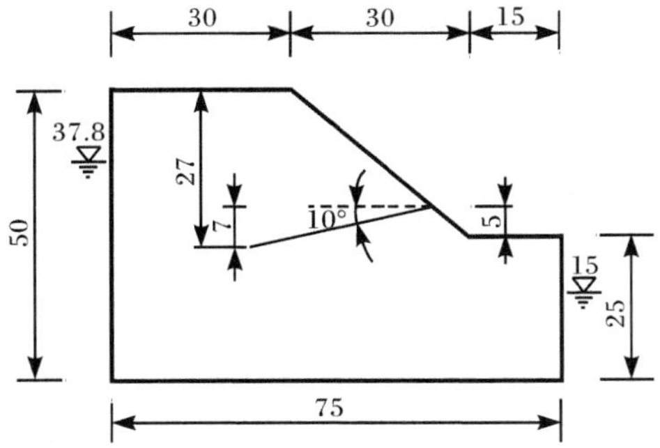

图 6.3　斜坡渗流场计算模型(单位:m)

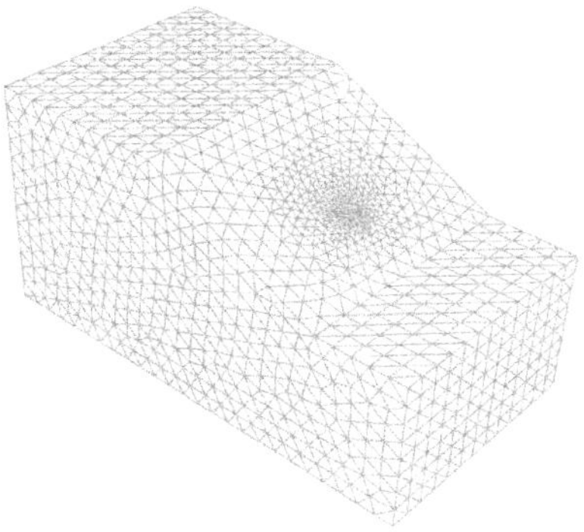

图 6.4　三维有限元渗流模型

6.2.2　虹吸排水系统模拟方法

虹吸排水过程中,排水孔由于自身的"空心"结构成为岩土体中具有强渗透性能的导水结构,地下水在水力梯度的驱动下流入排水孔,在重力场作用下,沿着孔壁汇入排水孔底,孔底的虹吸管入水口处水头压力增大,在虹吸作用下,地下水通过虹吸管向上流动,排出坡体外。它不同于仰斜式排水孔的地下水直接流出坡体。因此,在虹吸排水的有限元分析中,首先要解决排水过程的合理模拟问题。

在渗流场有限元计算中,排水子结构是目前比较精确地模拟排水孔的方法。但计算复杂且计算工作量大,若一个网格单元内有多个子结构,会出现网格不协调现象,周桂云等(2007)提出用线性插值法使水头在计算域内连续,操作起来仍较为烦琐。为避免上述问题,本次模拟采用"以管代孔"与"解析法"相结合、给定水头与给定渗流量相结合的方法来模拟斜坡高扬程虹吸排水过程,建立三维有限元渗流模型,进行虹吸排水作用的分析计算,并将排水前、后的斜坡渗流场变化进行对比分析。

在有限元计算模型中，排水孔被视为斜坡渗流场中的强渗透介质，分析排水孔的渗透系数和周围区域岩土体的渗透性强弱、水位降深大小及排水量之间的关系，并将有限元分析所得数据与单井流量解析式计算的数据进行比较分析，根据水头等价和流量等价的原则得到排水孔的等效渗透系数值（王恩志等，2001）。如图 6.5 所示的虹吸排水方式，根据虹吸原理，当虹吸管入水口处水位升高时，虹吸系统通过管底的入水口发挥排水作用，因此对虹吸管进行简化处理，只考虑排水孔底端的排水降压作用，取虹吸孔的孔底单元分析，按给定的内水头边界条件处理。

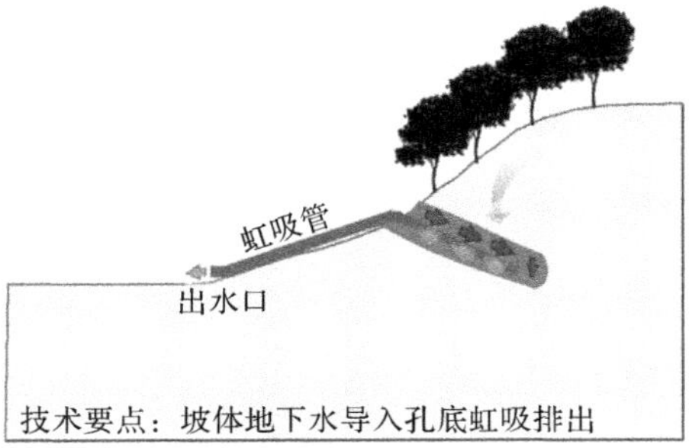

图 6.5　虹吸排水示意图

为便于计算，本例采用完整井的排水方式进行分析，由地下水动力学原理可知，具备本计算模型边界条件的单井流量解析公式为

$$q = 1.366\frac{k_0(H_0^2 - h_w^2)}{\lg(R/r_w)} \tag{6.20}$$

式中，k_0 为土体渗透系数；H_0 为虹吸排水前的水位；h_w 为虹吸排水后的水位；R 为影响半径，$R=2(H_0-h_w)\sqrt{Hk_0}$；H 为含水层厚度；r_w 为虹吸排水孔的半径。

在探讨虹吸排水系统的三维有限元模拟方法时，需以虹吸孔底入水端口处的水位降深和排水孔的总渗流量作为研究对象，确定虹吸排水孔的等效渗透系数取值，并在此基础上模拟虹吸排水的作用效果。在用有限元方法模拟计算虹吸排水系统的过程中，假定虹吸排水孔的等效渗透系数 k_s 为周围岩土体渗透系数 k_0 的 n 倍，通过改变 n 的取值，计算相应的排水孔入水端口处排水量 Q 和排水后的水位标高值 h_w。根据图 6.3 所示斜坡模型，采用 ABAQUS 有限元软件进行分析计算，得出不同 n 值所对应的渗流场分布变化情况。根据以上计算结果，得出斜坡虹吸排水孔入水端口处排水量 Q 和水位标高值 h_w，由此分析 h_w 和 Q 值与 n 值的关系，得出 h_w 和 Q 随着 n 值的变化规律。为揭示此变化规律，在有限元计算结果数据的基础上，分别绘出 h_w-n 和 Q-n 两条关系曲线，如图 6.6 和图 6.7 所示。

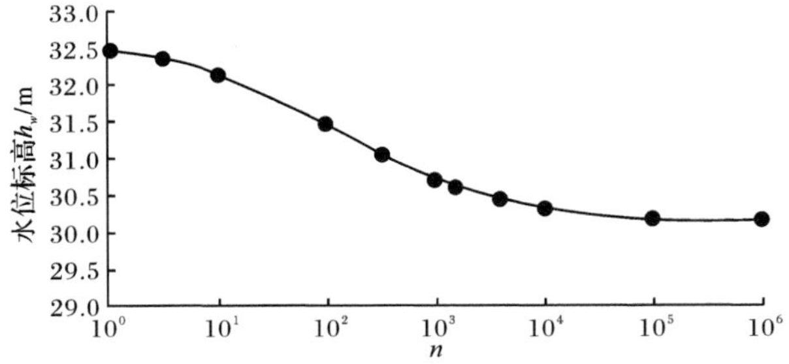

图 6.6　不同 n 值对应的虹吸孔入水口处水位标高 h_w

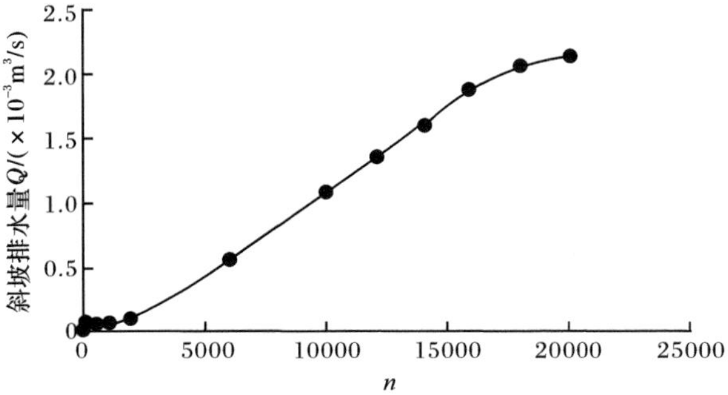

图 6.7　不同 n 值对应的斜坡排水量 Q

由图 6.6 可见，n 值越大，地下水位降得越低，h_w-n 曲线呈倒立的 S 形分布。当 n 达到某一定值(本次模拟试验中 n=105)时，地下水位基本降至稳定标高值。由图 6.7 可知，排水量 Q 随着 n 的增大而增加，当 n 达到某一定值(本次模拟试验中 n=20 000)时，Q 的增大速率降低，曲线渐趋平缓。

由图 6.6 可知，与斜坡未进行虹吸排水时相比，当 n=10 000 时，地下水位降低了 2.15m。将坡体的地下水位最大降深值、虹吸孔的孔径等代入式(6.20)，用解析方法计算得到渗流量为 1.120×10^{-3}m^3/s，与 n=10 000 时用有限元方法计算得到的坡体排水量 1.078×10^{-3}m^3/s 相比，误差为 3.75%左右，符合流量等价和水头等价原则。因此，采用此方法对排水孔进行简化，进而模拟斜坡高扬程虹吸排水系统是合理的。

6.2.3　验证虹吸排水系统模拟方法的合理性

通过室内虹吸试验数据与有限元计算结果对比，来验证以管代孔法与解析单元法相结合的方法，分析该方法用于模拟斜坡虹吸排水过程的可靠性。在实际试验中，虹吸扬程不应大于最大可能安装高度。虹吸试验如图 6.8 所示，选取斜坡模型的虹吸扬程为 7m，虹吸管液面高差 ΔH 分别为 1.95m、1.50m、1.05m、0.60m 和 0.30m，管径 d 分别为 3mm、4mm、5mm 和 8mm 的 20 种组合方案进行虹吸试验。

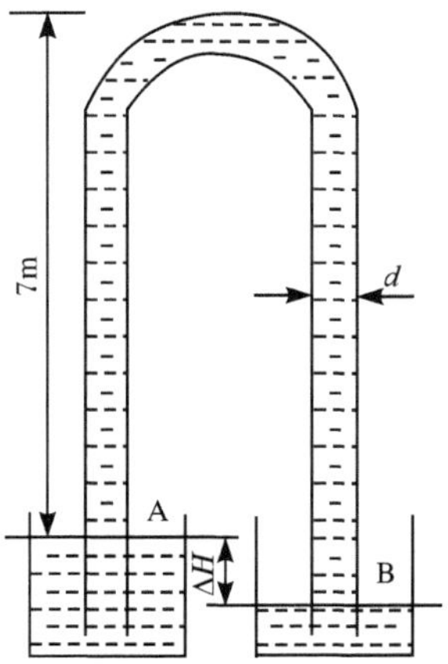

图 6.8　虹吸试验示意图

根据室内虹吸试验结果，得出液面高差和管内流量之间的关系如表 6.2 所示。

表 6.2　虹吸试验流量统计表

液面高差/cm	流量/(mL/min)			
	3mm 虹吸管	4mm 虹吸管	5mm 虹吸管	8mm 虹吸管
195	2647.26	4706.23	7353.49	18824.92
150	2321.80	4127.64	6449.43	15510.55
105	1942.55	3453.43	5395.98	13813.72
60	1468.43	2610.55	4078.98	10442.19
30	1038.34	1845.94	2884.27	7383.74

将不同管径时流量与液面高差的关系作为研究对象，得到图 6.9。由图中的四条曲线可得出以下结论：在液面高差保持一致的情况下，管径越大，相应虹吸流量越大；在管径保持不变的情况下，液面高差越大，相应的虹吸流量也越大。

结合实际斜坡排水的虹吸管布置方式，考虑排水孔内布置 3 根直径为 4mm 的虹吸管（总截面积为 37.7mm^2），在有限元计算模型中，取孔底单元截面积为 37.7mm^2 进行渗流计算，得出虹吸高度为 7m 时，排水孔进水口处的地下水位降深值为 1.93m，虹吸排水量为 $2.671\times10^{-4}\text{m}^3/\text{s}$（即 $1.603\times10^4\text{mL/min}$）。根据表 6.2 所示的试验数据，利用线性插值法计算出当液面高差为 1.93m 时，3 根直径 4mm 的排水管总流量达到 $1.412\times10^4\text{mL/min}$。由此可得，单个排水孔内布置 3 根直径

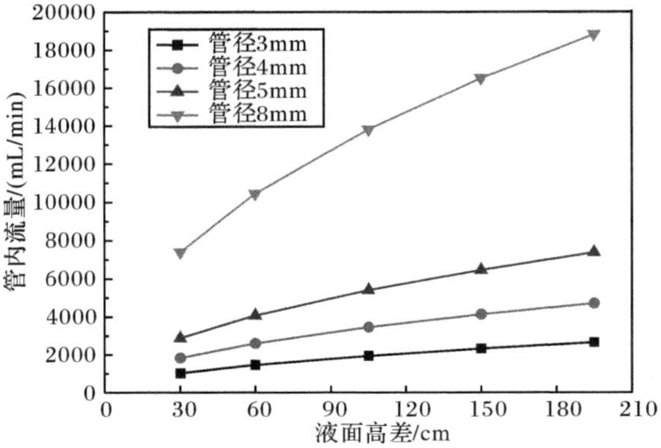

图 6.9　不同管径时管内流量与液面高差关系曲线

4mm 的虹吸管时，试验所得数据与有限元计算结果数据为同一数量级，说明将以管代孔法与解析单元法相结合，提出的针对虹吸排水系统的数值模拟方法是可行的。

6.3　斜坡虹吸排水效果数值分析

6.3.1　斜坡自然渗流场

采用有限元方法，首先计算未设排水孔的斜坡渗流场，求解自然状态下坡体的浸润线形状；然后模拟分析虹吸排水过程，并将虹吸排水作用前后的斜坡渗流场分布进行对比分析，探讨虹吸排水效果。

通过 ABAQUS 程序的迭代计算，得出未进行虹吸排水时斜坡渗流场的孔隙水压力分布云图，并得出自然状态下斜坡的浸润线形状。由计算结果可知，未排水时，坡体内孔隙水压力分布无突变现象，分别取 $z=20$m 处的纵断面云图和 $x=30$m 处的横断面云图进行分析，如图 6.10 所示。未排水情况下，斜坡的孔压等值线是一系列近乎平行的平滑曲线，孔隙水压力坡体均匀分布，无突变现象如图 6.10(a)所示。

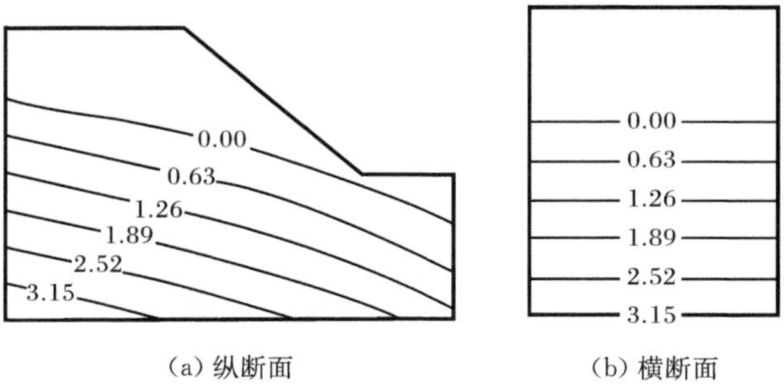

(a) 纵断面　　(b) 横断面

图 6.10　未排水时斜坡孔隙水压力纵横断面分布图(单位：10^5 Pa)

而由图 6.10(b)可知，孔隙水压力等值线沿着斜坡走向基本呈平行的水平直线分布，无突变现象，且孔隙水压力的值随着斜坡深度的增大而增大，其变化规律与潜水一维稳定流的解析公式相一致。由此可见，不排水条件下，斜坡渗流场分布主要受水头边界条件影响。

6.3.2 虹吸排水作用后的斜坡渗流场

由虹吸排水原理可知，因为钻孔内的虹吸管段存在真空，坡体内地下水通过压力差作用进入虹吸管，最终排出坡体。在有限元模型中，可将虹吸排水孔的进水口视为出水单元，水头值应等于其位置高程，坡体内水头分布可视为一维稳定流，其水头值由潜水层一维稳定流解析解确定，并作为有限元模型的水力边界条件。

通过虹吸排水作用下的有限元分析计算，可得斜坡排水后的纵断面孔隙水压力分布，取 $z=20\text{m}$ 的排水孔中心线处的纵剖面和 $x=30\text{m}$ 经过虹吸排水进水口的横剖面进行分析，如图 6.11 所示。可见在虹吸排水系统作用下，排水孔与浸润线交汇处的孔压等值线出现 V 形凹陷，排水孔附近区域孔压变化很大，虹吸排水作用有效改变了斜坡渗流场。斜坡 $x=30\text{m}$ 处横断面图上，孔底入水口处的水位线呈“漏斗状”，出现明显的水头降低区域，说明虹吸排水系统能够达到排水效果。

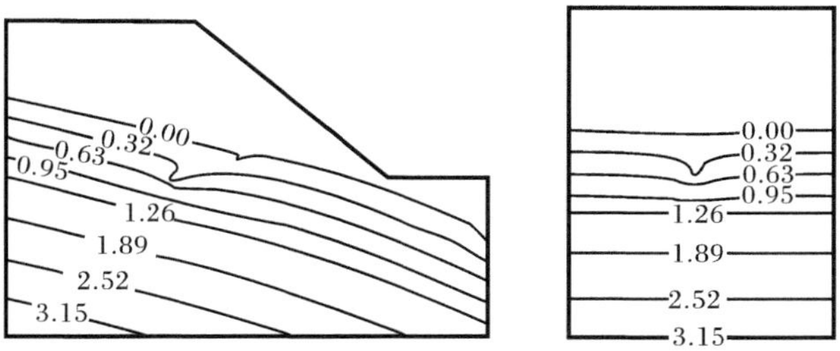

(a) 纵断面　　(b) 横断面

图 6.11　虹吸排水后斜坡孔隙水压力纵横断面图(单位：10^5 Pa)

从虹吸排水后的地下水渗流矢量图(见图 6.12)中可以看出，在排水孔外附近区域，水流矢量指向最近的排水孔方向，渗透力的整体方向垂直于排水孔轴线；在排水孔内，水流方向与排水孔中心线一致。

虹吸排水前后，地下水位线变化对比如图 6.13 所示。由图可知，坡体水位线出现凹槽形突变，通过定量分析得出，在排水孔与斜坡浸润线交汇处附近，水位降深值最大，达到 2.60m。

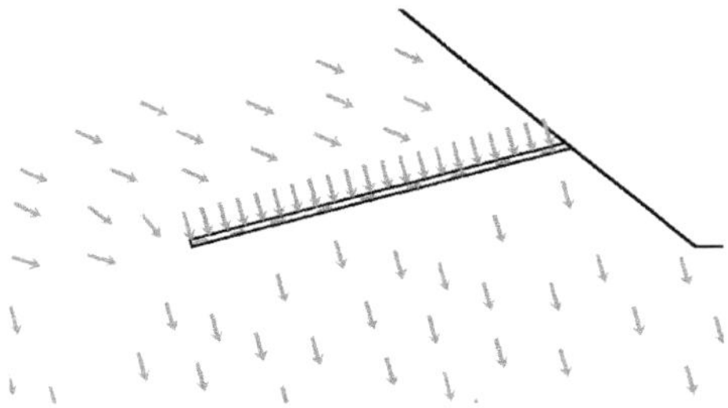

图 6.12　渗流矢量图

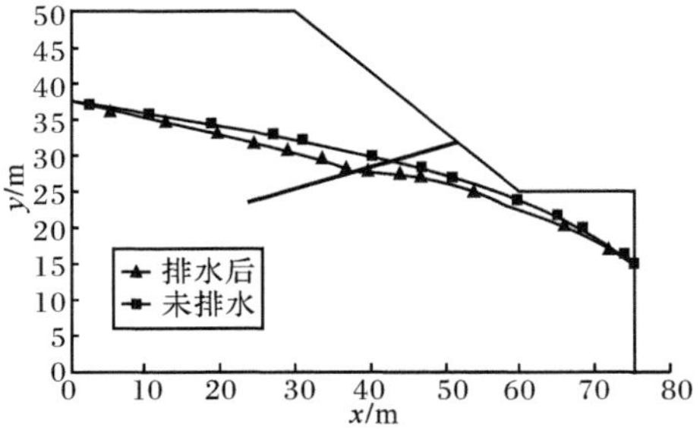

图 6.13　斜坡虹吸排水前后地下水位线对比图

6.4　虹吸排水效果的影响因素研究

影响虹吸排水效果的因素还有很多，主要包括：虹吸排水孔的布设位置、倾斜角度、孔间距等。每个因素均会对虹吸排水效果产生不可忽略的影响，对这些因素分别进行探讨，可为虹吸排水系统的优化设计奠定基础。

6.4.1　排水孔位置对排水效果的影响

对坡体地下水位线的改变作用是评价虹吸排水效果的指标。为探讨虹吸排水系统的布设位置对斜坡排水降压效果的影响，需要在保持排水系统的倾斜角度、尺寸以及计算模型边界条件不变的情况下，改变虹吸排水系统布设位置高程，求解位置高程不同时斜坡渗流场的变化情况，对计算结果进行定量对比，研究坡体地下水位随着排水孔布设位置变化的规律。

作为对比性分析，针对图 6.3 所确定的计算模型，分别取排水孔的孔口距坡脚的垂直高差为 7m、9m、11m、13m 进行有限元计算，并结合未排水时斜坡自然渗流场进行对比，分析排水孔布设位置高程对地下水渗流场分布情况的影响规律。

排水孔布设高程变化时，对应的地下水位线对比如图 6.14 所示。可知在排水孔尺寸、倾斜角度以及斜坡有限元计算模型边界条件一定的情况下，不同排水孔的布设位置高程对坡体渗流场分布有显著的影响，主要体现在地下水位下降区域的分布范围、地下水位最大降深分布位置、坡体渗流量等方面发生的变化。由于不同排水孔布设位置，会影响地下水位最大降深的位置，将会影响不同部位潜在滑坡的稳定性。因此，在虹吸排水孔设计时，应结合斜坡稳定性特征分析。不同排水孔布设位置对排水量的影响很限制，具体的变化量值详见表 6.3。

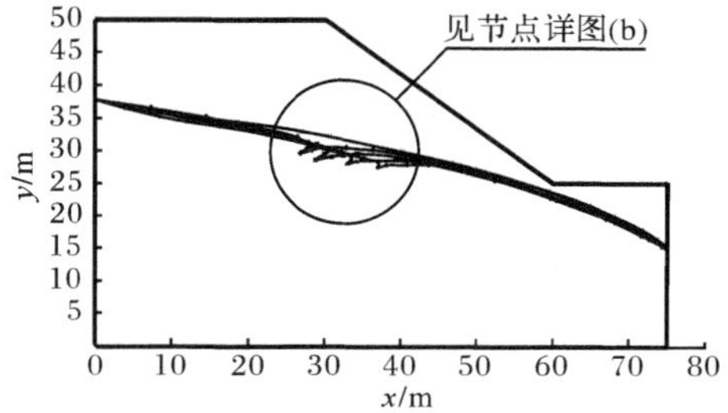

(a) 渗流场变化总图

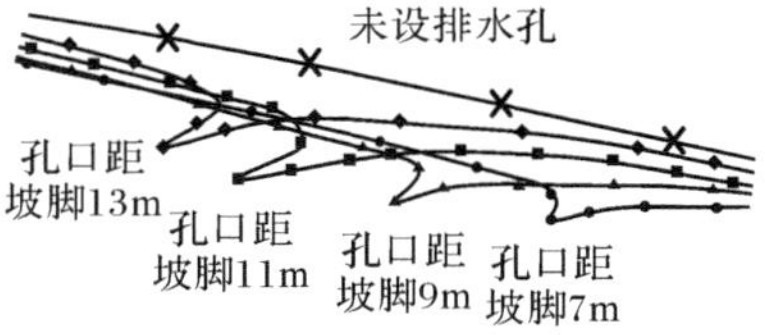

(b) 节点详图

图 6.14　不同排水孔布设高程对应的斜坡渗流场对比图

表 6.3　排水孔位置对应排水量

孔口距坡脚高程/m	排水量/(L/s)
7	1.078
9	0.983
11	0.871
13	0.697

由表 6.3 可知，排水孔位置高程越靠近坡脚，虹吸排水渗流量越大。本模型研究的计算结果，可能与坡体地下水在坡脚附近区域埋深较浅有关，不代表性所有斜坡的情况，不同斜坡工程的虹吸排水结果可能会存在差异，但至少说明了需要在排水设计中重视排水孔位置。工程实践中对于不同的斜坡特征，需要结合斜坡工程地质条件合理确定虹吸排水系统的布置。

6.4.2　排水孔的间距对排水效果的影响

斜坡排水效果除了受虹吸排水孔布设位置高程的影响外，还受到孔间距的影响。在保持有限元计算模型中虹吸孔倾斜角度、长度等基本条件不变的基础上，在坡体中布置一排虹吸排水孔，研究排水孔间距对排水效果的影响。排水孔的等效渗透系数按以管代孔法与解析单元法相结合、水头等价与流量等价原则来确定，由于基本计算模型不变，其等效渗透系数与前述计算结果相一致，即为周围岩土体渗透系数的 10 000 倍。

针对模型的三维有限元分析，分别计算孔间距为 20m、10m、8m、6.7m、5.7m、5m 和 4m 时，对应的斜坡渗流场分布变化和排水效果，并且将不同孔间距条件下的计算结果与自然状态下斜坡渗流场的有限元分析结果进行对比，分析孔间距对排水效果的影响。

取排水孔中心线处的纵断面，将不同孔间距对应的坡体地下水位线进行对比。虹吸排水后，各种孔间距条件下的地下水位线计算结果如图 6.15 所示。由纵断面对比图可知，水位线与排水孔交汇处出现凹槽形突变，排水孔间距越密，纵断面水位线相对越低，水位降深值越大。从计算结果数据可知，不同虹吸孔间距的最大水位降深有很大区别，其降深变化值为 2.61～4.82m，详见表 6.4。随排水孔间距减小，水位降深幅度也逐渐增加。

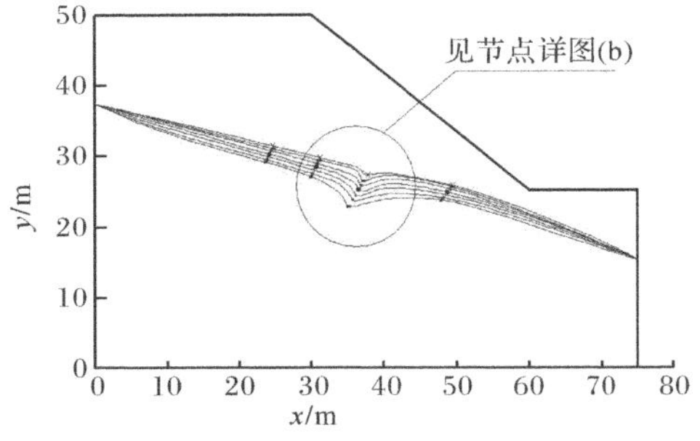

(a) 渗流场变化总图

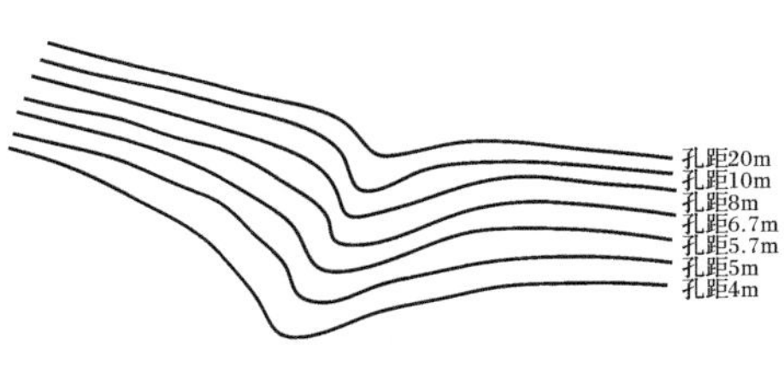

(b) 节点详图

图 6.15　经过排水孔的纵断面水位线对比图

表 6.4　排水孔间距与坡体最大水位降深关系表

排水孔间距/m	20	10	8	6.7	5.7	5	4
水位降深值/m	2.61	2.907	3.41	3.95	4.483	4.79	4.82

绘制虹吸排水孔入水口处横断面上地下水位线，如图 6.16 所示，坡体地下水位线呈波浪状变化。可以看出，当排水孔间距较大时，地下水位线呈波浪形，排水孔处为波谷，排水孔间为波峰，在排水孔位置的地下水位与孔间地下水位高程差异较大；随着排水孔间距的缩小，排水孔之间相互干扰加强，地下水位线的幅值降低，波峰与波谷的水头差减小。

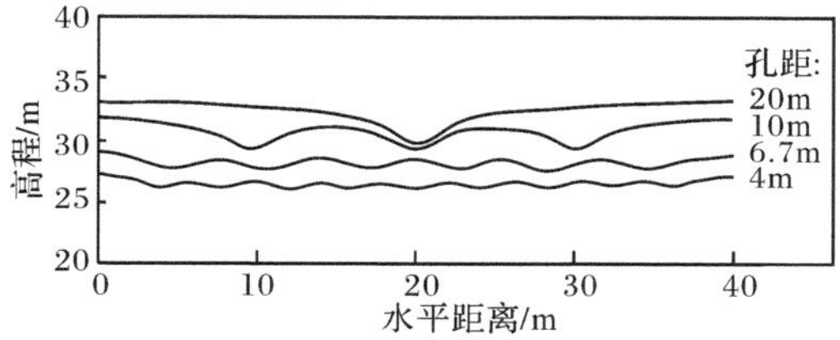

图 6.16　不同孔间距时斜坡横断面水位线对比图

6.4.3　排水孔倾斜角度对排水效果的影响

对于所确定的计算模型(见图 6.3)，当排水孔间距为 4m 时，地下水位线在坡体横断面上的波动很小(见图 6.16)。为突出研究重点，简化分析模型，可以取孔间距为 4m 进行计算，并认为斜坡横断面上地下水位线无明显的突变，因此可将其视为二维问题进行分析。

保持排水孔的长度和尺寸等条件不变，通过改变排水孔的倾斜角度，分析斜坡的渗流场分布状态和地下水位线的变化趋势。如图 6.17 所示，分别取虹吸排水孔的倾斜角为 10°、20°、30°，进行斜坡渗流场计算和稳定性计算。

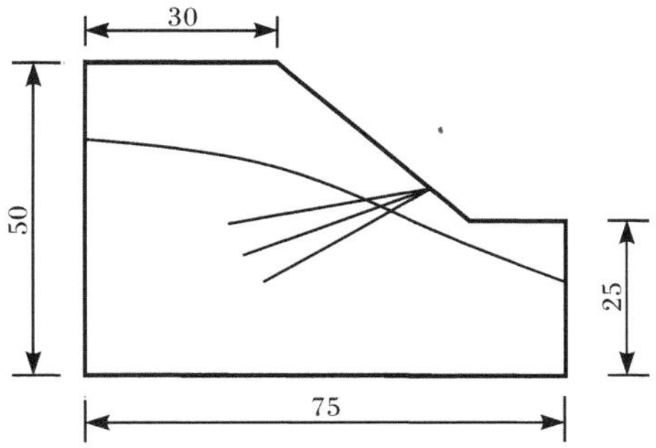

图 6.17　二维斜坡模型示意图(单位：m)

显然,对于图 6.17 所示的计算模型,虹吸排水孔的倾斜角由 10°增加到 30°,虹吸孔进入地下水位线以下的孔段长度相应增加,地下水位的降深幅度也将增加。计算结果如图 6.18 所示,可见排水孔进入浸润线以下长度和降深幅度的增大将有利于提高排水效果。

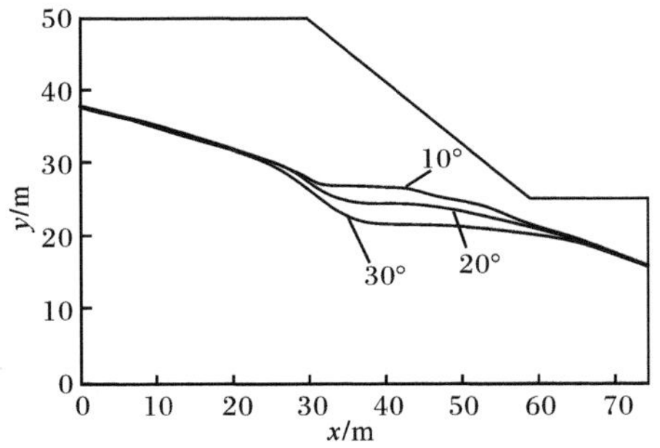

图 6.18 不同倾角虹吸孔排水后的地下水位线

第 7 章　斜坡虹吸排水系统建设

为了实现斜坡地下水位的有效控制，在构建斜坡虹吸排水系统时，首先应该调查分析斜坡的工程地质条件和水文地质条件，了解斜坡地下水的补给、径流及排泄方式，明确地下水位的控制要求。通过勘探或地质调查分析确定斜坡的地下水位线，掌握降雨补给地下水的作用方式，找出汇水比较集中的位置。对于重要工程，应进行抽水试验确定单孔流量、渗透系数等水文地质参数，进行钻孔地下水位监测和降雨量监测，以便确定合理的虹吸排水孔设计方案。根据斜坡的地下水位及汇水量大小，确定虹吸排水孔的位置和数量，可以设置一排或多排虹吸排水孔。作为滑坡灾害治理工程的新措施，虹吸排水可以单独使用，也可以和其他措施联合使用。

7.1　虹吸排水孔布置

由于受到很多不确定因素的影响，如地层的不均匀性，计算参数和计算公式假设条件的局限性，排水系统布置的位置不同，成孔方法、滤水管安装差异等，很难从理论上精确计算需要的排水孔数量。但作为工程应用，通过分析水文地质资料和选用合理的计算公式，并适当保留安全余度，设计上可以估算需要的虹吸排水孔数量以及确定合理的虹吸孔参数。

7.1.1　钻孔倾角和孔深

虹吸排水可实现的最大跨越扬程约 10m。因此，钻孔内水位的最大降深与孔口高差不能超过 10m。斜坡的地下水埋深一般较大，需要排出深部地下水，但受限于虹吸过程自然启动的扬程条件，采用垂直钻孔常常无法满足地下水位降深的要求，一般应采用下倾斜孔。根据潜在滑坡排水降深要求，利用向下倾斜的钻孔进入坡体深部，通过调节倾斜钻孔的倾角及深度，实现斜坡地下水位的降深要求。如图 7.1 所示，假如 A 点为设计的控制地下水位，采用垂直式虹吸排水，其钻孔口位于 C 点，A、C 两点之间的垂直高差大于 10m，则自然虹吸无法完成。此时选择从 B 点倾斜钻孔进入坡体内部，保证 A、B 两点之间的垂直高差不大于 10m，使滑坡地下水位控制点与孔口高差小于 10m，即可实现虹吸排水系统正常工作。

将虹吸管通过倾斜钻孔插入滑坡的深部，从斜孔的孔底引出虹吸管到坡面一定位置，使虹吸管的出水口高程低于滑坡地下水位控制高程。当坡体内部水位上

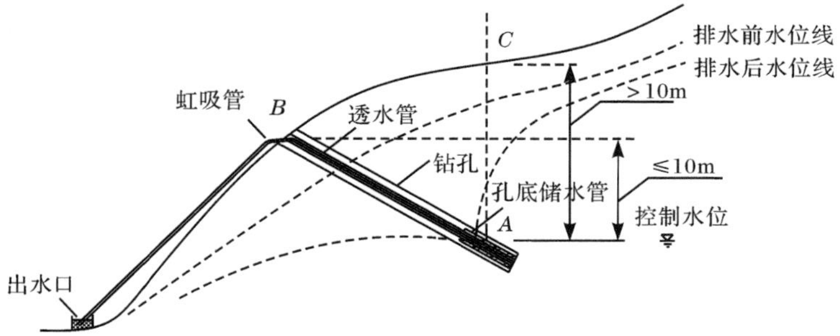

图 7.1　倾斜式虹吸排水系统

升时，就可通过虹吸管实时排水。下倾钻孔虹吸排水实现的最大跨越扬程仍为10m，但孔底水位与地表的高差可以远大于10m。由于坡面上钻孔的孔位选择并无很大的困难，工程上只要合理布孔，就可以将坡体地下水位降低到潜在滑面以下，或降低到足以保证潜在滑坡稳定的地下水位控制要求。

考虑到干旱季节，可能出现长时间无地下水，虹吸过程会有长时间停止流动期，在此期间，虹吸管的顶部会出现一定长度的气泡积累，重新启动虹吸时，孔内水位需要上升到一定的高度才能克服管内气泡的影响。也就是说，在虹吸管内存在气泡时，启动虹吸排水的最大跨越扬程将小于10m，即需要预留一定的地下水位上升量，确保斜坡在地下水位适度上升后不会发生滑坡灾害。试验研究结果表明，经历连续100天虹吸停止期，自然重启虹吸所需的水位上升余量小于2.1m。也就是说，斜坡虹吸排水停止100天后，坡体地下水位上升到距钻孔孔口高差7.9m时，虹吸能够自然恢复。为保证斜坡安全，设计上可考虑将与孔口高差为6～7m作为斜坡的控制地下水位，预留3～4m水位变动区来确保虹吸过程长期有效，保证在地下水位适当上升条件下的斜坡处于稳定状态。具体取值可根据斜坡所在区域可能出现的干旱期长短确定，持续干旱期在3个月以内的地区，预留3m水位变动区即可，持续干旱期可能在6个月以上的地区，宜预留4m水位变动区。

同时应注意到，为保证虹吸过程长期有效，既需要确保钻孔内地下水不被排干，又需要保证虹吸管内的水不被倒吸到钻孔内。因此，虹吸系统建设施工应满足如下要求：当孔口与孔底相对高差大于11m时，使虹吸排水的出水口高程低于钻孔孔口大于11m即可；当孔口与孔底相对高差小于11m时，虹吸排水的出水口应设置平衡储水管，确保平衡储水管的出水口高程高于钻孔的底部、平衡储水管的管底高程低于钻孔的底部。

7.1.2　虹吸排水孔数量

降低滑动带岩土的含水量，最有利于提高滑坡的稳定性。因此，为了有效提高潜在滑坡的稳定性，虹吸排水孔应尽可能穿过潜在滑动面，尽可能将地下水位降低到潜在滑动面以下。许多滑坡的滑动面往往就是相对隔水层，滑面以下岩土的渗透系数远小于滑体的渗透系数，这种情况下，显然无法将地下水位完全降低到潜在滑面以下，但仍可有效降低潜在滑面的孔隙水压力而提高斜坡的稳定性。

对于滑面以下岩土的渗透性很低的情况，虹吸排水孔设计时，一般可将穿过潜在滑面的虹吸排水孔作为潜水完整井考虑，排水计算中只把潜在滑动面以上部分坡体看成含水层。垂直虹吸排水孔的情况下，地下水向潜水完整井渗流达到稳定状态后降水浸润曲线如图 7.2 所示，潜水位分布方程（浸润曲线方程）为

$$h^2 = h_w^2 + (H_0^2 - h_w^2)\frac{\ln\dfrac{r}{r_w}}{\ln\dfrac{R}{r_w}} \tag{7.1}$$

式中，H_0 为潜水位水深；h_w 为排水孔水深；h 为任一点的水深；r_w 为排水孔半径；R 为排水孔影响半径；r 为任一点距离排水孔中心在水平方向的距离。

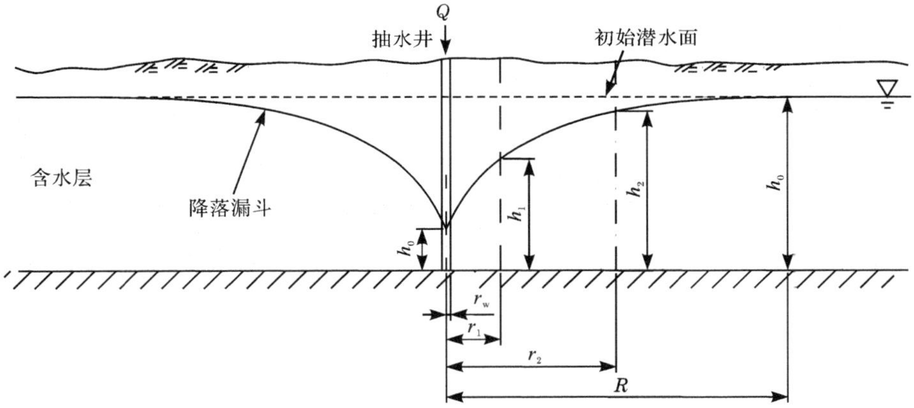

图 7.2　地下水向潜水完整井稳定流动的浸润曲线

虹吸钻孔在剖面上的影响半径宜通过试验或根据当地经验确定。在缺乏条件时，可按经验公式计算：

(1)在潜水含水层中：

$$R = 2S\sqrt{kH} \tag{7.2}$$

(2)在承压含水层中：

$$R = 10S\sqrt{k} \tag{7.3}$$

式中，R 为降水影响半径，m；S 为水位降深，m；k 为渗透系数，m/d；H 为含水层厚度，m。

虹吸排水能力需要满足的条件：强降雨过程入渗引起的地下水位上升高度不

能超过控制地下水位。降雨入渗量与地形条件、气候环境、斜坡规模、岩土结构及性质等众多复杂因素相关，无法完全定量进行分析，但斜坡地下水最大渗流量不会超过地下水位到达坡面时的渗流量。根据达西定律，地下水流过斜坡横断面的流量 Q，可由式(7.4)计算：

$$Q = kAj \tag{7.4}$$

式中，Q 为渗流总流量；A 为斜坡横断面上的渗流面积；k 为土的渗透系数；j 为水力坡降。

地下水位到达坡面时，水力坡降 j 为斜坡的斜率。由表 6.1 的经验值可知，一般土质斜坡的渗透系数 k 为小于 10^{-4}cm/s(8.64×10^{-2}m/d)的某个值。事实上，如果是砂土、碎石土等强渗透性土坡，降雨时入渗的地下水位是不可能达到坡面附近的，具体情况可通过工程地质分析确定。如果已知斜坡的坡度 θ、堆积层厚度 h、排水孔间距 d、渗透系数 k，则斜坡横截面的最大渗流量 Q 为

$$Q = khd\tan\theta \tag{7.5}$$

例如，某斜坡的透系数 k 为 10^{-4}cm/s、坡度为 20°、堆积层厚度为 10m、排水孔间距为 3m，如果全部截流地下水，则依据式(7.5)，所需的单孔排水量 Q 为

$$Q = 8.64\times10^{-2}\times10\times3\times\tan20^\circ \approx 0.94(\mathrm{m^3/d})$$

实际工程中，可根据斜坡稳定性特征，考虑排水要求，可依据式(7.5)进行排水量估算，确定排水孔和虹吸管的数量。但应该注意到，并非需要拦截全部的地下水流量，例如，只需要拦截 50%甚至更小的地下水流量，就能满足斜坡稳定的要求。同时应注意到，单孔的入渗流量是有限的，特别是渗透性很小的黏土类斜坡，对于它们的排水，既需要考虑排水的总流量，又需要考虑排水孔的影响半径，不宜把排水孔间距设置过大，才能有效拦截地下水。

7.1.3　虹吸排水孔间距选择

虹吸排水孔的钻孔间距可根据影响半径 R 进行设计，并考虑斜坡的地质环境条件，进行虹吸排水孔位间距调整，保证各虹吸排水孔位之间的影响半径有部分重叠而形成干扰井，使斜坡虹吸排水后的水位降深能够确保潜在滑坡处于稳定状态。

群孔共同出水时，忽略群孔间的影响，根据对称性可得地下水浸润线如图 7.3 所示。可根据斜坡需要拦截的地下水流量，计算确定排水孔间距。

根据式(7.4)，斜坡断面的地下水渗流量与过水断面的面积成正比。设置虹吸排水孔前斜坡断面的地下水过水面积为 A、渗流量为 Q，设置排水虹吸孔后的斜坡断面地下水过水面积为 A_s、渗流量为 Q_s，定义拦截比 λ 为

$$\lambda = \frac{Q_s}{Q} = \frac{A_s kj}{Akj} = \frac{A_s}{A} \tag{7.6}$$

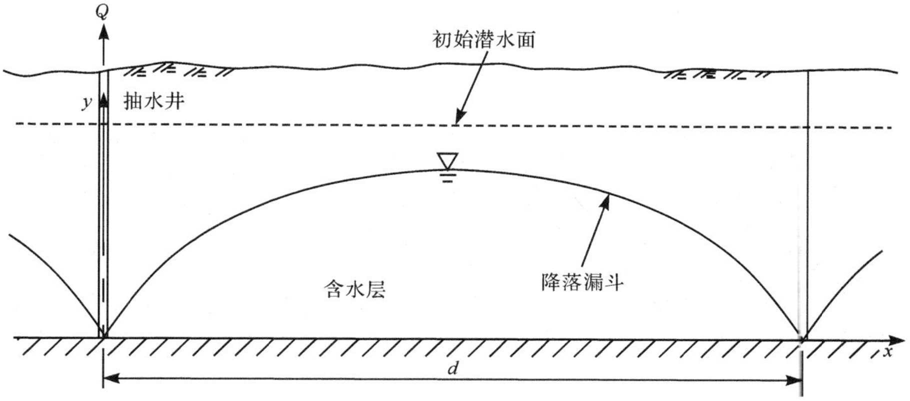

图 7.3　群孔出水时地下水浸润线

为了简化分析计算，在这里假设了水力坡度 j 和渗透系数 k 为恒定值。如图 7.3所示，以左边排水孔中心为原点建立坐标系，A_s 表示流量减少部分的降水漏斗区面积，即初始潜水面与浸润曲线间的面积，A 为排水孔以上部分流量所对应的面积，即 x 轴以上至初始潜水面的矩形面积。拦截比 λ 表达了设置排水孔而减少地下水流向斜坡下游的流量，可按式(7.7)计算：

$$A_s = H_0 d - 2\int_{r_w}^{\frac{d}{2}} \sqrt{h_w^2 + (H_0^2 - h_w^2)\frac{\ln\frac{r}{r_w}}{\ln\frac{R}{r_w}}}\,\mathrm{d}r$$

$$\lambda = \frac{H_0 d - 2\int_{r_w}^{\frac{d}{2}} \sqrt{h_w^2 + (H_0^2 - h_w^2)\frac{\ln\frac{r}{r_w}}{\ln\frac{R}{r_w}}}\,\mathrm{d}r}{(H_0 - h_w)d} \tag{7.7}$$

式(7.7)建立了拦截比 λ 与孔间距 d 的关系式，由此关系式可得到二者的关系曲线。

虹吸排水孔的地下水位最大降深不能超过 10m，但从图 7.1 可以看到，采用斜孔虹吸排水时，孔底到地表的垂直距离可以远远大于 10m，相应的钻孔在地下水位线以下孔段的长度也将远大于 10m。为了简化分析排水孔地下水位下降后拦截地下水渗流量的能力，可以把斜孔简单理解成垂直孔，以孔底所在点对应地表的垂直线作为分析剖面，计算分析虹吸排水后使地下水位下降到孔底时的地下水拦截比。

假设潜水位水深 H_0 分别为 20m、15m、10m 和 5m，排水孔半径 r_w 为 10cm。考虑排水孔降深为 20m、15m、10m 和 5m，渗透系数分别为 10^{-3} cm/s、10^{-4} cm/s、

10^{-5}cm/s、10^{-6}cm/s。排水孔影响半径可由式(7.2)或式(7.3)得到。根据式(7.7)可计算得到表7.1～表7.4所示的结果。由表可见，如果需要地下水渗流量的拦截率达到50%，对应坡体不同的渗透系数10^{-3} cm/s、10^{-4} cm/s、10^{-5} cm/s、10^{-6}cm/s，排水孔地下水位降深为5m需要采用的虹吸排水孔间距为0.84～2.32m，排水孔地下水位降深为10m需要采用的虹吸排水孔间距为1.17～3.03m，排水孔地下水位降深为15m需要采用的虹吸排水孔间距为1.41～3.54m，排水孔地下水位降深为20m需要采用的虹吸排水孔间距为1.59～3.95m。因此，提高孔位的地下水位降深，可以减少钻孔的数量。

表7.1 排水孔地下水位降深为5m时不同拦截比λ下的孔距d (单位:m)

渗透系数k/(cm/s)	拦截比λ								
	90%	80%	70%	60%	50%	40%	30%	20%	10%
10^{-3}	0.36	0.55	0.85	1.36	2.32	4.23	8.39	18.32	44.45
10^{-4}	0.34	0.49	0.73	1.09	1.70	2.77	4.81	8.92	17.87
10^{-5}	0.32	0.44	0.61	0.85	1.22	1.79	2.72	4.31	7.19
10^{-6}	0.29	0.39	0.50	0.64	0.84	1.10	1.48	2.02	2.84

表7.2 排水孔地下水位降深为10m时不同拦截比λ下的孔距d (单位:m)

渗透系数k/(cm/s)	拦截比λ								
	90%	80%	70%	60%	50%	40%	30%	20%	10%
10^{-3}	0.37	0.59	0.96	1.65	3.03	6.13	13.80	35.09	101.64
10^{-4}	0.35	0.54	0.83	1.33	2.25	4.06	7.94	17.08	40.69
10^{-5}	0.33	0.49	0.71	1.06	1.64	2.66	4.55	8.32	16.36
10^{-6}	0.31	0.44	0.60	0.83	1.17	1.71	2.57	4.01	6.57

表7.3 排水孔地下水位降深为15m时不同拦截比λ下的孔距d (单位:m)

渗透系数k/(cm/s)	拦截比λ								
	90%	80%	70%	60%	50%	40%	30%	20%	10%
10^{-3}	0.38	0.62	1.03	1.83	3.54	7.60	18.44	51.37	165.17
10^{-4}	0.36	0.57	0.90	1.49	2.64	5.05	10.63	24.98	65.96
10^{-5}	0.34	0.52	0.78	1.20	1.94	3.33	6.12	12.17	26.47
10^{-6}	0.33	0.46	0.66	0.95	1.41	2.17	3.48	5.91	10.65

表 7.4　排水孔地下水位降深为 20m 时不同拦截比 λ 下的孔距 *d*　（单位：m）

渗透系数 k /(cm/s)	拦截比 λ								
	90%	80%	70%	60%	50%	40%	30%	20%	10%
10^{-3}	0.38	0.63	1.08	1.98	3.95	8.85	22.67	67.35	233.26
10^{-4}	0.37	0.58	0.95	1.61	2.95	5.89	13.07	32.72	92.99
10^{-5}	0.35	0.53	0.82	1.30	2.18	3.90	7.53	15.94	37.25
10^{-6}	0.33	0.48	0.70	1.04	1.59	2.55	4.31	7.76	14.98

根据表 7.1～表 7.4 所列的排水孔地下水位不同降深对应拦截比 λ 的计算结果，绘制变化关系曲线如图 7.4～图 7.7 所示。由图可见，在相同排水孔地下水位降深的条件下，随着排水孔间距的加大，斜坡断面地下水渗流量的拦截比 λ 迅速下降，渗透系数越小，拦截比 λ 随排水孔间距下降速率越大。

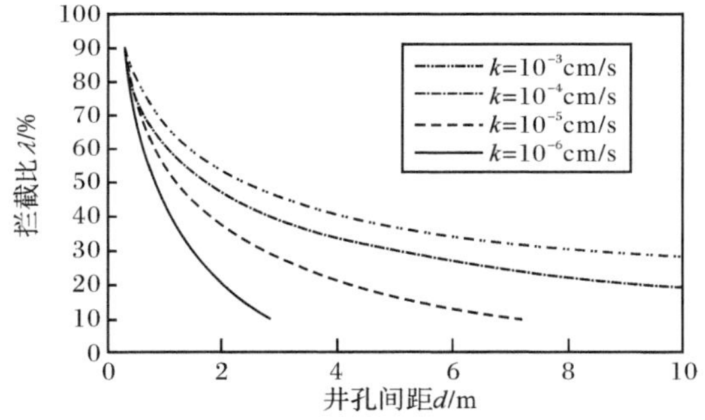

图 7.4　排水孔降深为 5m 时的 λ-d 曲线

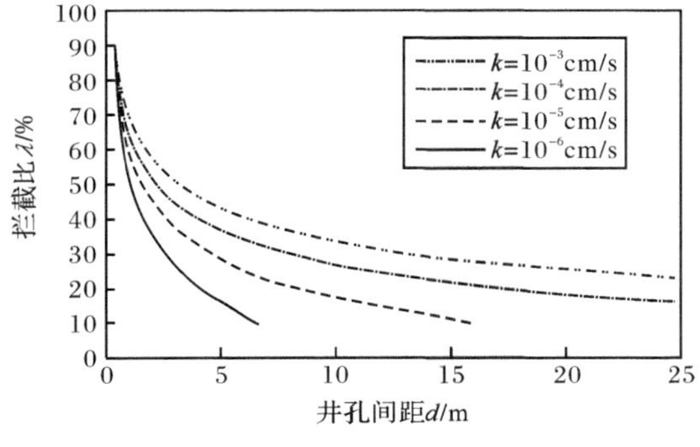

图 7.5　排水孔降深为 10m 时的 λ-d 曲线

地下水渗流量拦截比、渗透系数和排水孔地下水位降深是影响钻孔间距选择的因素。工程上可根据斜坡的工程地质条件和水文地质条件，结合施工条件分

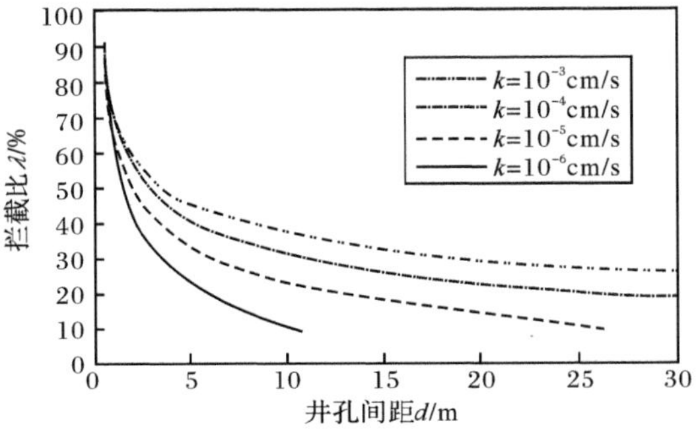

图 7.6　排水孔降深为 15m 时的 λ-d 曲线

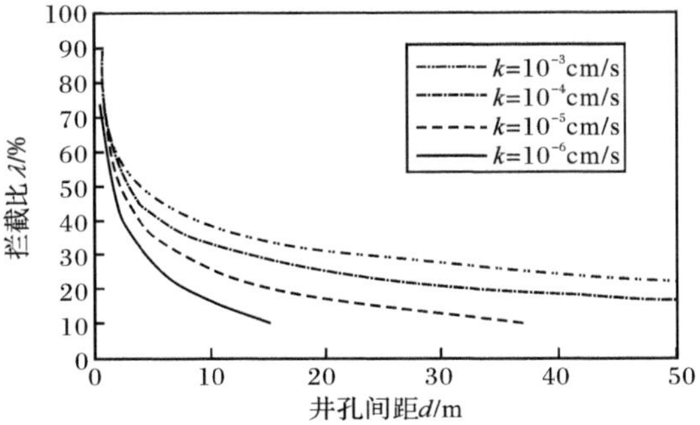

图 7.7　排水孔降深为 20m 时的 λ-d 曲线

析，合理布置虹吸排水孔的间距。

7.1.4　虹吸排水孔的平面布置

斜坡排水的目标是降低潜在滑坡区的地下水位。虹吸排水孔的平面布置，需要根据斜坡的地形特征、坡体地质结构、地下水位埋深、地下水的补径排条件、滑动面以上坡体的厚度、施工条件等因素综合考虑决定。降雨入渗的汇水区主要来自后缘时，应首先考虑在滑坡后缘布置虹吸排水孔；潜在滑坡有明显的抗滑段与滑动段时，应首先考虑降低抗滑段的坡体地下水位；坡体地质结构决定着地下水渗流方式，虹吸排水孔的进水段，宜处于透水性相对较好的土层中，可以达到更好的集排水作用；受虹吸排水的最大扬程不超过 10m 的物理限制，应根据地下水埋深条件，选择地下水位埋深较浅的部位布置虹吸孔，以便减小钻孔深度；考虑地下水的补径排条件，虹吸排水孔应能拦截主要地下水补给来源；当滑坡厚度很大时，可以根据滑坡稳定性分析结果，决定是否需要将地下水位降低到滑动面以下，但当滑坡体厚度较小时，宜将排水的控制地下水位降低到滑动面以下；施工条件主要是影响工程造价，应综合考虑排水要求并平衡工程造价，最终确定虹吸排水孔的平面布置方案。

对地质条件简单的中小型滑坡，一般在滑体后缘布设一排虹吸排水孔即可，排水孔的延伸方向应与潜在滑体地下水渗流方向垂直或接近垂直。对于轴向很长或渗透系数很低的潜在滑坡，可考虑将虹吸排水孔布置成两排或多排，进行分级排水。特别是潜在滑坡的地下水补给既来自后缘也来自侧边的情况下，采用多排虹吸排水孔就非常必要。下面列举两个滑坡案例，进行虹吸孔平面布置方案的讨论。

滑坡虹吸排水孔布置方案讨论案例 1。如图 7.8 所示的下岩村滑坡，是一个松散堆积土滑坡，滑坡体长约 600m、宽 150～200m、方量达 $200\times10^4 m^3$，地下水在该滑坡的形成演化过程中起到了十分重要的作用。滑坡区地形为缓倾的斜坡地形，滑坡后部地形坡度为 20°～30°，中前部地形坡度为 5°～10°，前缘地形坡度为 30°～40°。滑坡区后缘地形比外围地形低，后缘为圈椅状陡崖。根据岩土体成因时代、岩性特征和物理力学性质的差异，滑坡区岩土体可划分为 7 个工程地质层，分别为：崩积碎块石（cQ_4）、坡积含碎石（角砾）亚黏土（dlQ_3^2）、古滑坡堆积（$delQ_3^2$）、岩质古滑坡堆积层（$delQ_3^1$）、坡积含角砾（碎石）亚黏土（dlQ_3^1）、玄武岩（N_2S）和凝灰岩与泥岩（J_3d）。松散堆积土工程地质层在剖面上的分布特征如图 7.9所示。滑坡区地下水由降雨补给和农业灌溉水补给，向坡脚河沉排泄。滑坡区前缘的地下水位埋深一般为 15～20m，中部地下水位埋深一般为 2～3m，滑坡体后缘地下水位埋深一般为 3～6m。考虑滑坡的地下水主要来自后缘，且后缘的地下水位埋深不大，可在滑坡后缘布设 1 排虹吸排水孔（见图 7.9），拦截地下水下渗。同时应注意到该滑坡的地形比两侧低，两侧坡体的地下水也会入渗到滑坡区，在滑坡中部的地下水位埋深特别浅，可能与两侧地下水入渗也有一定的关系，且该滑坡的纵向长度近 600m，单排虹吸排水孔对坡体地下水位控制也会有所不

图 7.8　下岩村滑坡

足，故可在滑坡的中部增加1排虹吸排水孔（见图7.9），就能有效控制坡体地下水位的上升。

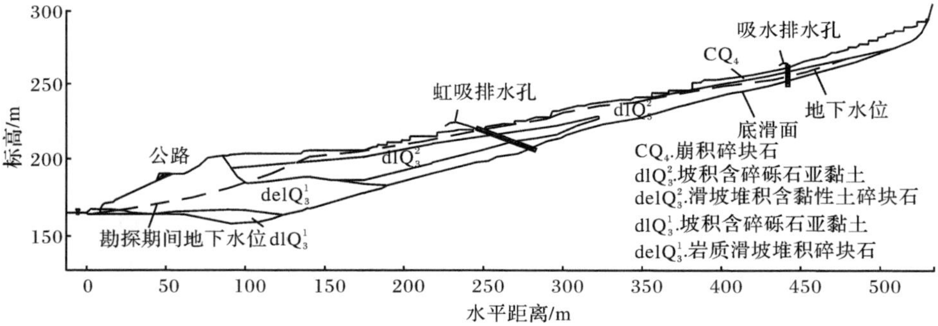

图7.9 工程地质纵剖面图

滑坡虹吸排水孔布置方案讨论案例2。松散堆积土斜坡往往地质结构复杂，坡体堆积物常常包括崩塌堆积、滑坡堆积、坡积、冲洪积、冲积等不同成因类型。坡体通常存在渗透性差异很大的不同成因土层，或者说坡体中往往分布相对隔水层。图7.10所示是经过地质勘察获得的小旦村滑坡地质剖面，主要由4层堆积土组成，从坡体表部向深部依次为：①坡积灰黄色粉质黏土混碎块石（dlQ_4）、②冲积褐红色黏土（alQ_3）、③古滑坡堆积褐黄色粉质黏土混碎块石（$delQ_3$）、④冲积杂色

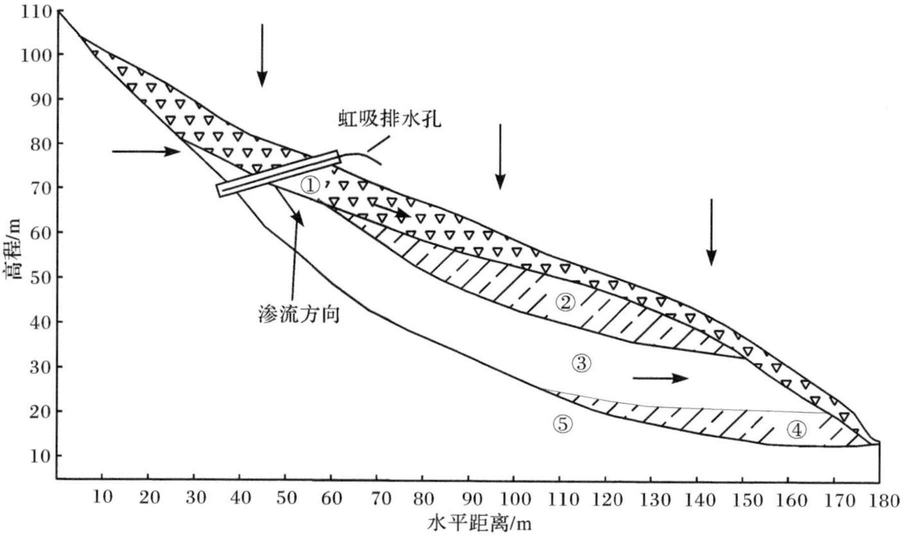

图7.10 松散堆积土斜坡不同成因土层渗透性差异大

①dlQ_4；②alQ_3；③$delQ_3$；④alQ_2；⑤J_2

粉质黏土(alQ_2)。基岩⑤为完整性好的侏罗统熔结凝灰岩(J_2)。坡积灰黄色粉质黏土混碎块石(dlQ_4)土层未经压实,结构松散,透水性好。古滑坡堆积粉质黏土混碎块石($delQ_3$)发育有管网状渗流系统,有良好的渗透性。冲积褐红色黏土(alQ_3)和冲积杂色粉质黏土(alQ_2)层原始结构紧密,为相对隔水层。完整的侏罗统熔结凝灰岩为相对隔水层。因此,在自然条件下,地下水的主要渗流方向如图 7.10中箭头所示,降雨和基岩裂隙水主要通过①和③层土向坡脚排泄。滑坡区地下水主要来自后缘,且后缘覆盖层厚度较小、地下水位埋深不大,可在滑坡后缘布设 1 排虹吸排水孔(见图 7.10),拦截地下水下渗,就可有效控制坡体地下水位的上升,减小滑动面的孔隙水压力。

7.2　虹吸排水流量

7.2.1　管流水力特性

如果将管内流速看成平均流速的话,则管流的水力特性可用伯努利方程来描述。伯努利方程建立有四个假设条件:①流体必须是理想流体,即无黏性流体,无内摩擦力和能量损失;②稳定流动,各运动要素不随时间变化而变化;③过空间某点在同一时刻只能作一根流线;④具有静止惯性参考系。伯努利方程表达式为

$$z_1 + \frac{p_1}{\rho g} + \frac{{v_1}^2}{2g} = z_2 + \frac{p_2}{\rho g} + \frac{{v_2}^2}{2g} + h_f \tag{7.8}$$

式中,z 为位置水头;$\frac{p}{\rho g}$为压强水头;$\frac{v^2}{2g}$为流速水头;h_f 为沿程水头损失。

对于图 7.11 的虹吸系统,当液面 A 与液面 C 的水头差大于液面 A 与液面 B 的水头差时,管流系统的流速将取决于液面 A 和液面 B 的水位差。设 H_A 为左侧液面高程、H_B 为右侧液面高程、ρg 为水的重度,由伯努利方程计算虹吸流速 v:

$$H_A + \frac{p_A}{\rho g} = H_B + \frac{p_B}{\rho g} + \frac{v^2}{2g} \tag{7.9}$$

$$v = \sqrt{2g(H_A - H_B)} = \sqrt{2g\Delta h_{AB}} \tag{7.10}$$

当液面 A 与液面 C 的水头差小于液面 A 与液面 B 的水头差时,式(7.10)变为

$$v = \sqrt{2g(H_A - H_C)} = \sqrt{2g\Delta h_{AC}} \tag{7.11}$$

从式(7.10)或式(7.11)可以看出,虹吸流速的平方与水头差 Δh_{AC} 或 Δh_{AB} 较小者成正比。实际虹吸过程中,虹吸管内流体为水,具有黏性,黏性切应力会阻碍流体的运动,进而产生能量损失,这种能量损失主要分为沿程阻力水头损失和局部阻力水头损失。沿程阻力水头损失即沿程上单位重量的流体不断与管壁发生摩擦,流体之间也会发生内摩擦,为克服阻力,流体将损失机械能。局部阻力水头

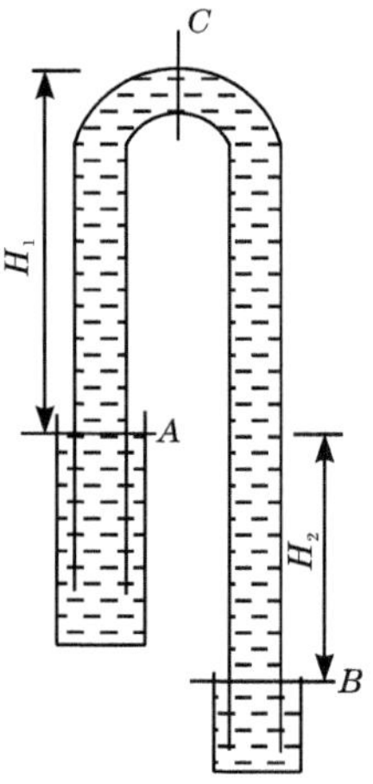

图 7.11　虹吸管流模型

损失是指当虹吸管内水流在某些局部地方时，因为水流方向的改变，如弯管、气泡等，而产生额外的水头损失。由于沿程阻力水头损失和局部阻力水头损失的存在，由式(7.10)或式(7.11)计算获得的流速将会大于实际流速，特别是对于小直径的虹吸管，计算误差将会很大。考虑虹吸流动中的沿程损失及局部水头损失，虹吸的流速表达式可以写为

$$v=\sqrt{\frac{2g\Delta h}{1+\zeta+\lambda L/d}} \tag{7.12}$$

式中，ζ 为虹吸管的局部阻力系数；λ 为虹吸管的沿程阻力系数；L 和 d 分别为虹吸管的管长及内径。

流速乘以虹吸管断面面积即得到虹吸流量。在扬程较小(小于等于 3m)的虹吸管中，大量的实验及工程表明，式(7.12)对计算虹吸流速符合得较好。然而对于高扬程虹吸问题，仅考虑弯头处的局部水头损失及沿程损失，对于虹吸流量下降的影响还远远不够。这主要是由于虹吸管中析出气泡，产生很大的阻力作用。事实上，式(7.12)的计算需要满足水流连续的条件，对于气液两相流动还需引入折减系数。故需要对高扬程条件下的虹吸流量进行实验测定，以确定合理的虹吸流量估算方法。

7.2.2　虹吸流速试验测试

虹吸管进水口与出水口高差对流速的影响实验测试。采用如图 7.11 所示实验装置，进行虹吸单位时间流量随进水口与出水口高差变化的测试。固定虹吸扬程 H_1 为 8m，取虹吸管总长度为 60m，改变高程差 H_2，测试虹吸管进水口与出水

口高差对流速的影响。得到虹吸管进水口与出水口高差从 1.07～16.80m 区间变化时的流速测试结果如表 7.5 所示，变化曲线如图 7.12 所示。可以看出，无论是 4mm 虹吸管还是 5mm 虹吸管，进水口与出水口高差小于 6m 时，虹吸流速随进水口与出水口高差的增大增加较快，但高差大于 6m 以后，进一步增大进水口与出水口高差对虹吸流量的变化影响很小。显然，当进水口与出水口高差大于 6m 以后，对虹吸流速的影响已经由进水口与虹吸管顶点的水头差所控制。

表 7.5　进出水口高差对虹吸流速的影响

高差/m	流速/(L/h)	
	4mm 虹吸管	5mm 虹吸管
1.07	2.40	6.48
1.95	4.24	10.70
3.00	6.76	15.11
4.04	9.02	20.54
5.08	9.35	20.62
6.00	10.16	22.30
7.03	10.17	22.48
8.10	10.24	22.28
9.00	10.57	22.62
10.04	10.40	22.49
10.33	10.43	22.61
11.00	10.43	22.37
12.60	10.45	22.94
16.80	10.32	22.55

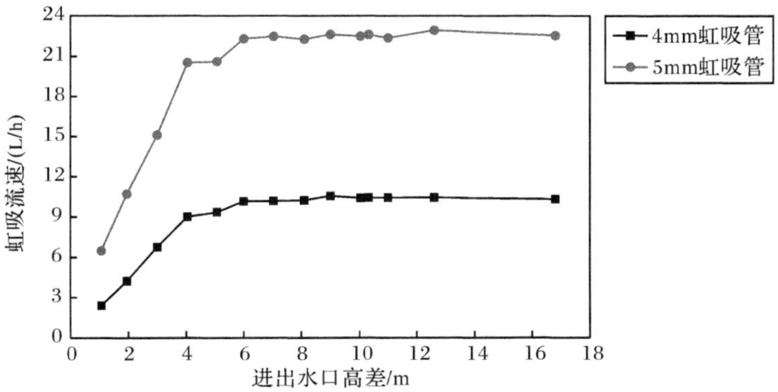

图 7.12　虹吸流速随进出水口高差变化曲线
（虹吸扬程 8m，虹吸管长度 60m）

当进水口与出水口高差大于 10m 时，虹吸扬程 H_1 就成为控制流速的主要因素。为了考察虹吸流速与虹吸扬程 H_1 间的关系，同样采用图 7.11 所示的试验模型，固定 H_2 为 17m，改变 H_1，测试虹吸扬程 H_1 对流速的影响规律。试验结果如表 7.6 所示，变化曲线如图 7.13 所示。可以看出，无论是 4mm 虹吸管还是 5mm 虹吸管，当虹吸扬程大于 3m 后，虹吸流速均随虹吸扬程 H_1 的增大而快速近于线性下降。但虹吸扬程小于 3m 时，虹吸扬程对虹吸流量影响较小。

表 7.5 和表 7.6 中的实验测试结果可以作为虹吸排水能力设计的参考。

表 7.6　扬程对虹吸流速的影响

扬程/m	流速/(L/h)	
	4mm 虹吸管	5mm 虹吸管
1	29.62	59.95
2	29.95	59.64
3	29.20	59.96
4	28.21	53.01
5	23.22	46.01
6	19.35	39.78
7	15.87	33.55
8	11.15	24.89
9	6.15	15.04
10	1.01	2.69

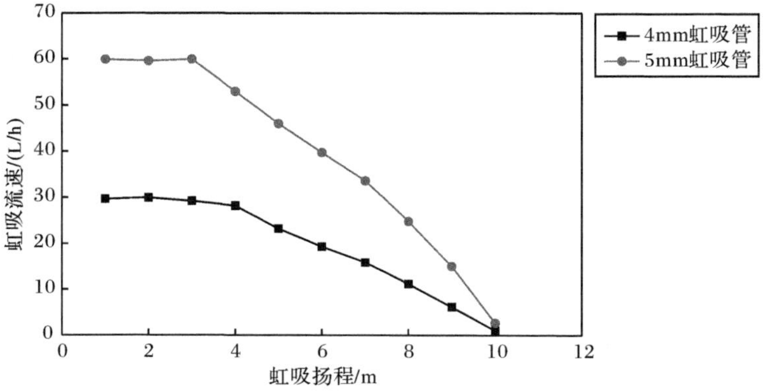

图 7.13　虹吸流速随扬程差变化曲线

(虹吸扬程 17m，虹吸管长度 60m)

7.2.3　虹吸孔需要的排水能力

排水孔涌水量的计算需要引入一定的假设条件，对于假设垂直钻孔的情况，在不考虑排水孔相互干扰条件下，各排水孔的涌水量与含水层厚度、水位降深等因素有关，可按照地下水向潜水完整井的稳定流量计算公式(6.20)计算。

根据式(6.20)计算不同潜水位水深、不同排水孔地下水位降深(h)条件下，取排水孔半径为 10cm，各排水孔在要求的地下水位降深条件下，单孔涌水量计算结果如表 7.7 所示，可以作为单孔虹吸管排水能力设计的依据，结合表 7.6 的不同虹吸扬程的虹吸管排水能力选择虹吸管的数量。对于斜坡地下水丰富、单孔涌水量很大的情况，可以采用增加排水管数量的方式，也可以采用加大虹吸管直径的方式(此时需要考虑虹吸系统的持续有效性问题)。

表 7.7　单孔涌水量

渗透系数 k /(cm/s)	涌水量 q/(m^3/d)			
	h=5m	h=10m	h=15m	h=20m
10^{-3}	12.73	42.62	87.54	146.57
10^{-4}	1.62	5.20	10.48	17.35
10^{-5}	0.22	0.67	1.31	2.13
10^{-6}	0.04	0.09	0.17	0.27

7.3　虹吸启动方法

虹吸管初始状态中充满空气，气压大小与进水口液面的大气压相同，虹吸启动需要借助外力的作用。对于日常生活中的一些低扬程虹吸，常常采用吸的方式启动虹吸，如吸管的人力抽吸等。在外力的作用下，使虹吸管充满水，在下水管液体的重力作用下，虹吸管顶部形成负压环境，即可使虹吸现象发生。因此，虹吸启动过程就是排除虹吸管内原有的空气，使管中充满水。斜坡虹吸排水的物理要求与日常生活的虹吸相同，但斜坡虹吸排水扬程往往较高，虹吸启动相对困难，常用虹吸启动方法有：出水口抽水、出水口逆向压水和逆向灌水等。

7.3.1　出水口抽水启动虹吸

要达到虹吸管内充满水，最直接的方式是在出水口安装抽水设备，通过抽水启动虹吸，如采用真空泵、高压手动泵等。对于扬程较低的情况，在出水口抽水启动虹吸是可行的方法，其启动虹吸需要的时间短、工作效率高。

在斜坡虹吸排水中，若使用抽水设备进行虹吸启动，首先应确定虹吸排水孔内的坡体地下水位和富水情况。若钻孔水位较高且地下水丰富时，可以采取抽水设备抽水启动虹吸。若钻孔水位较低、或地下水量较少，甚至在旱季出现无水的情况，则不宜采用抽吸启动虹吸的方法。抽水设备易将钻孔内的水排干，从而使虹吸发生不可逆的中断，这是虹吸启动中应注意的问题。

7.3.2 出水口逆向压水启动虹吸

在虹吸出水口连接高压注水设备，通过人力或电力等产生高压，迫使外界水流进入虹吸管，通过虹吸管反向流入坡体，使虹吸管充满水。由于斜坡虹吸排水的出水口位置可能很低，与虹吸管顶点的高差可能远大于10m，除高差外，虹吸管壁黏滞阻力等的影响也需要克服。因此，逆向压水设备的压力必须可以快速有效地抬升数十米水柱高度。此外，逆向压水过程必须对压水量进行一定的控制，如果通过虹吸管向坡内注水不加节制，会对坡内地下水位产生一定的影响，从而影响坡体的稳定；而注水量过少，对于一些布设较长的虹吸管，则可能无法完全充满水，达不到虹吸启动目标。

借助外力的逆向压水可以采用常见的农用喷雾器。当虹吸管数量较少时，可以使用人力手摇式的喷雾器(见图7.14(a))。手摇式喷雾器的极限压力一般可以达到0.4MPa，满足逆向压水所需的启动压力大小。当虹吸管数量较多时，可以采用电动喷雾器(见图7.14(b))或柴油机喷雾器等，设备的极限压力可达0.7MPa。只需将喷雾器出水端与虹吸管可靠相接，即可实现快速有效的压水。

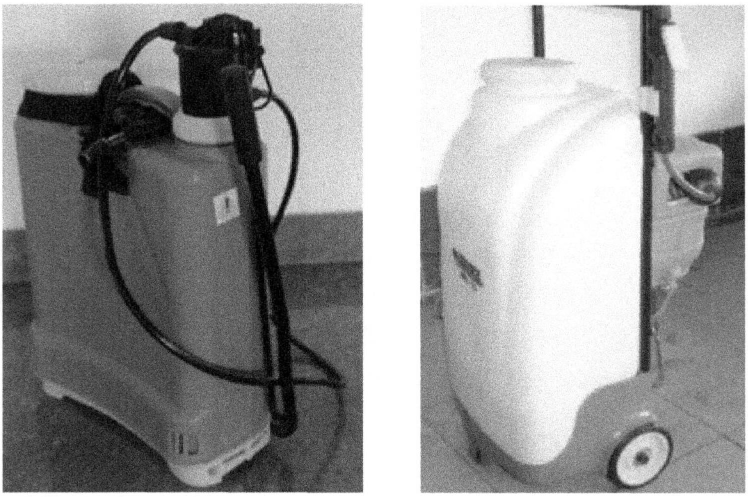

(a) 手压喷雾器　　(b) 电动喷雾器

图7.14　常用逆向压水设备

相比于抽水设备的正向抽水，逆向压水所需的设备更简单，更易于操作。并且逆向压水适用性更广，在旱季或地下水位较低的地区，逆向压水可以保证虹吸管内气体的排出，且保证虹吸管进水口的储水管满水。即使在孔中无水的情况亦可以使得虹吸管处于一个临界启动的状态，一旦坡内地下水位上升，虹吸即可启动实时排水。

7.3.3　U 形管逆向灌水启动虹吸

在缺乏设备时，可以利用连通管原理，采用 U 形管进行逆向灌水。首先把排水管的出水端按图 7.15 的形式布置，开口端高度应高于整个虹吸管的顶点。向管中灌清水，使水沿虹吸管反向注入钻孔内，当估计注水充满孔底储水管时停止。反向孔内注水停止后，将坡面排水管的注水口（出水口）高度降低到设计的高程，此时通过虹吸作用，孔内的水会流出。

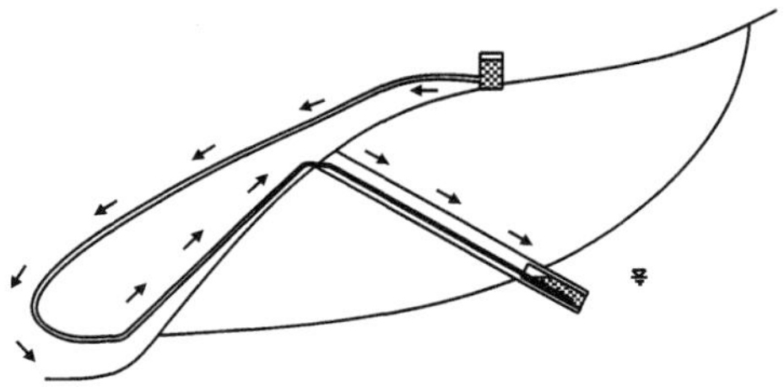

图 7.15　U 形管逆向灌水

逆向灌水的流动速度由顶部水箱的高度决定，水箱越高，灌水速度越快。考虑到能量的损失及管壁的黏滞力等，水箱与虹吸管顶弯头的高程差应不小于 3m。U 形管逆向灌水是一种简单的虹吸启动方法，但其在布设上相对繁杂。需事先预留一定长度的虹吸管，或将虹吸管与预设的 U 形管相连，且水箱位置位于山上，供水条件一般较难满足。该法宜用于在缺少相应设备、虹吸管数量少的斜坡进行虹吸系统的启动。

7.4　虹吸排水检测

7.4.1　虹吸排水孔的孔口与孔底高差检测

虹吸排水的启动条件是保持虹吸管中始终有水。要避免出现两种情况：钻孔地下水被虹吸排干，最终导致虹吸管无水；干旱季节钻孔地下水位下降过大时，虹吸管中的水被倒吸入钻孔中，导致虹吸管无水。出现这两种情况时，均会导致虹吸系统的崩溃。因此，应进行孔口与孔底高差检测，以便确定出水口高程以及是否需要安装平衡储水管。

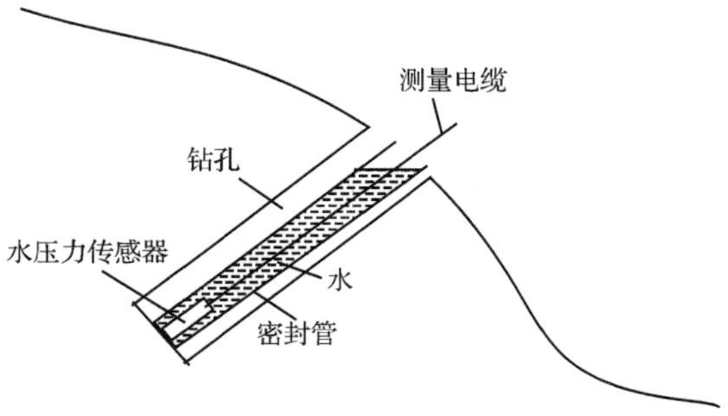

图 7.16　孔口与孔底高差检测

孔口与孔底高差检测可以采用水压传感器进行检测。如图 7.16 所示,将不透水的密封管插入钻孔到达孔底,在密封管的底部放置水压力传感器,向密封管注满水到孔口,通过电缆线连接读数仪和水压力传感器,读取密封管注满水时的水压力值,换算孔口与孔底高差。

依据孔口与孔底高差检测结果,当孔口与孔底相对高差大于 11m 时,使虹吸排水的出水口高程低于钻孔孔口大于 11m 即可;当孔口与孔底相对高差小于 11m 时,虹吸排水的出水口应设置平衡储水管,确保平衡储水管的出水口高程高于钻孔的底部、平衡储水管的管底高程低于钻孔的底部。

7.4.2　单孔流量检测及排水总流量监测

完成虹吸排水系统安装和虹吸启动后,应根据各排水管的钻孔编号,对各钻孔的虹吸流量进行检测,并做好记录,为斜坡水文地质条件分析和虹吸排水效果评价提供依据。钻孔施工过程中,所在斜坡部位的富水性,一般可根据钻进情况进行判断,如果钻进过程反映为富水性孔,但虹吸却不出水,则应分析原因。孔底泥浆沉淀过多、排水管堵塞等原因,均可能导致虹吸不出水或出水量小。对于这些情况,应进行必要的处理。常用的处理方法有反复进行逆向压水和正向虹吸。必要时应增补钻孔。

排水总流量是反映斜坡排水效果的最直接指标。对虹吸排水总流量的变化进行监测,既可为虹吸排水系统的有效性分析评价提供数据,也可为虹吸系统运行是否正常的判断提供依据。为了监测虹吸排水的总流量,宜将各虹吸排水孔的排水量引到集水槽。可以设置一个或多个集水槽,也可以设置一个总集水槽和多个分集水槽,根据现场条件确定。

对于多排虹吸排水孔的情况,宜在各排虹吸孔分别修建分集水槽,汇集虹吸管排出的地下水。然后通过 PE 管,将各分集水槽的地下水导流到具有水流量监测功能的总集水槽，进行虹吸排水流量监测。分集水槽修建点高程应低于任何一个虹吸排水孔的孔口高程，地表土质坚硬，且方便检视易于保护。集水槽宜布置在坡脚附近，以便监测人员到达。

流量监测一般采用三角堰监测系统或水表。水表监测方法简单，直观性好，从水表读数可随时掌握累计排水流量。

利用三角堰监测系统（见图7.17），可以记录虹吸排水系统的排水流量随时间的变化过程。由于流量较小，三角堰开口角度应尽可能小，以便提高监测精度。水位高度可采用高分辨率水位计自动记录（如电容式探头的Odyssey水位计等），将仪器固定安装在堰槛前，连续监测水位高度 H 的变化，换算出任意时刻的堰口水位高度 h，从而实现对水流量的连续监测。实施时应注意：水位计监测位置离开

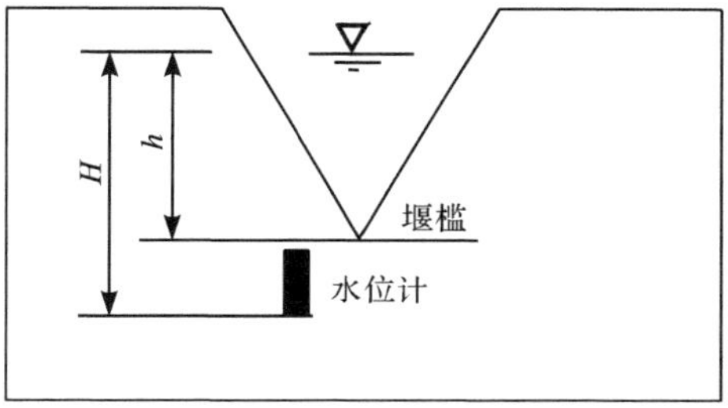

图7.17　水流量测量三角堰及水位计

堰口位置的距离应大于0.2m，且堰槛前应该有较大面积的集水池，使水面高程监测不受堰口水流影响；保持堰板直立。

配合降雨量监测和斜坡钻孔地下水位监测，可以分析降雨过程对虹吸排水流量的影响方式，分析地下水位变化与虹吸排水流量的变化关系，分析虹吸排水对斜坡地下水位的控制能力，从而对斜坡稳定性受降雨影响的可能性进行合理分析。降雨量监测可以采用自动雨量计，钻孔水位监测可以采用水位自动记录仪。由于钻孔水位波动往往较大，钻孔水位监测应注意选择合适的量程。

7.4.3　斜坡地下水位监测

地下水是斜坡失稳的主要诱发因素，对斜坡虹吸排水而言，排水前后地下水位变化动态监测，是评价虹吸排水效果的基础数据资料，也是评价斜坡稳定性的重要监测内容，特别是对于地下水丰富的边坡，应特别重视坡体地下水位监测。

地下水位动态监测常用的仪器设备有电测水位计、自动水位记录仪。

电测水位计由测头、电缆、滚筒、手摇柄和指示器等组成。测头为金属制成的短棒，两芯电缆在测头中与电极相连，形成开闭电路。当测头接触水面使电极在

水中接通电路时，信号经电缆传到指示器，触发蜂鸣器和指示灯，从电缆标尺上直接读出地下水位埋深。优点是简单、可靠、价廉，缺点是人工监测工作量大、数据连续性差。

自动水位记录仪，可长时间连续采集数据，可同时记录水位和温度，自带存储容量，可存储数万个压力和温度数据。低功耗，一般自动水位记录仪 1 分钟采样电池可用 5 年，并提供电池电量指示。使用时将水压力传感器用钢丝绳悬挂在测井中，需要读取数据时提出测井，用专用数据下载 USB 接口读取数据。优点是简单、可靠、数据连续性好，缺点是费用较高。

7.5 钻孔和透水管及虹吸管

为了确保钻孔倾角的有效控制，钻孔施工应搭建钻探平台或开挖形成钻探施工平台。钻孔过程中应做好钻进情况记录，包括地层情况、地下水埋深及富水性等。钻孔完成后应进行终孔倾角测量并记录，安装透水管前进行孔口与孔底高差检测并记录。采用斜孔钻机成孔，钻孔直径应大于 75mm，结构松散的滑坡体孔段跟管钻进。

孔底储水管靴具有多方面的功能：保持虹吸管的进水口始终处于地下水位以下；将泥沙隔离，避免泥沙堵塞虹吸管的进水口；利用其刚性和端头的圆润光滑特性，使透水管顺利插入钻孔到达孔底；避免孔底段产生过大的挤压变形，利于地下水的汇集。孔底储水管靴底部密封、顶部开口（见图 7.18），一般采用 HDPE 材料制作，管的尺寸长度为 600～800mm、内径为 50～60mm。

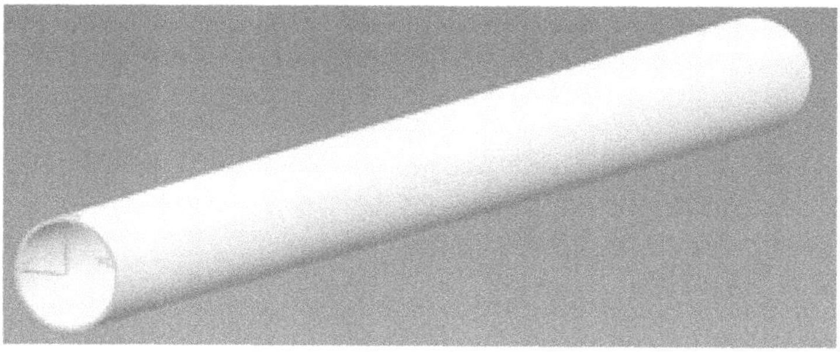

图 7.18 孔底储水管

透水管的质量控制，对保证虹吸系统的有效运行十分重要。透水管应满足三方面的要求：①由于虹吸管的管径很小，必须隔离泥沙石块进入透水管内，否则会堵塞虹吸管；②有足够的透水能力，使坡体中的地下水顺利进入透水管内；③在岩土体压力作用下，有足够的刚度抵抗变形，以便虹吸管顺利插入透水管内到达孔底。根据透水管的功能要求，透水管应采用内撑 HDPE 双壁孔波纹管外织滤布（见图 7.19）。打孔波纹管具有良好的透水性，外织滤布可防止泥沙进入透水管内。

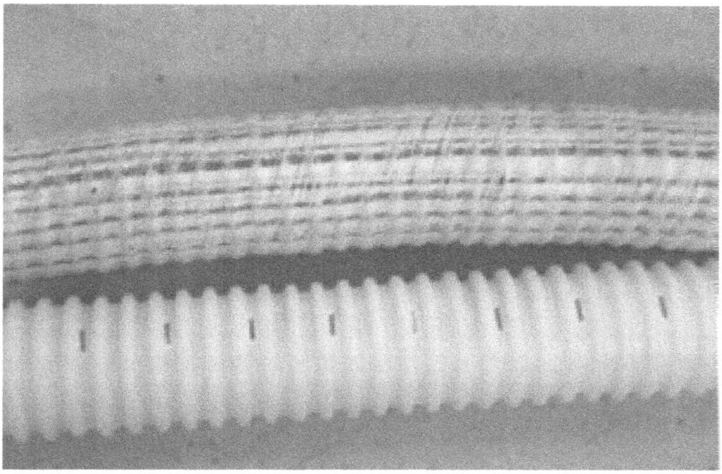

图 7.19　打孔波纹管外织滤布透水管

HDPE 打孔波纹管性能指标要求：外径 50±3mm、最小壁厚≥0.5mm、最小进水面积≥25cm²/m、环刚度≥8kN/m²、扁平试验压至 1/2 不坏、落锤冲击不破裂、坠落试验不破裂；外包滤布性能指标要求：纵向抗拉强度≥1000N/5cm、纵横向伸长率≥12.0%、横向抗拉强度≥800N/5cm、顶破强度≥1100N、渗透系数 K_{20}≥0.10cm/s、等效孔径 O_{95}=0.06～0.25mm。

排水管必须具有很好的气密性，即使经历长期的虹吸停流期后，虹吸管顶部也不会因管内外的气压差，导致管外空气进入管内而引起虹吸管顶部真空度降低幅度过大。根据气密性要求，虹吸管应采用尼龙管（PA 管），每个钻孔一般安装 3～4根 PA 管，横截面特征如图 7.20 所示。排水管长度根据实际情况取值，不得连接。由于虹吸管插入孔底时，管端可能顶到储水管靴的壁面而导致进水口无法正常工作，为保障虹吸管的进水口不被堵塞，各虹吸管在距管端头 5～8cm 处打两个直径 4～6mm 的正交贯穿孔，使地下水可以顺利流入管内（见图 7.21）。

不同地层钻探成孔工艺有较大的差别，但对于虹吸排水钻孔，因不能采用泥浆护壁等钻探方法，可以简单划分为跟管钻进和非跟管钻进两大类。岩土体结构松散，钻探过程中容易塌孔时，需要采用跟管钻进，成孔后，拔出套管前，应立即安装带孔底储水管靴的透水管（见图 7.22）。透水管的一端深入孔底储水管靴内，透水管与孔底储水管靴固定连接。完成透水管安装后，拔出套管。在拔出套管过程中，注意不能将透水管带出。

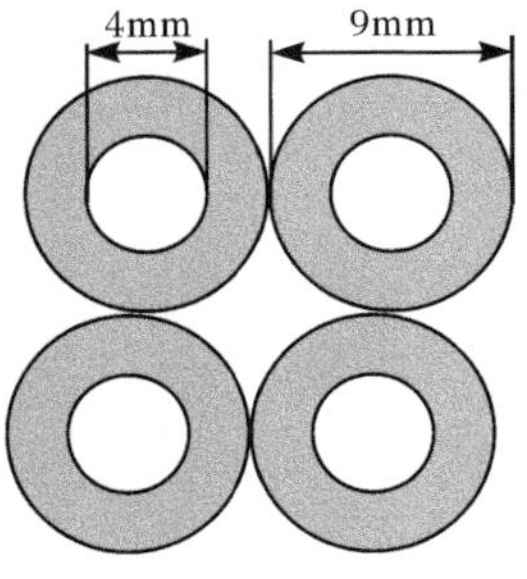

图 7.20 排水管横断面

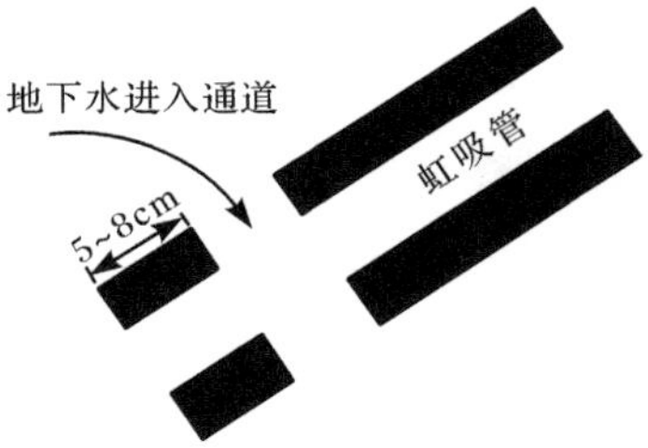

图 7.21 管端虹吸管进水孔

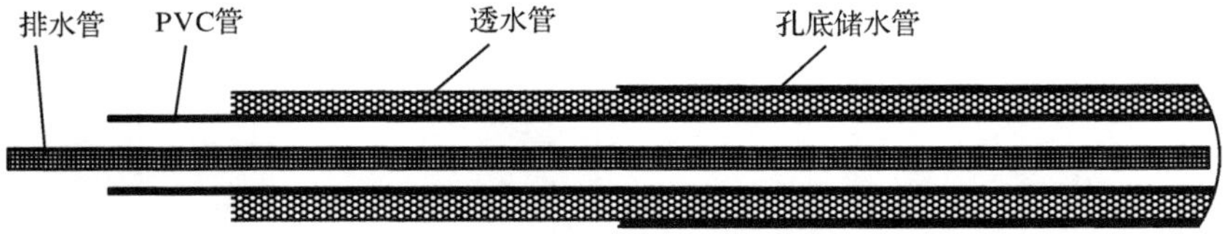

图 7.22 排水管、透水管和孔底储水管靴构造示意图

采用跟管钻进成孔工艺时，由于在拔出套管前无法安装虹吸管，需要在完成透水管的安装并拔出套管后，再将虹吸管插入透水管内并到达孔底。为了确保安装质量，排水管在钻孔内的部分，需要外套 ϕ32mm PVC 管(见图 7.22)，以便保持各独立 PA 管的相对固定性和具有较好的刚性。利用外套 PVC 管与虹吸管一起形成整体的管束，插入透水管中到达孔底。

采用非跟管钻进成孔工艺时，虹吸管和透水管可以相互固定，然后一起插入钻孔，到达孔底。

PA 管是一种高分子材料，在暴露环境下，受阳光照射易发生老化，影响虹吸系统的长期使用。同时，地表环境下易受到人类生产生活影响以及动物活动的影响，排水管可能产生外力破坏。因此，钻孔以外坡面上的虹吸管布设，不能直接暴露在地表，应在坡面开挖沟槽，埋置虹吸管，达到有效保护。一般可采用以下方式：开挖深度大于 50cm 的沟槽，在沟底放开口向上的直径 160mm 以上的 PVC 管片(将 PVC 管锯开两片)，将排水管放入 PVC 管片中，用更大直径的 PVC 管片覆盖扣合，然后覆土将排水管掩埋。特别应该注意到，斜坡地形变化复杂、地表岩土类型多样，开挖沟槽时的规格控制难度很大，往往会出现局部虹吸管不易埋置现象。因为只有保证虹吸管的全线的气密性，才能保障虹吸系统的有效性。因此，确保孔口外虹吸管的整体埋置，当局部无法有效开挖埋置时，应该采用砌筑埋置或采用混凝土封埋，保证不出现局部的裸露现象。

将排水管引向集水槽，排入地表排水系统。

7.6　虹吸系统布置其他注意事项

为了提高虹吸排水的效率和持久性，在满足虹吸排水的基本要求外，还应对一些细节问题注意处理，防止局部失效影响虹吸系统的长期使用。

1) 尽可能减小虹吸管顶部水平段长度

虹吸系统布设时，在许多情况下会出现水平管段，才能将虹吸水引到合理的位置。因虹吸管内的压力是随着距进水口水面的垂直高度的增加而降低，而管外空气进入管内的速度与压力差成正比，如图7.23所示，随着 L 的增大，在相同时间段内，管外空气进入虹吸管的量也将增大。同时，随着水平管段的长度增加，虹吸管流的沿程阻力也将增大，这种沿程阻力，不仅表现为沿管壁的黏滞力，更主要是管道中大量气泡段作用，会大幅降低虹吸管的流速。

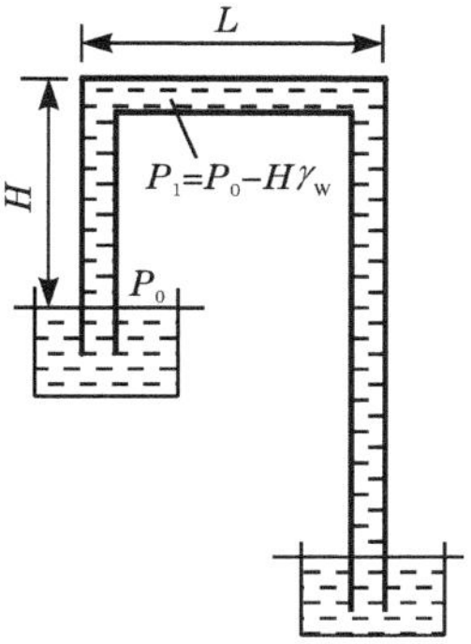

图7.23　尽可能减小 L 值

2) 进水口和出水口均应保持在水位下

虹吸管内充满水是维持虹吸系统正常工作的基础。对于斜坡虹吸排水，由于坡体地下水位始终处于波动变化过程中，如果虹吸管的进水口和出水口不处于水面以下，就可能出现如图7.24所示的情况。在某时刻虹吸排水停止在平衡状态(见图7.24(a))，随后坡体地下水位上升，就会出现图7.24(b)的状态，出水管中的水柱长度会由原先的 H_2 减小到 $H_2-\Delta H_1$，如果此时虹吸再次启动，则排水后恢复到图7.24(a)的状态，但如果出现图7.24(b)的情况后，坡体地下水位下降而不启动虹吸，且出水口不处于水面以下，因没有水补充反向流动，就会出现图7.24(c)的情况，导致虹吸管出水管段的水柱长度减小。这个过程反复作用，就会导致管内的水柱长度减小而最终破坏虹吸过程。相反，如果进水口和出水口均处于水面以下，因为有水补充反向流动，就不会出现 ΔH_2 的空气段，从而削弱地下水位反复波动对虹吸可持续性的影响。

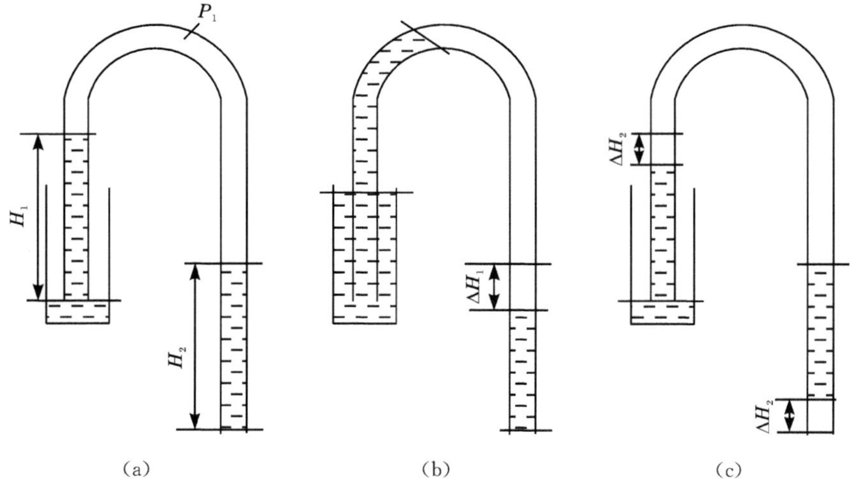

图 7.24　坡体地下水位波动对虹吸管水柱长度影响

3）尽可能保持各虹吸排水孔的控制水位接近

高扬程虹吸管的顶部近于真空状态，在经历长期停流过程中，总是会有一定的空气进入虹吸管，进入原因及速度已经在前面各章节进行了具体分析。为了避免虹吸停止持续时间过长而导致管内空气积累量过大，总体上要求各次虹吸停止期的持续时间应该尽可能短。在干旱季节，许多斜坡没有地下水可以排出，虹吸过程会出现停止，这是无法改变的结果。另一种导致虹吸停止流动的情况，是相邻虹吸孔的地下水位降深幅度很大，使坡体地下水位始终处于较低的位置，而导致孔底位置相对较高的虹吸孔在很长时期无水可排，处于长期停止虹吸的这些虹吸排水孔可能失效，而在下次强降雨时无法启动，导致有效排水孔的数量减小，排水的总能力降低，而导致强降雨过程中地下水位上升过大引起地质灾害。因此，应该尽可能保持各虹吸排水孔的控制水位接近，使所有虹吸排水孔都能进行周期性启动而防止管内空气积累量过大。

第8章　斜坡虹吸排水应用工程实例

斜坡虹吸排水研究虽然已经有30年的发展历史，但目前的应用水平仍很低。文献报道的斜坡虹吸排水工程案例，主要是法国学者Gress团队成员参与建设的工程，如法国Dijon附近一处公路滑坡排水（Bomont，2008）、英国Castlehaven怀特岛一古滑坡排水（Gillarduzzi，2008）等，这些虹吸排水工程是需要维护的。作为永久性的斜坡虹吸排水工程，在我国尚未有成果报道，虽然1996年对湘黔线K93路堑滑坡进行了虹吸排水（张永防等，1999），也只是在整治施工期间进行了滑坡浅表部虹吸排水，是临时性治理应用。真正意义上的免维护斜坡虹吸排水工程，在国内外均未见有报道。

斜坡虹吸排水具有高效、经济和适应性强的优势，在解决了排水降深10m的物理限制和虹吸管空气积累等关键技术后，已经具备了推广应用的条件。为了发挥虹吸排水技术在斜坡地质灾害防治中的应用，选择205国道K1692滑坡，建设了国际上首个免维护的斜坡虹吸排水示范工程，应用结果显示了斜坡虹吸排水的有效性和优越性。

8.1　斜坡地质环境条件

205国道为国家战备公路，其浙江段是连接安徽和福建的重要通道，也是连接区域内开化、常山、江山的重要干线公路，交通流量大且重载交通比例高。斜坡位205国道K1691＋880～K1692＋120左侧，为一处古滑坡，滑坡体沿公路走向宽约220m，垂直公路长约300m。2005年6月，开挖边坡锚喷表面出现裂缝，部分边坡表面钢筋被拉断，滑坡整体复活，采用了卸载、坡脚设挡墙与路线外移的方案处理了边坡。2006年3月滑坡再次出现变形现象，经进一步处置后，虽未见整体变形发展，但坡面仍见有局部变形迹象。现状斜坡的基本特征如图8.1所示。

图 8.1　斜坡形貌图

8.1.1　自然地理

斜坡区地处浙、赣、皖三省七县交界地带。为亚热带季风气候区，温暖湿润，雨量充沛，多云雾，少日照。年平均降水量达 1762.1mm，年平均温度为 16～17℃。年降水天数(日降水量 30.1mm)为 166 天，年雷暴日数最多年份为 84 天。降雨最多季节常在 3～6 月梅雨期和 7～9 月台风期，年蒸发量约在 1000mm，平均相对湿度在 75%左右，无霜期 248 天左右。全年四季分明，白天极端最高气温达 41.3℃，最低气温为－10.3℃。

地貌上属浙西中山丘陵区，地势自西北略向东南倾斜，为西天目山脉延伸部分。分布有白际山、千里岗、怀玉山三条山脉，分布在县域边界四周。海拔千米以上的山峰有 46 座，最高峰为坐落于黄谷乡、林山乡交界处的白石尖，海拔 1453.7m。地势起伏大，水系发育，山势陡峻，沟谷深切。地势北部较高，南部略低，海拔一般在 300～1200m，沟谷低洼处 150～200m，一般相对高差 200～700m，植被发育，山林茂盛，覆盖率 80%以上。205 国道 K1692 斜坡区海拔在 220～500m，相对高差 300m，植被发育。

滑坡区公路路基右侧为马金溪，是开化县最大河流，为衢江的上游。洪水期流量大，暴涨暴落，枯水期流量小。洪峰流量大，流速快，并携带大量砂砾，具较强的冲刷能力。但目前因上游 3km 修建有大坝，受水库控制，K1692 斜坡区坡脚的马金溪已经不具有季节性洪水冲刷作用。

8.1.2　工程地质条件及滑坡成因

经前期施工，现状斜坡开挖高度约 100m、宽约 160m。开挖边坡分三级：一级边坡高程 230～250m，垂直线路方向水平距离约 30m，坡率约为 1∶1.5，主要为前期施工反压回填土堆积而成；二级边坡高程 250～295m，坡率约为 1∶1.25；三级边坡高程 295～330m，坡率约为 1∶1.25。经地表调查，目前斜坡仅见局部表层变形破坏迹象，未见整体性破裂现象。一级边坡经流水冲刷形成多条浅表冲沟，二、三级边坡表部存在滚落和卸荷松动碎块石。开挖边坡后缘斜坡曾发育拉张裂缝，但未进一步发展。

滑坡区及周边环境的主要地下水类型有两种：松散岩类孔隙水和基岩裂隙水。滑坡区的松散岩类孔隙水主要是第四系残坡积、古滑坡堆积含碎石粉质黏土、含黏性土碎块石孔隙水，沿山坡分布，透水性较好，与地表水水力联系好，受大气降水、地表水及后缘基岩裂隙水补给，向坡脚河谷排泄，除坡脚附近坡段和坡顶段外，斜坡的地下水位埋深一般大于 30m。基岩裂隙水主要赋存和运移于全-强风化岩内，受地表水和大气降水补给，受裂隙发育、风化程度及地形条件等因素影响，富水性差异大，无统一的地下水位，由于差异风化特点，斜坡岩体软硬相间交替出现，强风化岩层发育软弱夹层，雨季时，潜在地下水位上升，地下水沿上层流动，形成软弱滑带。

该斜坡属于古滑坡堆积，自然条件下处于稳定状态，坡脚公路边坡开挖降低了古滑坡的稳定性，破坏坡体的自然平衡条件，引起表层变形产生裂缝，提高了降雨入渗条件。连续降雨是滑坡体复活变形的主要诱发因素，大量的降雨入渗提高了坡体的饱和度，增大了下滑力，地下水位上升提高了滑动面的孔隙水压力，降低了抗滑力。因此，该斜坡的变形破坏是地质条件差和降雨入渗过量提高地下水位共同作用造成的滑动破坏。

8.2　斜坡虹吸排水系统建设

需要治理的滑坡体碎石土层厚度大，特别是滑坡中部的碎石土层厚度可达 50m 以上，碎石土岩性复杂，常常间夹大块石或黏性土层，稳定性易受地下水位变化的影响。为及时排出坡体深部地下水，提高斜坡的稳定性，设计在距公路路面高程以上 20m 处，设置 1 排虹吸排水孔，如图 8.2 所示。利用向下倾斜的钻孔进入坡体深部，通过调节倾斜钻孔的倾角及深度，保持孔口与孔底的控制水位相对高差约 12m，将虹吸管通过倾斜孔进入边坡深部，并引出排水管至坡面。当坡体内部水位上升时，通过虹吸管实时排出坡体地下水。

图 8.2　斜坡虹吸排水与监测系统布置图

8.2.1　倾斜虹吸排水孔钻探

依据工程地质勘查报告，设计虹吸排水孔位置和钻孔参数。作为试验性应用，本工程采用了两种钻孔深度的虹吸排水孔：钻孔深度 32m、倾角 25°、间距 5m；钻孔深度 16m、倾角 46°、间距 2.5m。采用斜孔钻机成孔，钻孔直径 107mm，结构松散的滑坡体孔段跟管钻进，如图 8.3 所示。为保证排水效果，确保钻孔倾角误差小于 2°。各钻孔编号从公路大里程向小里程方向依次为 XK1、XK2、…、XK49，各钻孔的水文地质条件有较大的差别。

图 8.3　现场钻进过程

XK1：孔深 32m，0～23m 为松土夹碎石，23～32m 为基岩，岩体较破碎，其中 20～22m 处开始出水，水量较大。

XK2：孔深 32m，0～26m 为松土夹碎石，26～32m 为基岩，岩体较破碎，塌孔较严重。其中 18～20m 开始出水，18～25m 有水。在 15m 之后与第一个孔相通，吹孔时，水从孔 1 流出。

XK3：孔深 32m，0～29m 为松土夹碎石，29～32m 为基岩，钻进至 22m 处水量较大，20～28m 有水。

XK4：孔深 32m，0～10m 为松土夹碎石，15～32m 为岩石，孔中水量小，钻进过程中无水，拔钻杆见钻杆湿润。

XK5：孔深 32m，0～13m 为松土夹碎石，14～32m 有少量水，20～25m 塌方严重。

XK6：孔深 32m，0～20m 为松土夹碎石，29～32m 为基岩，较易钻进。其中 10～12m 出水，20～28m 水量较大。

XK7：孔深 32m，0～22m 为松土夹碎石，25～32m 为基岩。总体钻进不易，塌孔较为严重。其中 8m 见水，22～28m 水量较大。

XK8：孔深 32m，0～25m 为松土夹碎石，15m 见水，水量较小。15～25m 有水，水量大，25～32m 为基岩。

XK9：孔深 32m，较易钻进。其中 18m 见水，18～32m 均有水。

XK10：孔深 32m，较难钻进，其中 20m 见水，20～28m 有水。

XK11：孔深 32m，其中 15m 见水，15～32m 均有水。25.5m 之后塌孔严重，较难钻进。

XK12：孔深 16m，孔口段为石英砂岩块石，岩质坚硬，往里越深，岩体越新鲜完整坚硬，极难钻进。中段属一段硬岩、一段松土夹碎石，套管损坏严重，易塌方。其中 15～16m 有少量水。

XK13～XK22：孔深 16m，钻孔至 10m 左右开始见水，其中孔 16～孔 22 水量很大。

XK23～XK33：孔深 16m，较易钻进，钻孔中段见水，水量较小。

XK34～XK42：孔深 16m，较易钻进，钻孔后段见水，水量较小。

XK43～XK49：孔深 16m，较易钻进，孔中无水。

由倾斜虹吸排水孔的钻探过程可知，斜坡在中部区域地下水较丰富，属于地下水富集区，越向两端地下水越少，有些孔中甚至未见水。为达到较好的排水效果，在地下水富集区适当增加虹吸管的数量，以提高排水流量。

8.2.2　透水管与排水管制作安装

成孔后，拔出套管前，立即安装带孔底储水管靴的透水管。孔底储水管靴采用长度 800mm、内径 50mm 底部密封、顶部开口的 HDPE 吹塑管。透水管采用内撑 HDPE 双壁打孔波纹管外织滤布。具有良好透水性，并防止泥沙进入透水管内。

排水管采用尼龙管（PA 管），每个钻孔安装 3 根单独 PA 管，保障横截面如图 8.4 所示。排水管长度根据实际情况取值，无接头，确保虹吸管的气密性。为保障虹吸管的进水口不被堵塞，各虹吸管在距排水管的管端头 5～8cm 处打两个直径 4～6mm 的正交贯穿孔，使地下水可以顺利流入管内。排水管在钻孔内的部分，外套 ϕ20mm PVC 管，以便保持 3 根单独 PA 管的相对固定性和具有一定的刚性，在透水管中插入外套 PVC 管的虹吸管，送入孔底。

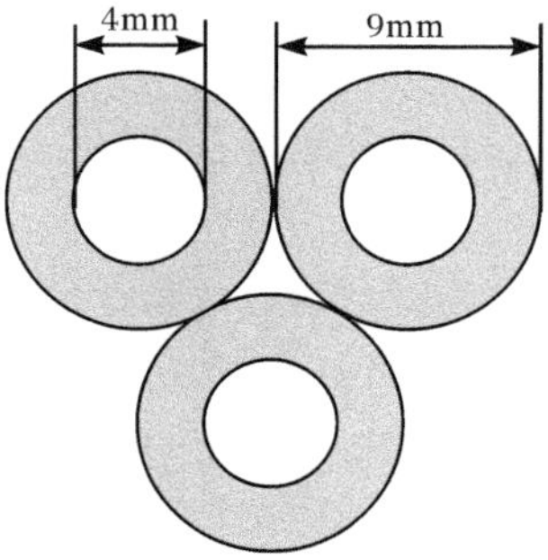

图 8.4　排水管横断面

钻孔以外坡面上的虹吸管布设。在坡面开挖沟槽，放直径 160mm 的 PVC 管片（将 PVC 管锯开两片），将排水管集中放入 PVC 管片中，覆盖 200mm 的 PVC 管片。排水管放置好后，覆土将排水管掩埋入地表 50cm 以下，局部沟槽开挖困难部位，采用混凝土覆盖虹吸管，确保坡面布设的虹吸管不被太阳直射及人为破坏。将所有的虹吸排水管全部引向集水槽，以便监测虹吸排水量的变化过程。

8.2.3　引导初始虹吸

引导初始虹吸有多种方法可以选用，本工程建设中采用高压喷雾器反向压水法。将虹吸管的出水口连接到高压喷雾器的喷头，利用高压喷雾器的压力，通过虹吸管把水反向注入钻孔内。估计注入的水充满孔底储水管靴后，反向孔内注水停止，将坡面排水管的注水口（出水口）高度降低，此时通过虹吸作用，孔内的水会自动流出。

8.2.4　修建集水槽进行流量监测

在坡脚的公路挡墙前修建了集水槽（见图 8.5），用于收集虹吸管排出的水，进行流量监测，用于评价虹吸排水效果。集水井顶面低于任何一个虹吸排水孔的孔口高程大于 14m,确保不会影响各虹吸排水孔的正常工作。集水槽的平面和剖面结构如图 8.5 所示,流过三角堰的水再进入下级集水槽,再通过接有水表的管道流到下游安全沟谷中,从水表读数可随时掌握累计排水流量。

图 8.5　集水槽流量监测

建筑基础。将地表浮土挖走,用 C15 混凝土浇筑一个 90cm×200cm 的基础,厚度不小于 10cm。基础顶面呈三级台阶,台阶高度分别为 50cm 和 30cm,各台阶宽度为 50cm。

浇筑集水槽。集水槽内部尺寸为 50cm×50cm×50cm,槽底与四壁厚度均为 10cm,需制作模板,采用 C30 混凝土现场浇筑。在集水槽的长度方向一侧,依次安装三角堰、带水表排水管,如图 8.6 所示。集水槽另外预制 100cm×70cm×20cm 的混凝土盖板。

三角堰采用 PVC 板材加工而成,厚度 10mm,开口角度 60°,相关加工要求满足流量监测的相关规定;在浇筑集水槽时安装浇筑三角堰。

在三角堰上游集水槽底部预埋水位测量管。为了方便水位测量及防盗,另外埋设一根水位测量管，通过连通管与集水槽相连通。水位测量管为内径 100mm、长度 800mm 的 HDPE 管，其管底密封，并通过连通管与集水槽相连通，上部留有通气孔。通过调整测量管的高度，使管内水深为 40cm 左右。

采用三角堰和水位计实时监测虹吸排水流量随时间的变化过程。采用水表直观记录累计虹吸排水量。

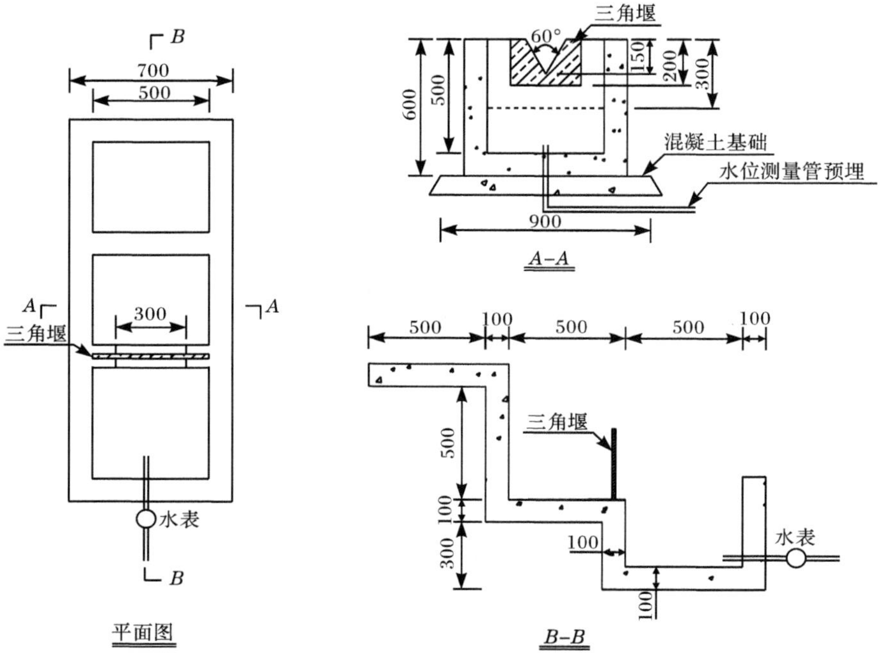

图 8.6　集水槽平面剖面图(单位:mm)

8.3　斜坡虹吸排水效果监测

8.3.1　斜坡地下水位监测孔

为确保斜坡虹吸排水系统的效果，斜坡虹吸排水系统建设前，首先打设地下水位监测孔，了解地下水位埋深。设计在滑坡上布置 1 条地下水位监测剖面，打设 5 个垂直水位监测孔，布置 5 个自动水位记录仪。垂直地下水位监测孔位置分布如图 8.7 所示。

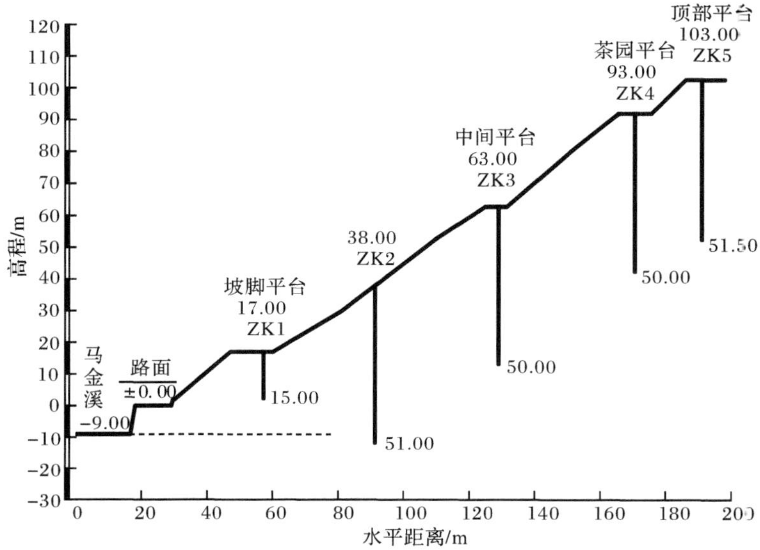

图 8.7　斜坡剖面水位监测孔布置

ZK1:孔深 15m,整个孔段均为碎石土,碎石直径大小不等,一般为 5～10cm,易塌孔,施工中全部采用双套管钻进,孔深 10m 处见地下水。

ZK2(中间开挖平台钻孔):孔深 51m,1～8m 碎石土,碎石直径大小不等,一般为 5～10cm,8～29m 易塌孔,施工中利用双套管钻进,29～41m 粒径变小,41～51m 基岩岩芯破碎卡钻,25m 见地下水,水量较大。

ZK3(坡中平台钻孔):孔深 50m,1～8m 碎石土,碎石直径大小不等,一般为 5～10cm,8～30m 易塌孔,施工中利用双套管钻进,30～43m 碎石直径变小,43～50m 基岩岩芯破碎卡钻,36m 见地下水。

ZK4(茶园平台钻孔):孔深 50m,1～9m 碎石土,碎石直径大小不等,一般为 5～10cm,9～31m 碎石易塌孔,施工中利用双套管钻进,31～41m 碎石直径变小,41～50m 基岩岩芯破碎卡钻,41m 见地下水。

ZK5(顶部平台钻孔):孔深 52m,1～10m 碎石土,碎石直径大小不等,一般为 5～10cm,10～31m 碎石易塌孔施工中利用双套管钻进,31～42m 碎石直径变小,42～52m 基岩岩芯破碎卡钻,43m 见地下水。

垂直地下水位监测孔钻探完成后,安装水位自动监测系统,并进行孔口保护。从钻探过程的初见地下水位埋深情况可以看出,K1692 斜坡的地下水位埋深普遍较大,特别是斜坡中上部地下水位埋深很大。

8.3.2 斜坡表面变形监测系统

为实现边坡稳定性安全评价，采用岩土位移直读仪对坡面变形进行长期监测，对可能出现的边坡灾害问题及时预警。岩土位移直读仪利用同轴放大原理，将绕线盘和尺盘固定在一起，当仪器固定点与测量点之间距离发生变化时，小直径的绕线盘会在测线拉力作用下发生转动，带动大直径尺盘同步转动，使尺盘在读数窗上的显示值发生改变。仪器具有如下特点：①精度高，能够满足边坡变形的高精度监测要求；②长期稳定性好，结构简单，没有任何电子器件和供电需求；③安装使用简单；④价格低廉，可满足大量边坡监测的经济性要求。

根据边坡特征，设置 3 条监测剖面，共布置 21 个岩土位移直读仪。坡脚监测点标墩放于稳定坡面上(见图 8.8)。浇筑水泥墩用于安放直读仪支架。每条监测剖面上布设 7 个混凝土监测标墩，架设钢丝及钢丝支架。

图 8.8　K1692 边坡直读仪架设安装图

测点标墩为高于地面 1.2m 的现浇钢筋混凝土墩。测点标墩顶部设置钢筋头用于挂住钢丝，钢筋采用直径 12mm；埋入混凝土内大于 20cm，露出长度大于 15cm；钢丝支杆由现浇混凝土墩加镀锌方管支架组成，其中混凝土墩横截面为 40cm×40cm，埋入土体大于 50cm，露出地面 30cm；镀锌方管采用 80mm×60mm×4mm 或近似型号，方管埋入混凝土墩 30cm，管顶离地面高度大于等于 2.5m，顶部焊接异形不锈钢。同一个钢丝支杆可支撑 1 条或相邻的多条钢丝，相邻的测点标墩与钢丝支杆尽量布置在同一水平线上。

直读仪支架放置于坡脚，用于安放直读仪，一个观测断面安置一个直读仪支架。直读仪支架由现浇混凝土墩、钢架、PVC 管、配重块组成。混凝土墩：埋深大于 50cm，露出地面大于 50cm，横截面长度为 100cm，宽度为 50cm。钢架所用材料有：镀锌方管（60mm×40mm×3mm）、角钢（30mm×30mm×3mm）、不锈钢管（直径 20mm，壁厚 2mm），钢架横截面长度随直读仪的个数可变（$L=12\times N+4\times 2$，其中 L 为横截面长度，N 为直读仪个数），钢架埋入混凝土墩 30cm。PVC 管：外径 120mm，壁厚 3mm 或近似型号的耐老化 PVC 管。配重块：2～5kg，直径小于 100mm（能够放入 PVC 管）。

8.4　斜坡虹吸排水效果

8.4.1　降雨过程监测结果

降雨量监测采用 SDM6 型自动记录雨量计，实时记录降雨过程，作出降雨量历时曲线如图 8.9 所示。自 2013 年 7 月 16 日开始进行每日降雨量监测以来，至 2015 年 4 月 16 日止，滑坡区呈现明显的雨季和旱季交替情况，2～5 月为持续的梅雨降雨时段，6～8 月为台风等影响下的雨季时段，9 月至次年 1 月相对应的为当地的旱季，总降雨天数为 197 天，最大日降雨量发生在 2014 年 6 月 21 日，为153.2mm。对照表 8.1 气象学中降水等级划分标准进行划分，得到监测时间段内，共发生大暴雨 1 次、暴雨 10 次、大雨 27 次、中雨 60 次。

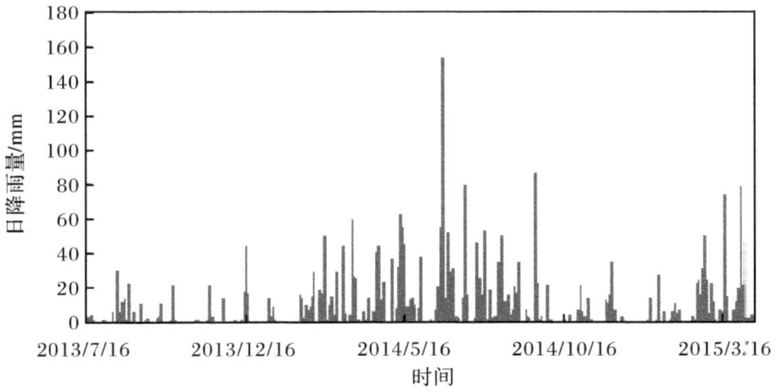

图 8.9　降雨量历时曲线

表 8.1　气象学中降水等级划分标准

降水类型	降水强度等级					
雨/(mm/d)	小雨 ≤10.0	中雨 10.1～25.0	大雨 25.1～50.0	暴雨 50.1～100.0	大暴雨 100.1～200.0	特大暴雨 ≥200.1
雪/(mm/d)	小雪 ≤2.4		中雪 2.5～5.0		大雪 ≥5.0	

8.4.2　虹吸排水监测结果

虹吸排水系统于 2013 年 9 月 13 日建成并开始排水，将各虹吸排水孔的水流汇集到集水槽，可以方便地观察虹吸排水的实际运行情况。如图 8.10 所示，排出水流从坡体深处源源不断地流出，构成了人工泉点，直观地显示了虹吸排水具有很好的效果。

图 8.10　斜坡虹吸排出的地下水

1）累计排水流量

采用水表记录虹吸排水总流量，排水的累计排水量变化过程如图 8.11 所示。从虹吸排水系统于 2013 年 9 月 13 日建成并开始排水，至 2014 年 10 月 13 日，根据水表读数共排出 1960m^3 地下水（其后水表出现堵塞非正常工作），平均日排水量为 4.96 m^3。

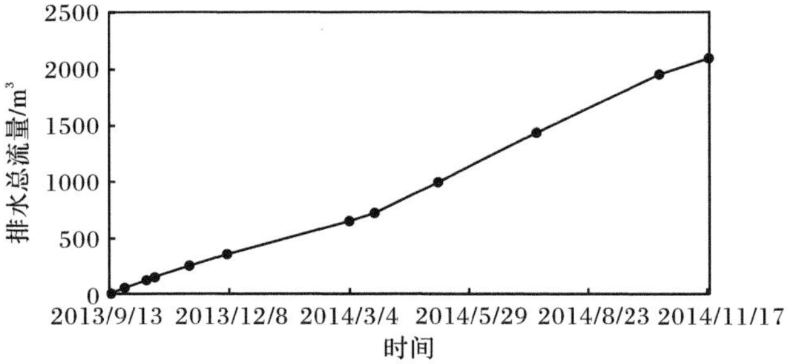

图 8.11　水表记录排水总流量图

期间滑坡区呈现明显的雨季和旱季交替情况，2～5 月为持续的梅雨降雨时段，6～8 月为台风等影响下的雨季时段，9 月至次年 1 月相对应的为当地的旱季，日均排水流量也相应呈现一定的差异性。2013 年 9 月～2014 年 3 月，日均排水流量为 3.74 m^3；2014 年 3～10 月，日均排水流量为 5.98 m^3。说明虹吸排水与降雨密切相关，在雨季可以有效提高排水流量，满足雨季较高的排水要求，实现坡内深部地下水的及时排出。

2）排水流量实时监测

在集水槽的泄水口设置一个 45°三角堰，并采用 Odyssey 水位仪实时记录集水槽内水位高度，通过三角堰水位高度计算虹吸排水的瞬时流量。45°三角堰所对应换算公式可以用如下的经验公式进行换算：

$$q=2056.7h^{2.5} \tag{8.1}$$

式中，q 为瞬时排水流量，m^3/h；h 为三角堰水位距堰底的垂直高差，m。

通过式(8.1)换算，得到 2014 年 7 月～2015 年 4 月虹吸排水日均排水流量的变化曲线，如图 8.12 所示。日排水流量变化在 5～7m^3，随降雨量大小变化。

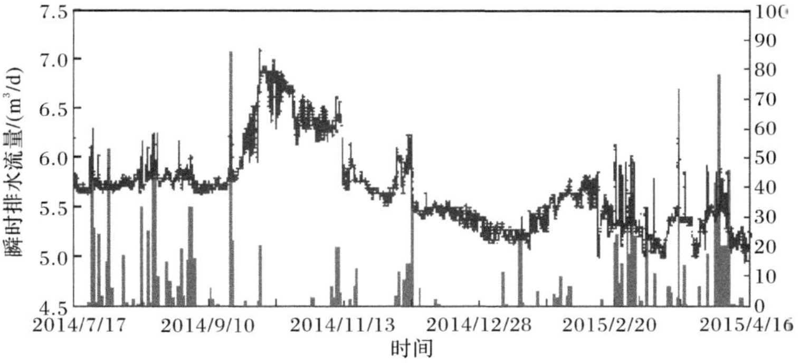

图 8.12 日均虹吸排水流量变化图

从图 8.12 中可以看到，日均排水流量呈现降雨的瞬时波动性及强降雨条件下的流量增大滞后性。在降雨出现的瞬间，图中显示的瞬时流量均发生较大的突变及波动，这可能与钻孔位置的坡面径流直接入渗有关。在 2014 年 9 月 18 日，当地发生降雨量为 86mm 的暴雨，虹吸排水流量迅速增大，3 天后排水量就开始减小，说明虹吸排水对于强降雨造成的地下水抬升有良好的抑制作用。对于 K1692 滑坡，实施虹吸排水系统后，3 天后的再次降雨就不具有明显的地下水抬升叠加作用。

8.4.3 钻孔地下水位监测结果

经过较长一段时间的地下水位监测，得到各水位孔内地下水位总历时变化的时序数据资料，选择虹吸排水孔下游的 ZK1 和虹吸排水孔上游的 ZK4 钻孔，作出地下水位变化曲线如图 8.13 和图 8.14 所示。

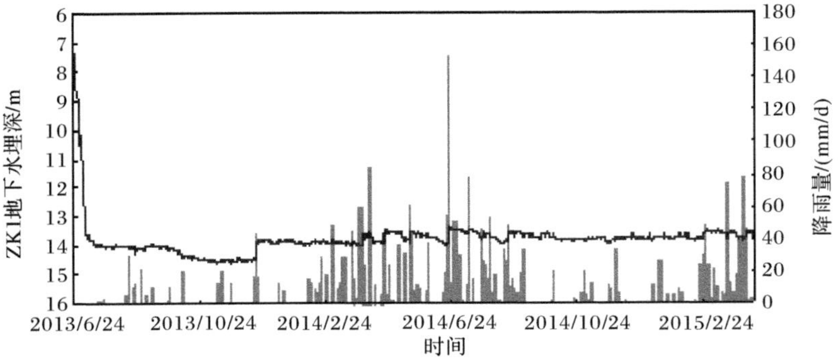

图 8.13　ZK1 钻孔地下水位埋深及降雨量随时间变化图

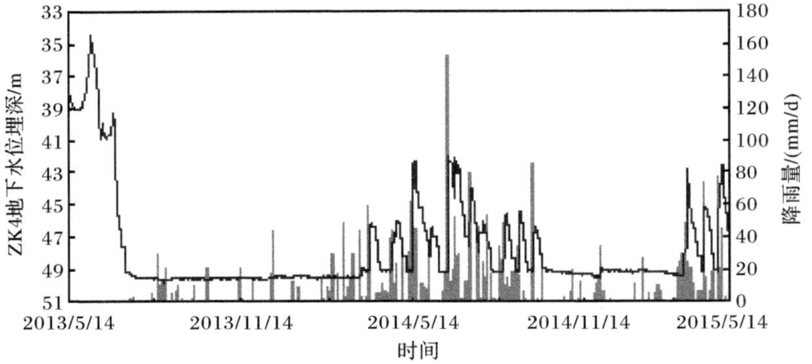

图 8.14　ZK4 钻孔地下水位埋深及降雨量随时间变化图

从图 8.13 中可以看到，实施虹吸排水后，位于虹吸排水孔下游的 ZK1 监测孔的地下水位变化并不显著，地下水位埋深为 13.3～14.6m，年最大变幅仅有1.3m，说明该虹吸排水后，基本控制了斜坡地下水位的上升。位于虹吸排水孔上游且距排水孔距离较远的 ZK4 监测孔，地下水位变化与降雨相关性相对明显。进入降雨期，地下水会随着降雨迅速抬升，呈现一定的滞后性，最大抬升量可达 8m，但抬升后的地下水位仍远低于自然状态下的高水位。

雨量越大，地下水位抬升越快，如 2014 年 6 月 21～22 日的强降雨期间，ZK1 监测孔的地下水位抬升了 0.6m，ZK4 监测孔的地下水位抬升了近 8m。但降雨停止后的水位下降亦较快，只在一段时间的持续降雨中会保持一定的高水位。

8.4.4　钻孔地下水位与虹吸排水流量变化关系

取 2014 年 9 月 18 日前后的日均排水流量与各监测孔的地下水位变化进行分析，可以得到在强降雨前后的虹吸排水效果直观认识。强降雨期间各监测孔内地下水位变化曲线如图 8.15 所示，虹吸排水日均排水流量曲线如图 8.16 所示。

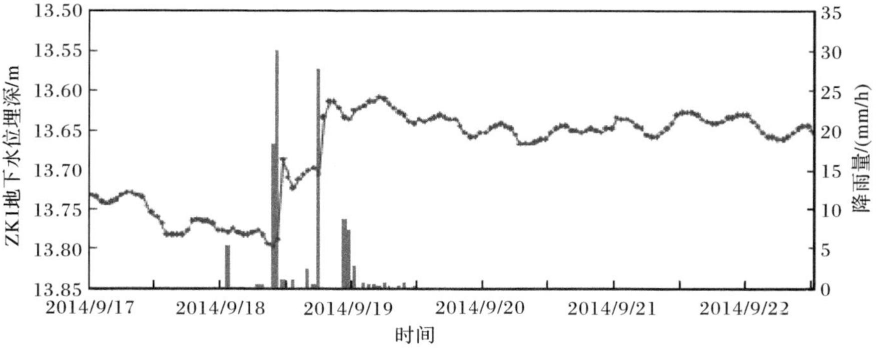

(a) ZK1 钻孔地下水位埋深随降雨过程变化图

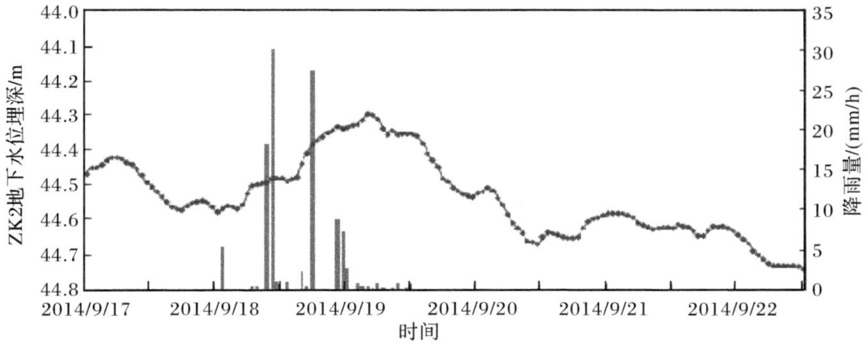

(b) ZK2 钻孔地下水位埋深随降雨过程变化图

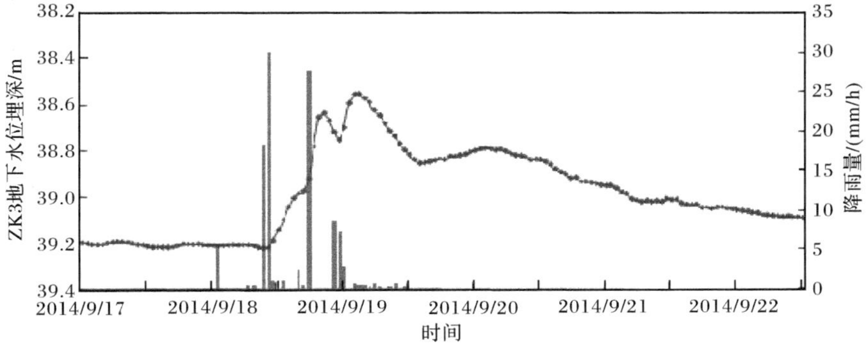

(c) ZK3 钻孔地下水位埋深随降雨过程变化图

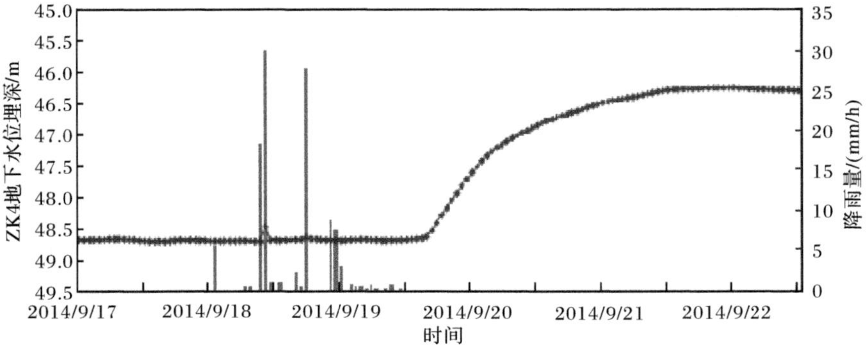

(d) ZK4 钻孔地下水位埋深随降雨过程变化图

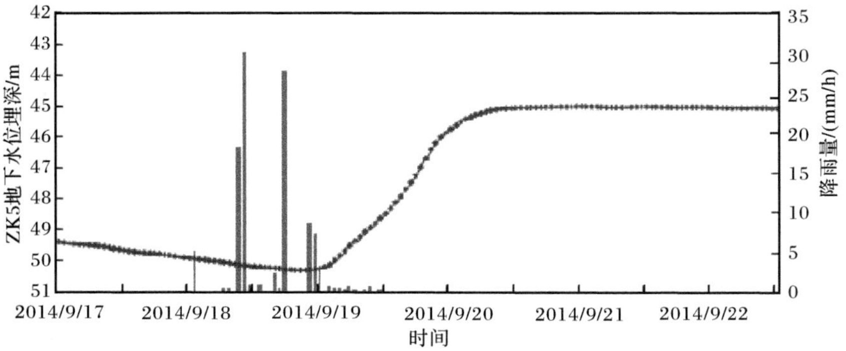

(e) ZK5 钻孔地下水位埋深随降雨过程变化图

图 8.15　强降雨期间各水位孔地下水位埋深变化图

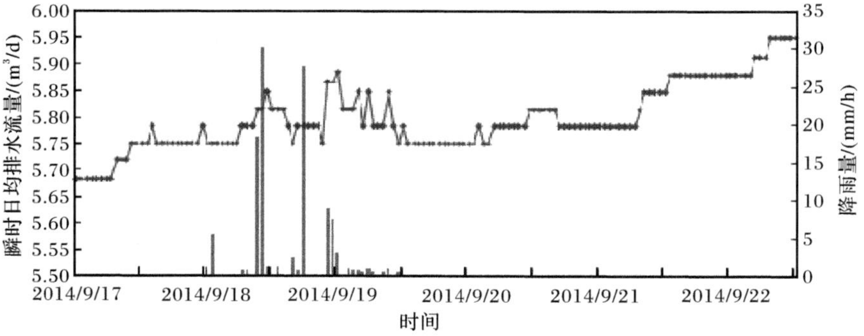

图 8.16　强降雨期间虹吸排水日均排水流量随时间变化图

9 月 18 日的降雨主要集中在几个小时之内，最大小时降雨量达到 30mm，属于短时的强降雨。从图 8.15 可以看到，各个钻孔的地下水位与降雨量之间有较好的相关性，随降雨量增大，地下水位迅速抬升。由于本次瞬时降雨量较大，各监测孔中的地下水位都发生了不同程度的抬升。从抬升幅度看，处于虹吸排水孔下游的 ZK1 钻孔地下水位抬升幅度最小，仅有 0.2m。处于虹吸排水孔上游的ZK2～ZK5 钻孔地下水位抬升幅度依次增大，分别为 0.3m、0.6m、2.7m 和 5.2m，可见离开虹吸排水孔越远，地下水位抬升幅度越大。钻孔地下水位抬升有一定的滞后于降雨的时间，但不同钻孔的滞后时间不同，这和斜坡的地质结构及地貌条件有关。

随着钻孔地下水位的上升，相应的虹吸排水瞬时流量也上升，与地下水位抬升的滞后时间相似。随着地下水位的上升，虹吸排水的瞬时流量也开始增加，从 2014 年 9 月 21 日开始不断上升。由此可见，虹吸排水的瞬时排水流量与降雨和地下水位的高度相关，排水流量的增大可以及时有效地降低坡体内的地下水位，从而实现较好的坡体地下水位控制效果。

8.4.5　排水效果

在虹吸排水系统建设期间，对斜坡地下水位进行了人工监测，虹吸排水系统建成后采用水位计进行了自动监测。整理虹吸排水系统建设前后的地下水位剖面分布，结果如图 8.17 所示。图 8.17 中，虹吸排水后的地下水位是自动监测获得的最高地下水位值，而虹吸排水系统建设期间的人工监测地下水位应该是低于实际最高地下水位的某个值。据两者相比，在距虹吸排水孔口 109m 的 ZK4 钻孔测到的地下水位下降幅度仍大于 7.5m，在虹吸排水孔下游侧的 ZK1 钻孔地下水位更是下降了 8.5m。可见，虹吸排水后使坡体地下水位下降了 7～8m，有效控制了坡体地下水位的上升，发挥了很好的地下水位控制作用。

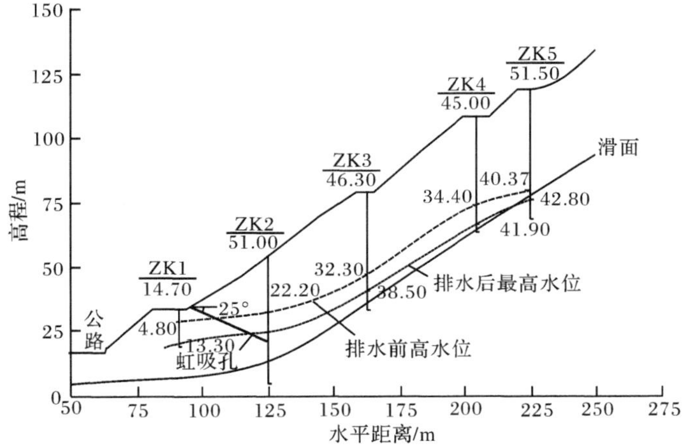

图 8.17　虹吸排水前后边坡地下水位变化情况

第9章　结　　语

作为首部专门讨论斜坡虹吸排水方法的专著，试图通过对基础理论问题和相关技术问题的全面阐述，建立斜坡虹吸排水的方法体系。本书既注重基础理论研究为确定技术方案提供依据，也注重技术方法研究为技术方案的实现提供保证。通过模型试验、数值模拟和理论分析及工程实践，揭示了虹吸系统气泡积累导致排水中断的原因，提出了保障虹吸持续有效的技术措施，为斜坡虹吸排水技术的推广应用奠定了理论基础。同时，在本书的附录中增加了“斜坡虹吸排水技术指南”，希望为斜坡虹吸排水技术推广应用提供技术指导。

虹吸排水具有免动力和流动过程由液位变化自动控制的优点，其物理特性非常适合斜坡排水的需要。但因虹吸管顶部附近处于近真空状态，溶解于水中的空气会释出形成气泡，如果不能及时排出因压力降低而释出的气泡，就会发生管内空气积累，虹吸过程就可能破坏。试验结果表明，虹吸进水管距水面以上垂直高度3.5m处就出现明显的气泡，垂直高度5.4m处就出现成串气泡，它们经过虹吸管顶点后，因气泡浮力方向与水流方向相反，管内气泡会发生强烈兼并形成大气泡，并在随着水流向下运动的同时，还因为自身的上浮力作用产生与水流方向相反的相对运动。高扬程虹吸流动中的气液两相流动型式以泡状流和弹状流为主，管顶多为弹状流型。不同管径虹吸管中的弹状流流型存在差异，大管径虹吸管内多形成气泡与管壁间有液膜的普通弹状流，而细管径虹吸管中会形成一段液柱、一段气泡的段塞流流型。段塞流在流动过程中，气泡和液柱会同步运动，可以避免气泡在管内发生积累。通过试验研究、理论分析和数值模拟，只要选择虹吸管直径小于等于4mm，就可以在斜坡虹吸排水的过程中形成段塞流，实时排除因管内压力降低而释出形成的气泡，避免管内空气积累，保证虹吸的长期有效性。

虹吸流动停止静置一段时间后，虹吸管顶部必然会产生一定的空气积累，影响下一次虹吸启动的扬程。这种空气积累的产生原因包括四个方面：因管内压力降低导致水中过饱和空气析出并逐渐积累到虹吸管的顶部，在不同的温度条件下能产生极限长度为0.7～1.5m的气柱；开口的管端空气溶入到达虹吸管顶部，引起虹吸管顶部空气段长度的增量约为0.01mm/d；温差变化引起水中空气溶解度变化而析出可导致虹吸管顶部空气产生0.55m以内的气柱；管外空气入渗到虹吸管内，降低虹吸管内的真空度，这种作用取决于虹吸管材的特性。高扬程虹吸管的顶部近似于真空状态，其管壁外侧处于大气环境下，气体会在压力差作用下，以分子扩散的方式从管壁外侧高压区进入管内低压区。优选PA材料虹吸管，每米计算空气管段虹吸管的气柱长度增速：壁厚1mm为1.2～1.9mm/d、壁厚2mm为0.7～1.1mm/d、壁厚3mm为0.6～0.8mm/d。因此，为了避免恢复虹吸时进水口水位上升到控制地下水位以上而发生滑坡，需要为这些产生虹吸管内空气积累的因素预留地下水位上升余量，以确保旱季后虹吸过程顺利启动和保证斜坡的稳定安全。

构建合理的斜坡虹吸排水设计施工技术体系是应用的基础。虹吸排水可实现的最大跨越扬程约10m，采用向下倾斜的钻孔进入坡体深部，通过调节倾斜钻孔的倾角及深度，就可实现不同斜坡地下水位的降深要求。为保证虹吸过程长期有效，既需要确保钻孔内地下水不被排干，也需要保证虹吸管内的水不被倒吸到钻孔内，虹吸系统建设施工应满足如下要求：当孔口与孔底相对高差大于11m时使出水口高程低于孔口大于11m，当孔口与孔底相对高差小于11m时出水口应设置平衡储水管，确保平衡储水管的出水口高程高于钻孔的底部、平衡储水管的管底高程低于钻孔的底部。地下水渗流量拦截比、渗透系数和排水孔地下水位降深是影响钻孔间距选择的因素，工程上可以根据工程地质条件和水文地质条件分析，结合施工条件，合理布置虹吸排水孔的间距。虹吸排水孔的平面布置，需要根据斜坡的地形特征、坡体地质结构、地下水位埋深、地下水的补径排条件、滑动面以上坡体的厚度、施工条件等因素综合考虑决定，虹吸排水孔的进水段宜处于透水性相对较好的土层中，尽可能选择地下水位埋深较浅的部位布置虹吸孔以便减小钻孔深度，虹吸排水孔应能拦截主要地下水补给来源。

斜坡虹吸排水示范工程，显示了斜坡虹吸排水具有强大的优势。205国道K1692左侧边坡为一处古滑坡，滑坡体沿公路走向宽约220m，垂直公路长约300m。斜坡区岩土体透水性较好，与地表水水力联系强，虹吸系统建设期间钻孔地下水埋深为4.80～40.37m。虹吸排水系统于2013年9月13日建成并开始排水，实时流量监测结果表明，平均日排水量为5～7m^3。虹吸排水系统建成后采用水位计进行了自动监测，在距虹吸排水孔口109m的ZK4钻孔测到的地下水位下降幅度仍大于7.5m，在虹吸排水孔下游侧的ZK1钻孔地下水位更是下降了8.5m。

斜坡虹吸排水具有免动力、免维护、实时有效控制坡体地下水位等优势，并且经济性好、施工建设速度快、对斜坡形态改变小，应该成为斜坡地质灾害防治的主要技术方法。

参考文献

陈野鹰，唐红梅，周作茂，等. 2006. 三峡水库港口岸坡排水方案优化研究. 水运工程，5：50－54.

陈振瑜，李志彪，何利民，等. 2005. 垂直管气液两相弹状流流动特性研究进展. 管道技术与设备，4：3－6.

付涛涛，马有光，朱春英. 2011. T 型微通道内气泡（液滴）生成机理的研究进展. 化工进展，30(11)：2357－2363.

杲东彦，陆林广. 2008. 基于 RNG 模型的虹吸式出水流道三维紊流数值模拟. 南京工程学院院报，6(2)，370－375.

胡启芳. 2009. 采用水平排水孔治理滑坡的探讨. 公路与汽运，133(4)：142－144.

李德心，何思明. 2012. 降雨型浅层滑坡的变形预测模型. 山地学报，30(3)：342－346.

梁晓光，郑扬，许松林. 2010. 毛细管内气液两相流动的 CFD 模拟. 高校化学工程学报，24(3)：370－375.

茆晴生. 1987. 高密度养鱼增氧方法分类与溶解氧超饱和度及水中气泡直径大小阈值的关系研讨. 渔业机械仪器，(4)：3－5.

尚岳全，蔡岳良，魏振磊，等. 2015. 滑坡虹吸排水方法. 工程地质学报，23(4)：706－711.

舒群，张文德. 2005. 虹吸法排除滑坡体中的深层地下水. 中国西部科技，(06B)：10－12.

孙红月，熊晓亮，尚岳全，等. 2014. 边坡虹吸排水管内空气积累原因及应对措施. 吉林大学学报：地球科学版，44(1)：278－284.

王恩志，王洪涛，邓旭东. 2001. “以管代孔”——排水孔模拟方法探讨. 岩石力学与工程学报，20(3)：346－349.

熊晓亮，孙红月，张世华，等. 2014. 高扬程虹吸保障条件分析与合理管径选择数值模拟. 吉林大学学报：地球科学版，44(5)：1596－1601.

许辉，刘清芝，胡仰栋，等. 2009. 气体在水中扩散过程的分子模拟. 计算机与应用化学，26(2)：153－156.

杨宇友，姚爱军. 2005. 港口岸坡采用虹吸排水技术的实验室效果模拟. 河北科技师范学院学报，19(4)：39－41.

杨宇友，姚爱军，张在明，等. 2009. 岸坡地下水控制技术的试验研究. 岩土力学，30(8)：2281－2285.

姚爱军，杨宇友，赵艳，等. 2006. 不同渗透性的港口岸坡虹吸排水技术试验研究. 佳木斯大学学报：自然科学版，24(1)：130－132.

曾婕，王旭东. 2012. 考虑含水层非稳定流的弱透水层一维固结解答. 南京工业大学学报：自然科学版，34(2)：85－90.

张菊明. 1980. 潜水非稳定流的汇点、汇线和汇面及其在水文地质计算中的应用. 水文地质工程地质，(6)：12－18.

张世华，孙红月，熊晓亮，等. 2014. 基于 matlab 的边坡虹吸排水渗流场分析. 公路工程，39(5)：

25—30.

张永防. 1999. 虹吸排水室内试验研究. 路基工程，(4)：22—25.

张永防，张朝林. 1999. 湘黔线 K93 路堑滑坡虹吸排水工点的试验研究. 路基工程，(4)：26—30.

张永防，张颖钧. 2012. 虹吸排水应用技术的研究. 中国铁道科学，20(3)：52—60.

周桂云，李同春. 2007. 渗流场排水子结构法有限元分析的局部非协调网格解法. 水利水电科技进展，27(2)：26—29.

Benson B B, Krause J D. 1984. The concentration and isotopic fractionation of oxygen dissolved in freshwater and seawater in equilibrium with the atmosphere. Limnology and Oceanography, 29(3): 620—632.

Bomont S. 2008. Back experience of deep drainage for landslide stabilization through lines of siphon drains and electro-pneumatics drains: A French railway slope stabilization example//Landslides and Engineered Slopes: From the Past to the Future. New York: Taylor & Francis Group: 1713—1720.

Brackbill J U, Kothe D B, Zemach C. 1992. A continuum method for modeling surface-tension. Journal of Computational Physics, 100(2): 335—354.

Cai Y L, Sun H Y, Shang Y Q, et al. 2014. An investigation of flow characteristics in slope siphon drains. Journal of Zhejiang University Science A, 15(1): 22—30.

Cai Y L, Sun H Y, Shang Y Q, et al. 2015. Air accumulation in high-lift siphon hoses under the influence of air dissolution and diffusion. Journal of Zhejiang University Science A, 16(9): 760—768.

Cascini L, Cuomo S, Pastor M, et al. 2010. Modeling of rainfall-induced shallow landslides of the flow-type. Journal of Geotechnical and Geoenvironmental Engineering, 136(1): 85—98.

Cussler E L. 1984. Diffusion, Mass Transfer in Fluid Systems. Cambridge: Cambridge University Press.

Gillarduzzi A. 2008. Sustainable landslide stabilisation using deep wells installed with siphon drains and electro-pneumatic pumps//Landslides and Engineered Slopes: From the Past to the Future. New York: Taylar & Francis Group: 1547—1552.

Gress J C. 1991. Device for regulating the flow in a drainage siphon tube: US Patent 5035535. 1991-7-30.

Gress J C. 1992. Siphon drain: A technic for slope stabilization//Proceeding of the sixth International Symposlum of lands lides. Rotterdam: A. A. Balkema.

Hirt C W, Nichols B D. 1981. Volume of fluid (VOF) method for the dynamics of free boundaries. Journal of Computational Physics, 39: 201—225.

Mehendale S S, Jacobi A M, Shah R K. 2000. Fluid flow and heat transfer at micro and mesoscales with application to heat exchanger design. Applied Mechanics Reviews, 53 (7): 175—193.

Mrvík O, Bomont S. 2012. Experience with treatment of road structure landslides by innovative methods of deep drainage. WIT Transactions on Engineering Sciences: Monitoring, Simulation, Prevention and Remediation of Dense and Debris Flows III, 67:113—124.

Ramakrishnan S, Kumar R, Kuloor N R. 1969. Studies in bubble formation. I. Bubble formantion under constant flow conditions. Chemical Engineering Science, 24(4):731—747.

Sanjari E. 2013. A new simple method for accurate calculation of saturated vapor pressure. Thermochimica Acta, 560:12—16.

Talvy C A, Shemer L, Barnea D. 2000. On the interaction between two consecutive elongated bubbles in a vertical pipe. International Journal of Multiphase Flow, 26:1905—1923.

Wilkinson D. 1984. Percolation model of immiscible displacement in the presence of buoyancy forces. Physical Review A, 30:520—531.

附录A　斜坡虹吸排水技术指南

降雨是诱发滑坡的主要环境因素，大量滑坡表现为雨季滑动、旱季又处于相对稳定，它们的变形动态与降雨的关系十分密切。因此，控制降雨入渗引起坡体地下水位上升幅度过大，对大量滑坡灾害防治具有重要作用。

当前斜坡主要排水措施有：地表排水沟、排水盲沟、水平排水孔、地下排水洞等，无法满足快速经济地实现滑坡地下水有效控制的目标。地表排水沟应用最普遍，但效果不佳；排水盲沟对地形和坡体结构要求高；水平排水孔往往需要很大的钻孔长度，且使用过程中容易堵塞；地下排水隧洞体系效率最高，但施工周期长、费用高。

虹吸具有免动力实现水体的高效跨越输送和流动过程由液位变化自动控制的特性，且具有布孔位置选择方便和经济性好的优势，非常适合坡体地下水位控制的需要。由于斜坡虹吸排水是一项新技术，目前还缺乏必要的技术标准。为提高斜坡排水能力，减少滑坡灾害发生，推广虹吸排水技术方法的应用，规范虹吸排水技术工作，编制“斜坡虹吸排水技术指南”。

本指南主要内容包括：斜坡工程地质条件调查分析与测试方法、虹吸管空气积累原因分析与控制技术措施、虹吸排水系统设计、虹吸排水系统建设要求、虹吸排水效果监测技术方法等。指南阐述了相关内容的基本概念、实施过程中应注意的问题、提出技术要求的原因。

本指南在执行过程中，如发现需要修改和补充内容，请将意见及有关资料寄交浙江大学，以便进一步修改和完善。邮寄地址：杭州市浙江大学紫金港校区安中大楼B812，孙红月，E-mail：shy@zju. edu. cn。

A1　斜坡工程地质

A1.1　斜坡工程地质条件调查

1. 斜坡工程地质条件

斜坡虹吸排水工程施工前，应调查斜坡的工程地质条件，查明斜坡潜在的滑坡灾害问题及其主要影响因素。

工程地质条件包括：地形地貌、地层岩性、地质结构、不良地质现象和水文地质条件。工程地质条件是在自然地质历史发展演化过程中形成的，决定着斜坡的稳定性特征及其变形破坏方式和规模。

2. 地形地貌特征调查

应观察斜坡的坡度，以及微地貌特征，分析地貌形态的演变过程和发育阶段，研究各地貌单元的外动力地质改造作用形成的微地貌特征，查明有无古滑坡、古崩塌形成的微地貌形态，查明是否有错落体、坍塌体以及危石存在。如果发现陡坡的坡脚附近地形起伏不平，并分布大量碎块石，则反映陡坡的现状稳定性较差，随时可发生崩塌以及滚石。同时对于坡面存在丰富地表水的情况，应查明地表水对斜坡的冲刷情况以及坡面植被和风化情况。

3. 土质斜坡地层岩性调查

应查明土的成因类型、土层结构及下伏硬层的埋藏深度或基岩面形态等。根据土的地质成因，土可分为残积土、坡积土、洪积土、冲积土、淤积土、冰积土和冰水沉积土等。不同成因土的特征差异较大。

残积土是岩石经风化后未被搬运而残留原地的土，颗粒无磨圆或分选，一般呈棱角状，无层理构造。而且其中的细小颗粒往往被冲刷带走，故孔隙度大。

坡积土是经雨水的细水片流缓慢洗刷、剥蚀，以及土粒在重力作用下顺着山坡逐渐移动而形成的堆积物，坡积土的颗粒组成有沿斜坡由上而下由粗变细的分选现象。

洪积土是由暴雨或大量融雪骤然集聚而成的暂时性山洪急流带来的碎屑物在山沟的出口处或山前倾斜平原堆积形成，土颗粒磨圆度和分选性差。

冲积土是由河流的流水作用将碎屑物质搬运到河谷中坡降平缓的地段堆积而成的土，磨圆度和分选性好。

淤积土包括湖泊沉积土和海洋沉积土，颗粒细小。

冰积土和冰水沉积土由冰川和冰川融化的冰下水进行搬运堆积而成，一般分选性极差，无层理，但冰水沉积土常具有斜层理。

4. 岩质斜坡地层岩性调查

应查明岩层的岩性以及软弱夹层分布情况，如软硬互层岩体由于软岩易风化，容易引起崩塌。坚硬完整的岩石如花岗岩、石灰岩等，能够形成很陡的高斜坡而不失其稳定，而软弱岩石或土只能形成低缓的斜坡。不同岩石类型的工程特性差异较大。

岩浆岩组成的边坡稳定性一般较好，但由于岩体中原生节理发育，故常有崩塌发生；且这类岩石易风化，从而使风化带内的岩石强度降低。在风化作用强烈的南方地区，小型崩塌和浅层滑坡较为多见。在火山岩系中，喷发间断面和原生节理常常组合成为滑动面，从而产生滑坡和崩塌。

沉积岩的最大特点是具有层理，它们对斜坡的稳定具有控制性的作用，沉积岩还常夹有软弱岩层，如厚层灰岩中夹薄层泥灰岩，砂、砾岩中夹薄层泥岩和页岩等，这些软弱岩层常易构成滑动面。

变质岩的斜坡稳定性一般比沉积岩的好，尤其是深变质岩，如片麻岩、石英岩等，其性质与岩浆岩相近。石英片岩、角闪片岩的强度很高，能维持较高的陡坡；而滑石片岩、绢云母片岩、绿泥石片岩等强度较低，千枚岩、泥质板岩因其易泥化，性质软弱，最易发生表层挠曲或弯折倾倒等变形。

5. 地质结构调查

地质结构是指岩土体单元的组合关系及各类结构面的性质和空间分布情况。

对于岩质斜坡，应查明岩体的结构类型，以及软弱结构面的产状、组合关系、延伸情况，并分析其力学属性以及与临空面的关系。尤其要注意对岩体完整性影响较大的层面、节理、破碎带等的性质、产状、规模及组合关系的调查研究。

对于土质斜坡，土体结构主要是指土层的组合关系，即各层土的类型、厚度及其空间变化等。如果土体中分布的黏土夹层和淤泥夹层等，要引起注意。

地质结构对岩质斜坡稳定性的影响通常大于对土质斜坡稳定性的影响，因此对岩质斜坡的地质结构调查就显得尤其重要，其中岩体中的节理、裂隙往往是一些大的地质灾害的潜在控制因素。应结合工程布置和地质条件选择有代表性的地段进行详细的节理裂隙统计，其统计研究内容有：节理裂隙的产状和延伸情况，节理、裂隙的发育程度、张开程度，裂隙充填物的成因、性质和充填胶结程度，最后应判明各组裂隙的成因和力学性质。节理、裂隙的统计结果，目前常采用节理裂隙玫瑰花图表示。

6. 不良地质现象

存在下列条件时将对斜坡的稳定性不利：

(1)斜坡及其邻近地段已有滑坡、崩塌、陷穴等不良地质现象存在。

(2)岩质斜坡中有页岩、泥岩、片岩等易风化、软化岩层或软硬交互的不利岩层组合。

(3)土质斜坡中网状裂隙发育、有软弱夹层，或斜坡由膨胀土构成。

(4)软弱结构面与坡面倾向一致或交角小于45°，且结构面倾角小于坡角，或基岩面倾向坡外且倾角较大。

(5)地层渗透性差异大，地下水在弱透水层或基岩面上积聚流动，断层及裂隙中有承压水出露。

(6)斜坡上有水体漏水,水流冲刷坡脚或因河水位急剧升降引起岸坡的坡体内动水力强烈作用。

(7)斜坡处于强震区或邻近地段采用大爆破施工。

A1.2　水文地质调查与测试

1. 水文地质条件调查分析

地下水是指埋藏和运动于地表以下不同深度的土层和岩石空隙中的水。地下水对斜坡稳定性有不利影响,地下水位上升,岩土被水饱和、软化,降低抗剪强度,从而会降低斜坡稳定性。地下水的渗透性对岩土的强度和变形会发生作用,直接影响斜坡稳定与安全。

水文地质条件主要包括:含水层和隔水层的分布、土层或岩层的渗透性、地下水的补给、径流和排泄条件、地下水类型、地下水动态等。在进行斜坡虹吸排水前,应首先查明斜坡的水文地质条件。

结合区域内水文地质资料,查明斜坡区域水文地质单元类型,判明水文地质条件复杂程度;查明汇水条件,雨季旱季降雨情况等。分析斜坡地下水埋藏、补给、径流和排泄的关系;调查含水层性质、厚度、埋深及其相互间接触关系;调查含水层岩性、透水性、富水性及其变化规律;调查含水层的倾向、倾角、走向等基本地质参数确定。调查斜坡地下水的动态循环过程,为降水范围和降水高程确定提供依据。

2. 水文地质参数的测定

对于重要斜坡,宜开展水文地质参数的测试工作。测定水文地质参数的常用方法参见表 A1.1,可根据地层透水性能和工程的重要性以及对参数的要求进行选择。

表 A1.1　水文地质参数的测定方法

水文地质参数	测定方法
水位	钻孔、探井或测压管观测,钻孔水位自动监测记录
渗透系数、导水系数	抽水试验、注水试验、压水试验、室内渗透试验
给水度、释水系数	单孔抽水试验、非稳定流抽水试验、地下水位长期观测
单位吸水率	注水试验、压水试验

注:除水位外,当对数据精度要求不高时,可采用经验数值。

1) 地下水位的量测

地下水位是斜坡虹吸排水的基本参数。无论是地质调查还是勘探,遇地下水时均应量测水位埋深。钻探过程中应分别测定初见水位和稳定水位。对多层含水层的水位量测，应采取止水措施，将被测含水层与其他含水层隔开。

初见水位和稳定水位可在钻孔、探井或测压管内直接量测，稳定水位的间隔时间按地层的渗透性确定，对砂土和碎石土不得少于 0.5h，对粉土和黏性土不得少于 8h，并宜在勘察结束后统一量测稳定水位。量测读数至厘米。

地下水位观测常用的仪器设备有电测水位计和遥测水位计等。

电测水位计是根据水能导电的原理设计的，当探头接触水面时两电极使电路闭合，信号经电缆传到指示器及触发蜂鸣器和指示灯，此时可从电缆或标尺上直接读出水深。电测水位计适用于测压管、钻孔、井体和其他埋管中低于管口的水位或地下水位的测量，它由测头、电缆、滚筒、手摇柄和指示器等组成。典型结构有提匣式（见图 A1.1(a)）和卷筒式（见图 A1.1(b)）。测头为金属制成的短棒，两芯电缆在测头中与电极相接，形成电路闭合的“开关”。当测头接触水面时使电极在水面接通电路。两芯电缆除了传输信号外，还用作测头的吊索。因此，电缆每隔 1m 应有一长度标记。以测头下端为起点，自下而上注明米数。也可用聚乙烯两芯刻度标尺代替电缆。滚筒用来盘卷电缆或标尺，并用手摇柄来操作滚筒以放收电缆。指示器最常用的是微安表（或毫伏表），需要时还可配置蜂鸣器和指示灯，其电源采用干电池。

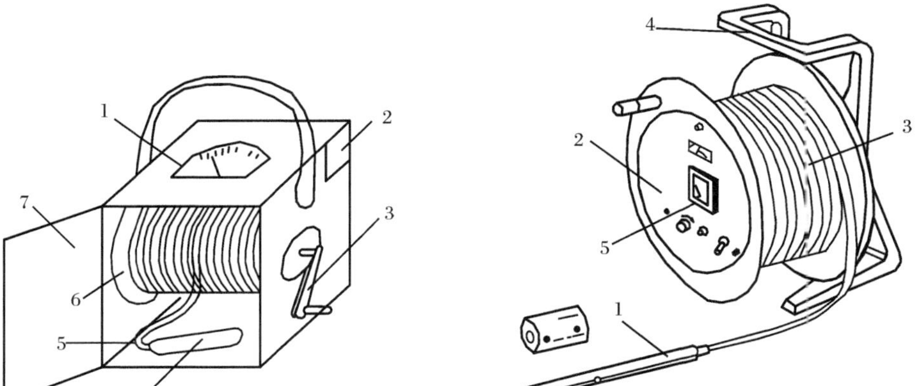

(a) 提匣式

1. 指示器；2. 电池盒；3. 手摇柄；
4. 测头；5. 电线；6. 滚筒；7. 木门

(b) 卷筒式

1. 测头；2. 卷筒；3. 两芯刻度标尺；
4. 支架；5. 指示牌

图 A1.1　电测水位计结构示意图

常用的遥测水位计有：浮子式遥测水位计、传感器式遥测水位计。浮子式遥测水位计由水位感应、水位传动、编码器、记录器和基座等部分组成。水位感应部分由浮子、平衡锤、悬索和水位轮组成（见图 A1.2）。悬索用多股不锈钢丝绳，有的则采用穿孔不锈钢带以防打滑；也有用 1010 尼龙绳。浮子感应水位涨落，带动水位轮旋转，产生与水位变化相应的转角。水位转动部分，主要是将水位转角通过传动轴齿轮准确地传递给编码器。编码器接收传递来的转角位移并完成相应的数字编码；由数字轮显示相应的水位，并通过电缆输出一定码制的电信号远传给记录器，以显示、记录其水位（用纸筒式记录仪或数字式显示器）。基座（或箱体）主要用来组装支撑上述结构部件，组装成为整体。

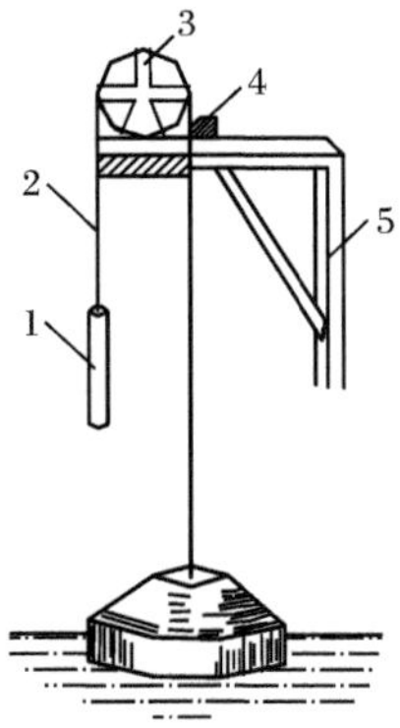

图 A1.2 浮子水位计

1. 平衡锤；2. 悬索；3. 水位轮；4. 浮子；5. 支架

传感器式遥测水位计由水位传感器、水位显示器及计时数字记录仪三部分组成。利用传感器测量静水压力来实现水深测量，再将水深加上传感器零点高程即可得水位。水位信号可远传连续显示。配套的计时数字记录仪可按实际需要定时记录水位和相同时间。

2）地下水流向和流速

测定地下水流向可用几何法，量测点不应少于呈三角形分布的 3 个测孔（井）。测点间距按岩土的渗透性、水力梯度和地形坡度确定，直径为 50～100m。应同时量测各孔（井）内水位，确定地下水的流向。

3）抽水试验

抽水试验方法可按表 A1.2 选用。抽水试验宜三次降深，最大降深应接近工程设计所需的地下水位降深的标高；水位量测应采用同一方法和仪器，读数对抽水孔为厘米，对观测孔为毫米；当涌水量与时间的关系曲线和动水位与时间的关系曲线在一定范围内波动，而没有持续上升和下降时，可认为已经稳定；抽水结束后应量测恢复水位。

表 A1.2 抽水试验方法和应用范围

试验方法	应用范围
钻孔或探井简易抽水	粗略估算弱透水层的渗透系数
不带观测孔抽水	初步测定含水层的渗透性参数
带观测孔抽水	较准确测定含水层的各种参数

4）渗水试验和注水试验

渗水试验和注水试验可在试坑或钻孔中进行。对于砂土和粉土，可采用试坑单环法；对于黏性土，可采用试坑双环法；试验深度较大时可采用钻孔法。

5）压水试验

压水试验应根据工程要求，结合工程地质测绘和钻探资料，确定试验孔位，按岩层的渗透特性划分试验段，按需要确定试验的起始压力、最大压力和压力级数，及时绘制压力与压入水量的关系曲线，计算试验段的透水率，确定压力流量曲线即 P-Q 曲线的类型。

A1.3　土的水理性质指标经验值

1. 给水度

给水度是单位面积含水层中潜水位每下降单位深度时饱和介质在重力排水作用下可以给出的水体积与多孔介质体积之比。常用小数表示，无量纲。常见土的给水度参考值见表A1.3。

表A1.3　土的给水度参考值

土类	给水度
砂土	0.10～0.35
粉砂	0.05～0.19
亚黏土	0.03～0.12
黏土	0.01～0.05

影响给水度大小的因素有含水层的岩性、潜水面埋深以及地下水位下降的速度等。当含水层为松散沉积物时，颗粒粗、大小均匀，给水度大。另外，当潜水面埋深小于岩土中毛细管水最大上升高度时，给水度是一个变数。潜水面埋深越浅，给水度越小。只有当潜水面较深时，给水度才是常数。试验还表明，地下水位下降速率较大时给水度偏小，降速很小时给水度较稳定。

2. 渗透性

岩土的渗透性是指水在土孔隙中渗透流动的性能。表征岩土渗透性指标为渗透系数。岩土中的水受水位差和应力的影响而流动，砂土渗流基本服从达西定律，黏性土因为结合水的黏滞阻力，只有水力梯度增大到起始水力梯度，克服了结合水黏滞阻力后，水才能在土中渗透流动。常见土的渗透系数参考值见表A1.4。

表 A1.4　土的渗透系数参考值

土类	渗透系数/(cm/s)
黏土	$<1.2\times10^{-6}$
粉质黏土	$1.2\times10^{-6}\sim6\times10^{-5}$
黏质粉土	$6\times10^{-5}\sim6\times10^{-4}$
黄土	$3\times10^{-4}\sim6\times10^{-4}$
粉砂	$6\times10^{-4}\sim1.2\times10^{-3}$
砂土	$>1.2\times10^{-3}$

影响砂性土渗透性的主要因素为土的颗粒大小、形状、级配以及密度。土颗粒越细，渗透性越低；级配良好的土，因细颗粒充填大颗粒的孔隙，减小孔隙尺寸，从而降低渗透性；土的密度增加，孔隙减小，渗透性也会降低。影响黏性土渗透性的主要因素为颗粒的矿物成分、形状和结构，以及土-水-电解质体系的相互作用。黏土颗粒的形状为扁平的，有定向排列作用，因此渗透性具有显著的各向异性性质。渗透流速与孔隙直径平方成正比，而单位流量与孔隙直径的四次方成正比。

A1.4　滑坡及其稳定性影响因素

1. 滑坡的形态要素

滑坡的一个重要特征是在其运动过程中保持相对的完整性，往往表现出其特定的形态外貌。因此在滑坡工程地质研究中，可以通过形态要素来认识滑坡。一个典型滑坡所具有的基本形态要素如图 A1.3 所示。

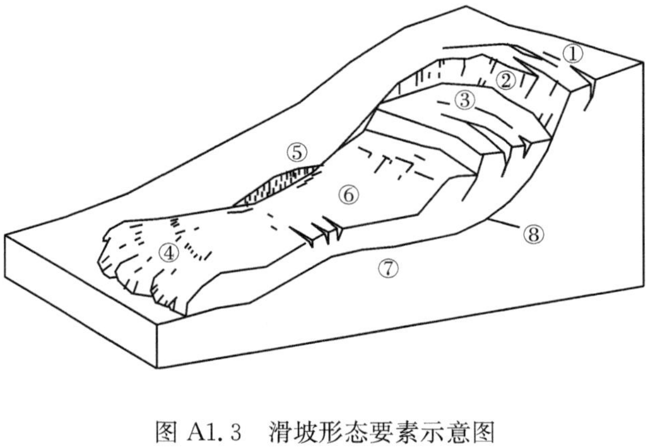

图 A1.3　滑坡形态要素示意图

①缘环状拉裂缝；②滑坡后壁；③拉张裂隙及滑坡台阶；④滑坡舌及鼓张裂隙；⑤滑坡侧壁及羽状裂隙；⑥滑坡体；⑦滑坡床；⑧滑动面(带)

(1) 滑坡体：与母体脱离经过滑动的那部分岩土体。岩土体内部相对位置基本不变，但滑坡体中有时会出现褶皱和断裂现象，岩土体结构也会松动。

(2) 滑坡床：滑坡体以下未经滑动的岩土体。它保持原有的结构而未变形，只是在靠近滑面附近有些破碎。

(3) 滑动面(带)：滑坡体与滑坡床之间的分界面。由于滑动过程中滑坡体与滑坡床之间相对摩擦，滑动面附近的土石受到揉皱、辗磨作用，可形成数厘米至数米厚的滑动带。根据岩土体性质和结构的不同，滑动面的形状是多种多样的，大致可分为圆弧状、平面状和阶梯状等。一个大的滑坡体，往往会出现多个滑动面，在滑坡研究中要查清主滑面与次滑面、老滑面和新滑面，尤其要查清高程最低的那个滑动面。

(4) 滑坡周界：滑坡体与周围未变位岩土体在平面上的分界线。它圈定了滑坡的范围。

(5) 滑坡壁：滑坡体后缘由于滑动作用所形成的母岩陡壁，其坡角多为35°～80°，平面上往往呈圈椅状。滑坡壁上经常可以见到滑动形成的擦痕。

(6) 滑坡台阶：滑坡体下滑时由于各部分运动速度不同而形成的一些错台。大的滑坡体上可见到数个不同高程的台面和陡坎。

(7) 滑坡舌(滑坡前缘)：滑坡体前部形如舌状的部分。它往往冲入沟谷、河流，甚至冲到对岸。最前端滑坡面露出地表的部位，称滑坡剪出口。研究滑坡剪出口高程对研究滑坡的形成年代以及滑坡与该地区近期地壳抬升运动的关系有重要意义。

(8) 滑坡裂隙：由于滑坡体在滑动过程中各部位的受力性质和大小不同，滑速也不同，因而不同部位产生不同力学性质的裂隙，有拉张裂隙、剪切裂隙、鼓张裂隙和扇形裂隙等。拉张裂隙位于滑体后部，常常出现在滑坡后壁附近，一般呈弧形分布，与滑动方向垂直。剪切裂隙呈羽状分布于滑坡体中前部的两侧，它是因滑坡体与滑坡床之间相对位移的力偶作用而形成的，与滑动方向斜交。鼓张裂隙一般分布于滑体前缘，是由于滑体后部的推挤造成前缘鼓起而形成的，与滑动方向垂直。扇形裂隙位于滑体舌部，是因前部岩土体向两侧扩散而产生的，呈放射状分布的扇形分布。

除上述要素外，还有一些滑坡标志，如封闭洼地、滑坡鼓丘、滑坡泉、马刀树、醉汉林等，可以帮助认识滑坡。

2. 滑坡的识别

滑坡识别是研究滑坡的基础工作。对于正在活动的滑坡，形态要素清晰而容易识别，但处于“休眠期”的老滑坡则因后期改造强烈而难于识别，如果将重要建筑物置于其上，则可能造成生命财产的损失。因此，不管地质条件和滑坡形态多么复杂繁多，一定要采用各种方法和手段查明。

在实际滑坡调查工作中，主要是通过遥感信息、地面地质调查和勘探试验方法来进行。在航片上识别滑坡，就是识别滑坡的形态要素，然后结合研究地区的地质资料搜集进行综合分析，从而确定滑坡的存在。例如，在较顺直的山坡上突然出现圈椅状的陡坎或陡壁，其下为封闭洼地，再向下则表现为上凹下凸坡形，有时可见台阶状平地，更低一些的部位则为垅洼起伏的舌形坡地，突出于沟谷或河边，甚至将河道向对岸推移，阶地变位，其两侧有沟谷发育，并表现为双沟同源的景观；整个滑坡体平面形状如长舌形、梨形或三角形等。利用遥感图像进行滑坡判读，在区域性滑坡群的识别方面有较多的优势，突出表现为效率高、视野广和准确度高，是一种有效的滑坡认识手段。但由于滑坡是一种复杂的工程动力地质现象，通过航片卫片识别的滑坡，必须要通过地面地质测绘及勘探试验等手段来验证。

地面地质调查是识别滑坡的最主要手段。通过地面调查，可直接观察到滑坡各形态要素，并可搜集到滑动的证据。斜坡经过滑动破坏之后地形特征比较明显，特别是站在滑坡对岸高处，往往可清楚地观察确定滑坡区的范围及滑坡的总体滑动特征。一般情况下，滑坡体上的岩石比周围岩石破碎，结构较松散；岩层产状与周围岩层产状也不一致，尤其是滑坡剪出口处的岩层较破碎，有时可见反翘现象；在滑体上还会产生小褶皱和断裂。滑坡侧沟调查在识别滑坡中往往起着重要作用，因为若沟谷深切至滑坡床，在侧沟壁上常可见到滑动面（带）物质，也可观察到岩层层序的扰动。滑坡作用的结果可以改变地下水的径流状况，由于滑坡面（带）往往是一些不透水泥质物质，滑坡体本身渗透性又相对较强，因而在滑坡体前缘或两侧多有泉水出露，有时在表面局部形成积水洼地。此外，新生滑坡体上的植被覆盖比周围要好，树木歪斜零乱，可见到醉汉林和马刀树。建筑物及地面变形破坏现象也可作为滑坡存在的依据。

3. 滑坡活动的阶段性

滑坡的发生、发展演化过程，是一个累进性变形破坏过程，而且往往具有多次周期性活动的特点。根据每一期次滑坡活动的运动学特征，可划分为四个阶段。

蠕滑阶段：即为变形阶段。此阶段表现为斜坡的坡肩附近及坡体某些部位出现拉张裂缝；坡体内局部出现剪切破坏面，并向贯通性的滑面方向发展。蠕滑阶段的持续时间与斜坡中应力集中和分异的速度以及外力作用的强度有关，一般持续时间较长。

滑动阶段：滑动面已贯通，前缘出现剪出口；滑体的前后及两侧出现了不同力学机制的裂隙，并有局部坍塌。此时滑坡的位移速率不断加大。

剧滑阶段：滑移速率急剧加大，后缘拉裂缝急速张开和下错，后壁不断坍塌；

两侧及前缘表部坍塌。滑动面(带)岩土体结构进一步破坏,含水量增大,有时随滑舌伸出而流出大量泥水。滑坡体以较大速率向前滑移,滑速可达每秒数十米,滑距较大,在滑速很大时甚至产生气浪。此阶段的持续时间很短。

稳定阶段:经过大量滑移后,滑体重心降低,滑动时产生的动能逐渐消耗于克服滑移阻力和滑体的变形中。滑体中部分地下水排出,使滑面强度有所提高,滑移速率渐减以至停止滑动,滑坡重新处于稳定状态。

4. 滑坡分类

滑坡分类的目的,是对滑坡作用的各种环境和现象特征以及产生滑坡的各种要素进行概括,以反映各类滑坡的特征及其发生、发展演化的规律,并进行有效的防治。

1) 按滑面与岩层层面关系分类

按滑面与岩层层面关系可分为均质滑坡、顺层滑坡和切层滑坡三类。

(1) 均质滑坡。这是发生在均质、无明显层理的岩土体中的滑坡。滑动面不受层面控制,一般呈圆弧状。在黏土岩、黏性土和黄土中较常见。

(2) 顺层滑坡。沿岩层面发生滑动的滑坡。这类滑坡多发生在岩层倾向与斜坡倾向一致、但倾角小于坡角的条件下,特别是有原生的或次生的软弱夹层存在时,该夹层易成为滑动面(带)。顺着残坡积物与其下部基岩面下滑的滑坡,也属顺层滑坡。顺层滑坡的滑动面形态视岩层面的情况而定,可以是平直的,也可以是圆弧状或折线状的。顺层滑坡在自然界分布较广,而且规模也常常较大。

(3) 切层滑坡。滑动面切过岩层面的滑坡。多发生在岩层面近于水平的平迭坡条件下,滑动面一般呈圆弧状或对数螺旋曲线(见图 A1.4)。

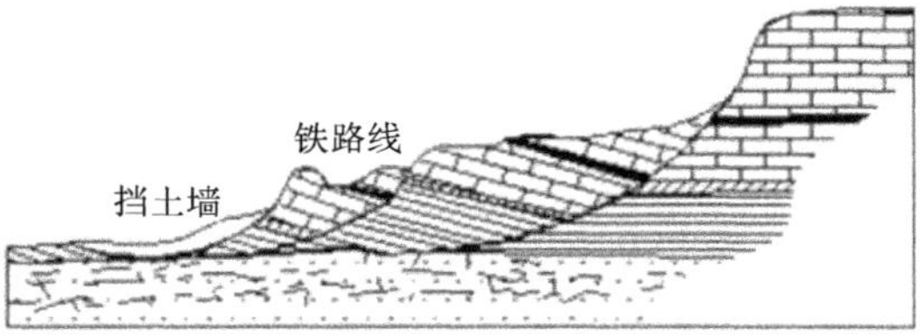

图 A1.4 切层滑坡

2) 按岩土类型分类

按岩土类型可将滑坡首先分为岩质滑坡和土质滑坡两大类。土质滑坡细分为黏性土滑坡、黄土滑坡、堆填土滑坡、堆积土滑坡、破碎岩石滑坡等。

3) 按滑坡形成原因分类

按滑坡形成原因可分为工程滑坡和自然滑坡。

工程滑坡由于施工开挖山体引起的滑坡,可以细分为工程新滑坡和工程复活古滑坡。工程新滑坡:由于开挖山体所形成的滑坡;工程复活古滑坡:久已存在的滑坡,由于开挖山体引起重新活动的滑坡。

自然滑坡:由于自然地质作用产生的滑坡,按其发生相对时代早晚可分为老滑坡和新滑坡。

4) 按滑动体厚度分类

按滑动体厚度可分为浅层滑坡、中层滑坡和深层滑坡。浅层滑坡的滑坡体厚度在 5m 以内;中层滑坡的滑坡体厚度在 5～20m;深层滑坡的滑坡体厚度超过 20m。

5) 按滑坡体积分类

按滑坡体积可分为小型滑坡、中型滑坡、大型滑坡和巨型滑坡。小型滑坡的滑体体积$<$10 000m^3;中型滑坡的滑体体积在 10 000～100 000m^3;大型滑坡的滑体体积在 100 000～10 000 000m^3;巨型滑坡的滑体体积 $>$1 000 000m^3。

5. 影响斜坡稳定性的环境因素

滑坡总是在环境因素变化时发生的。影响斜坡稳定性的环境因素主要有水文地质条件、岩石风化作用、地表水作用、地震及人类工程活动等,它们促使斜坡变形破坏的发生和发展,常常成为斜坡破坏的直接原因。人类工程活动常常改变斜坡形态和水文地质条件,使斜坡稳定性在短时间内就发生很大的改变。

1) 地表水和地下水的影响

滑坡多在雨季频繁发生,很多滑坡都是发生在地下水比较丰富的地带,如水库蓄水后,库岸因浸水而多有滑动。这些事实说明地表水、地下水对斜坡稳定性的影响是十分明显的。水的作用主要表现为对岩土的软化、泥化作用、冲刷作用、静水压力和动水压力作用等。

土坡或岩质斜坡中的泥质岩层,在雨水渗入或地下水位升高而受到浸湿时就会改变其稠度,使岩土软化,抗剪强度降低,从而可能引起斜坡变形和破坏。页岩、凝灰岩、黏土岩等亲水性很强,水对其软化作用显著。

孔隙水压力作用有时可抵消大部分有效应力,而使得近于水平的软弱结构面上产生滑动现象。

水的冲刷作用使河岸变高、变陡。水流冲刷坡脚,可能会切断滑动面使之临空或将趋于稳定的老滑坡的下部物质携走,从而导致滑坡的发生。

雨水渗入、河水位上涨或水库蓄水等种种原因,使得坡体地下水位上升。水位抬高后,孔隙水压力提高,降低了抗滑力,造成斜坡失稳;当地下水从斜坡岩土体中排出时,由于有一定的水力梯度存在,形成了动水压力,增加了沿地下渗流方向的滑动力,从而对斜坡稳定不利。水库使用期,库水位迅速下降时,由于斜坡岩土中的水排出较慢,使地下水位的下降滞后于水库水位的下降,从而形成较大的动水压力，常使岸坡遭受破坏。

2）地震的影响

地震是造成斜坡破坏的触发因素之一，许多大型崩塌或滑坡的发生与地震相关。地震对斜坡稳定性的影响机理主要包括以下几个方面：从震源开始分布于地壳中的弹性振动，向周围介质传递时具有一定的加速度，因此便产生地震力，其数值等于加速度与物体质量的乘积；在地表物体及建筑物内部将产生与地震力大小相等、方向相反的惯性力，因此地震总会在斜坡内引起一种附加应力，这种附加应力存在的时间如同引起它的地震振动的延续时间一样，几乎也是很短暂的；地震还可以引起岩土体局部破坏，从而改变岩土体的结构和强度。

3）滑坡与人为因素的关系

由于人类工程活动引起的滑坡相当多。其主要原因：不适当地开挖坡脚，没有很好地考虑坡体上方的整体稳定性，从而引起滑坡或老滑坡复活；不适当地在坡体上方堆载，增加了潜在滑坡的下滑力；大爆破导致岩体松动引起大滑坡；灌溉渠道漏水、坡体灌水等引起滑坡。

A2　虹吸管空气积累原因与控制

A2.1　斜坡虹吸特点与气泡产生原因

1. 虹吸原理

虹吸是一种利用液面高度差的作用力推动液体流动的物理现象（图 A2.1）。先将液体充满一根∩形管，然后将其一端置于装满液体的容器中，另一端置于低于该容器液面高程的位置，容器内的液体就会持续通过虹吸管从液面高的容器内流向液面低的容器内，直到∩形管两端的液面高度相同。虹吸的实质是因为重力和分子间黏聚力而产生液体流动。虹吸管内最高点液体在重力作用下往低位管口处移动，产生负压导致高位管口的液体被吸进管并流向最高点，从而使液体源源不断地流入低位置容器。

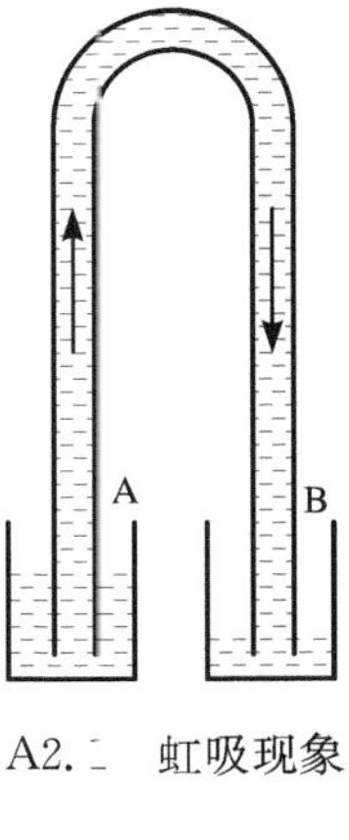

图 A2.1　虹吸现象

当前对虹吸现象已经有很明确的认识，虹吸现象是液态分子间引力与位能差所造成的，即利用大气压力，将液体往上压后再流到低处的一种现象。在大气压力相同的情况下，由于液面存在高差，液体进口管端压力大于出口管端压力，导致液体在压力差作用下流动，容器间的液面变成相同高度时，液体便会停止流动。由图 A2.1 可以看出，当容器 A 液面高于容器 C 液面，且虹吸管内充满液体时，受液体重力作用，虹吸管顶点B压力下降，而容器A液面处于大气压力作用下，从而使管口和管顶有一个明显的压力差，驱动容器A的液体向管内流动。

考虑重力影响，一个标准大气压为101.325kPa，取水的重度为1，在标准大气压条件下，A、B之间的高差不能大于10.336m，否则水流不能越过最高点B，就不能启动虹吸。山区坡面的大气压力会随高程增加而有所下降，虹吸的最大跨越扬程将小于10.336m。当虹吸启动后，虹吸过程进入一个稳态流动过程。由于A、C之间的液面高差，两侧的虹吸管末端有一个压强差形成驱动力，使得A侧水流向C侧，不考虑沿程水头损失和局部压降，理想状态下，当两侧液面持平时，虹吸现象停止。通过对虹吸现象的描述，我们知道，要保证虹吸过程的持续进行，必须满足三个基本条件：

(1) 保证虹吸管顶部处于低压状态，即虹吸管内不能积聚过多的空气。

(2) 虹吸管顶点距离进水容器液面的高度不能超过一个大气压所能维持的水柱的高度。

(3) 出水口液面高度必须低于进水口液面高度。

2. 虹吸管内产生气泡的原因

水中溶解有空气，高扬程虹吸管中产生气泡是必然的物理现象。定温下，空气在液体中的溶解度 S_a 与该气体在液面上的平衡分压 P_a 成正比，其定量关系可由亨利定律描述：

$$S_a=\frac{P_a}{k} \tag{A2.1}$$

式中，k 为亨利常数，与温度、压力等相关。

虹吸的上水管段，水流上升运动过程中，随着上升高度的增加，管内水的压力 P_a 逐渐减小，从而使气体在液体中的溶解度 S_a 降低，必然引起溶解于水中的空气因压力降低而析出产生气泡。

3. 斜坡虹吸基本特征

斜坡虹吸排水的基本特征：高扬程和可能出现极其缓慢流动；降雨的周期性过程决定了虹吸排水过程的间歇性。

坡体地下水一般埋深较大，需要采用高扬程虹吸，由于进水口与虹吸管顶点水头差可能趋于0，会出现极其缓慢的虹吸流动过程。在虹吸上水管段(进水管水流上升段)，气泡所受浮力和水流方向一致，气泡随水流作上升运动，并不会造成气泡的聚集。但在下水管段(出水管水流下降段)，浮力和水流方向相反，当流速较慢时，水流运动的惯性力不能抵抗浮力的作用，就难以将气泡带走，会在虹吸管顶部积累，使虹吸管顶部的真空度逐渐降低，最后导致虹吸过程中断。

斜坡虹吸排水具有间歇性。旱季长期无水，虹吸管会经历长时间的停流期。对于低扬程虹吸情况，虹吸管内空气积累问题不突出，但对于高扬程虹吸，虹吸管顶部处于近真空状态，管内空气积累问题是无法回避的物理现象。

A2.2　虹吸管内气泡运动

1. 虹吸管内气泡产生特点

试验观察表明，虹吸管内气泡的产生和运动有如下特点：

(1) 以进水管的水面为基准，距基准面垂直高度约 3.5m，虹吸管内开始明显出现气泡，且数量较多、直径小，最大直径小于 0.5mm。

(2) 随距基准面垂直高度的增加，气泡数量也快速增加，到距基准面垂直高度约 5.5m，看到气泡呈现成串现象，气泡的最大直径达到 1mm，随虹吸高度位置的进一步提高，气泡数量也进一步增加。

(3) 经过虹吸顶点后，虹吸管中的水流由上升转为下降，气泡的上浮方向与水流方向相反，气泡随着水流继续流动的同时，其上浮力导致气泡相对于水流出现相对的反向运动，在经过虹吸顶点后，气泡发生强烈的兼并，气泡数量减少，单个气泡体积增大，并且由于大气泡受水流的推动作用大于小气泡，结果出现相对较大气泡前端集中分布大量小气泡的现象。

(4)大量气泡兼并后，一般单个气泡的直径在 3～5mm，它们以非均匀间隔分布于虹吸管内，在随水流动过程中进一步兼并，并在水头压力差推动下随水流一起运动，进一步兼并前方较小的气泡，在管内形成更长的空气段，最终流出虹吸管或停留在管内并上升到虹吸管顶点附近集聚。

2. 下水管中气泡运动力学作用

下水管中的气泡上浮方向与水流方向相反，气泡的兼并作用强烈，容易形成大气泡。经过虹吸管顶点以后，由于气泡的上浮力方向与水流方向相反，气泡在随着水流向下运动的同时，还因为自身的上浮力作用产生与水流方向相反的向上相对运动。

对于虹吸管流，引起气泡运动速度差异的重要因素，在于不同大小气泡受到水流推力大小差异。管中气泡的受力特征如图 A2.2 所示，包括气泡的上浮力 F_a、水流 Q 在气泡上下水头损失引起的压力差 Δp，沿气泡和管壁间流动引起的切应力 τ。考虑层流的情况，切应力 τ 可用牛顿内摩擦定律表达：

$$\tau=\mu\frac{\mathrm{d}u}{\mathrm{d}y} \tag{A2.2}$$

式中，μ 为动力黏度；u 为流速；y 为垂直管壁距离。

根据管道流的一致性，各管段截面的流量相同。因此，气泡越大，气泡所在截

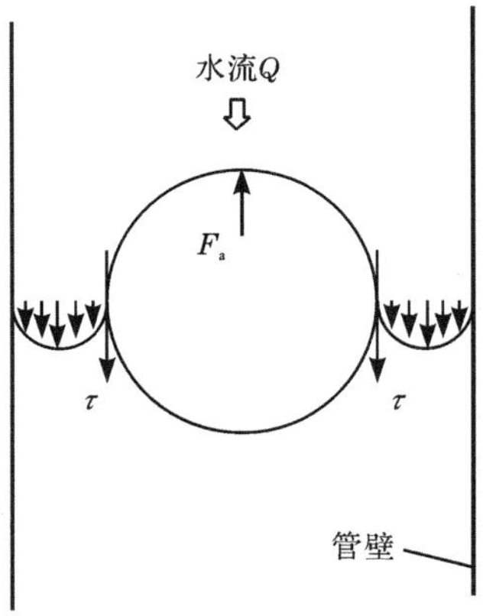

图 A2.2　气泡受力分析图

面的过水断面就越小，相应的流速 u 就越大。对于 8mm 管径的情况，假设平均水流为 u_0，则 2mm 直径气泡占据虹吸管 1/16 截面积后的平均流速为 $1.07u_0$，4mm 直径气泡占据虹吸管 1/4 截面积后的平均流速为 $1.33u_0$。显然，对于所研究的虹吸管流，气泡的直径和虹吸管径处于同一数量级，大气泡占虹吸管截面积较大，受水流的推动作用十分显著。试验观察中清晰可见，气泡占管径的比例越大，气泡就越能随水流一起接近同步运动，直至气泡直径达到虹吸管的内径，就基本随水流同步运动，其上浮力完全成为水流的阻力。

受压力变化的影响，气泡沿虹吸管向下流动过程中，体积逐渐减小，相应的向下运动速度也逐渐减小。如图 A2.3 所示，假定 Z_1 高度处有一直径为 4mm 的气泡在随水流向下移动过程中，一方面因为压力增加而使气泡的体积减小，另一方面又因为与其他气泡兼并而使体积增大。气泡在低压力区域形成后，随管内的水流向下流动，由于气泡的大小与气压相关，有

$$P_1V_1=P_2V_2 \tag{A2.3}$$

在图 A2.3 中，以 O 平面为基点，假设气泡高度 $Z_1=6\text{m}$，则压力 $P_1\approx 40\text{kPa}$，假设高度 $Z_2=2\text{m}$，则压力 $P_2\approx 80\text{kPa}$。气泡从 Z_1 流动到 Z_2，将使气泡的体积减小到一半。也就是说如果在 Z_1 点一个直径 4mm 的气泡运动到 Z_2 点后，其直径减小到约为 3.2mm。随着气泡直径的减小，向下运动速度也相应降低，容易被后来的大气泡追上，并发生兼并。

3. 虹吸管内气泡兼并过程

经过虹吸管顶点后，气泡随水流向下流动过程中进一步兼并，形成水弹和气泡相间的弹状流。当大小两个气泡与水流一起向下流动时，气泡受到水流推力和气泡上浮力的共同作用，因大气泡基本占据虹吸管断面，受到更强的水流推力作

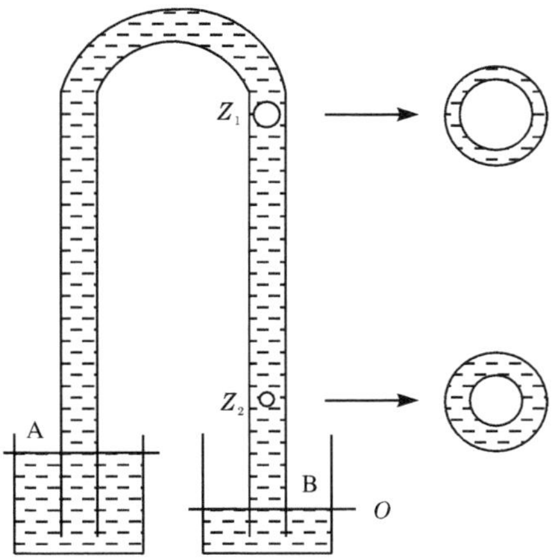

图 A2.3　气泡受力分析截面位置

用，试验观察到如图 A2.4(a)所示的结果，从 t_1 到 t_2 时刻，接近虹吸管直径的大气泡的流动距离 Δh_1 大于小气泡的流动距离 Δh_2，两个气泡经历一段时间运动后出现图 A2.4(b)所示的结果，两个气泡兼并形成更大的气泡。这一大气泡又会与前方的小气泡兼并，最后形成占满管径的气泡段(图 A2.4(c))。

气泡兼并过程发展的最后结果是在虹吸管内形成气泡和水弹的间隔分布。如果此时气泡的表面张力能够维持气泡形态的稳定，水流基本无法从气泡边缘通过，就成为段塞流(见图 A2.4(d))。段塞流的水弹能够推动气泡同步运动，气泡最终与虹吸水流一起排出而不会在虹吸管内积累。因此，确保虹吸能够形成段塞流是保障虹吸管不产生空气积累的条件。

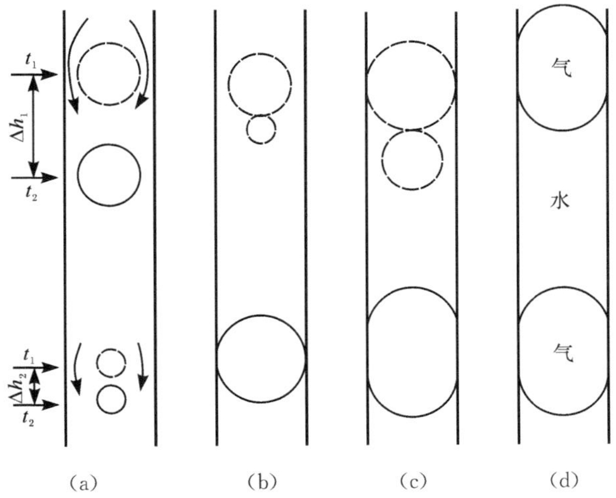

图 A2.4　气泡兼并运动模式

A2.3　选择合理管径避免气泡积累

1. 虹吸管顶部流态与管径的关系

流速缓慢的条件下，水流经过虹吸管顶弯头时的流动形态由管径大小决定，可分为贴壁流、弹状流及段塞流。管径较大时，因为水的表面张力不足以维持管内水面的形态，通常水流会贴壁流下。而管径越小，越容易形成段塞流。

分别对 8mm、5mm、4mm 管径的虹吸管顶部流态特征观察，发现虹吸水流通过管顶时的流态存在很大区别(见表 A2.1)，具体特征如图 A2.5 所示。迅速提高进水口水位，使虹吸管内流速较大时，通过管顶弯管时的流速亦较大，对于 5mm 及 4mm 管径的虹吸管，一段水柱能够整体快速通过顶部，并在重力作用下整体下落，很好地形成水柱和气泡间隔的段塞流(图 A2.5(a))，从而推动气泡随水流一起排出，可以避免空气在虹吸管内积累。而对于 8mm 管径，其形成的多为不完整气弹，即气泡下部存在过水通道(见图 A2.5(b))，无法实现气泡与水流的完全共同运动。总的来说，在流速较快的情况下，过管顶弯管后，只要形成基本完整的水弹，就能保证气体随水流一同排出，避免管顶无水段真空度的降低。使进水口的水位保持在启动虹吸水位附近，管内流速较小时，上水管水位缓慢上升直至抵达弯管，对于管径较粗的 8mm 虹吸管，水流通常会以贴壁流的形式顺壁流入下水管(见图 A2.5(c))。贴壁流态会造成管内水流动排出而空气不发生流动，无法实现管顶气体的排出，这样就会因水流带入的空气在低压管内不断析出并积聚而导致管内的真空度降低，如果其过程持续较长时间，最终会导致虹吸过程的中断。使进水口的水位保持在启动虹吸水位附近，管内流速较小时，对于 5mm 虹吸管，段塞流与弹状流的情况均有出现，说明其处于一个临界状态，而在极其缓慢流动时，无法形成段塞流。对于 4mm 管径的虹吸管，在极其缓慢流动的条件下，均可以形成段塞流型，实现气体的排出。

表 A2.1　水流经过虹吸管顶部后流态特征

加水流量	流态特征		
	8mm 虹吸管	5mm 虹吸管	4mm 虹吸管
大流量加水	弹状流	段塞流	段塞流
700mL/h	贴壁流	弹状流、段塞流	段塞流
400mL/h	贴壁流	弹状流	段塞流

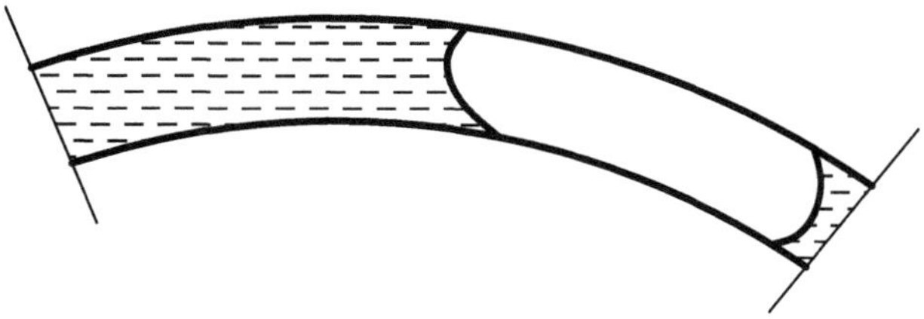

(a) 段塞流

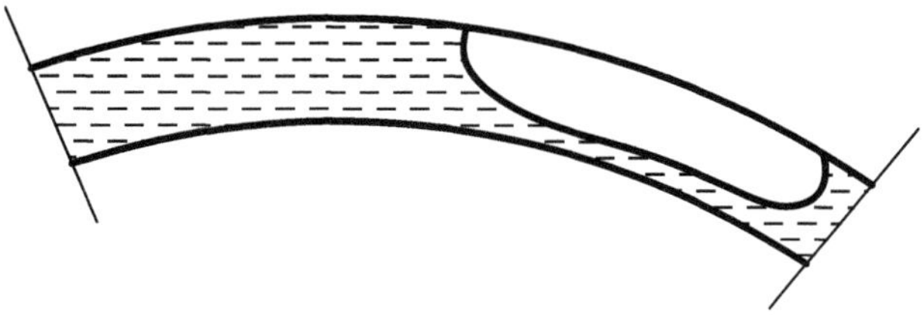

(b) 弹状流

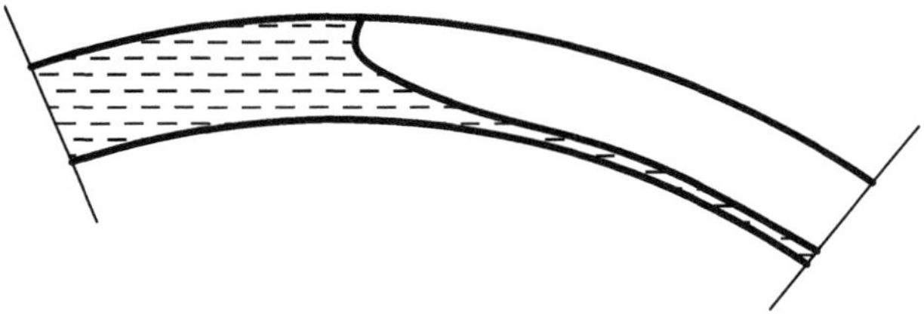

(c) 贴壁流

图 A2.5 过管顶弯管处的三种流型示意图

试验中可以观察到，产生贴壁流态是因为水的表面张力不足以维持管内水面的形态。如图 A2.6 所示，在 8mm 管径的情况下，上水管内水位缓慢上升直至抵达管顶弯管时，会出现上下分层的液面形式，并在水流继续缓慢上升越过弯管的顶点进入下水管后，下部液面发生塌陷，从而贴壁顺流而下，呈现图 A2.5(c)所示的贴壁流态。

虹吸管底部有水膜时，水流更易顺着水膜的已有路径贴壁流动，更不利于弹状流型的产生。对于斜坡排水，虹吸的间歇时间，足以通过蒸发等物理作用，使管底水膜消失，故此对总体的虹吸流动影响较小。

在长期入渗水速率较慢的情况下，大管径虹吸管的水流多以贴壁流的形式流走，会造成气体在管顶的积聚，从而使管顶气压不断升高，所对应的虹吸启动扬程不断降低，最终会导致虹吸中断。

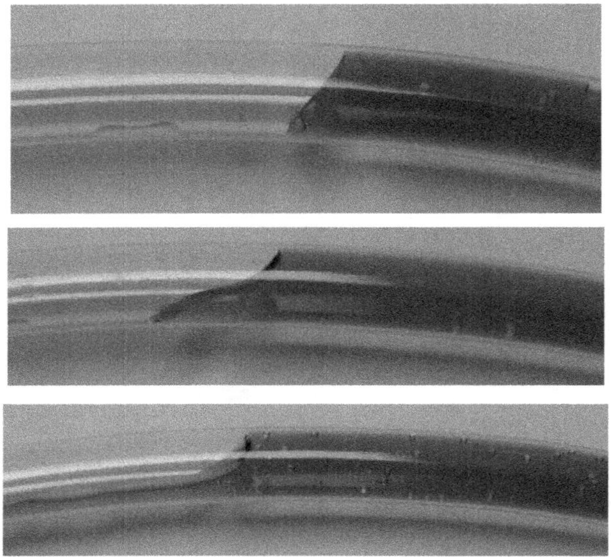

图 A2.6　贴壁流型的液面形状变化过程(8mm 虹吸管)

2. 流动型式与管径的关系

当气泡兼并积累后,随着气泡体积的扩大,气泡受到的浮力进一步增大,当水流流速较慢时,惯性力的作用不足以带动气泡,就会在管顶产生空气积累。而在小管径通道中,由于气泡与管壁之间表面张力引起的气体栓塞作用,可以较大程度上抵消向上的浮力,可以使得气泡随着水流被一同排出虹吸管。

当气液两相流动速度较快时,流动型式呈现泡状流型时,气泡运动中重力占主要因素,气泡可以与水流一同运动;要形成段塞流,就必须表面张力作用占主要因素。在高扬程虹吸管中,由于管顶接近真空,表面张力的作用会相应更加明显,出现弹状流的范围也就大大增加了,所以在高扬程虹吸中,弹状流是一种主要的气液两相流动型式。要形成段塞流,表面张力必须占主要作用,表面张力通过壁面黏附形成弯液面,产生的附加压力大于重力作用,使得弯液面不被挤压变形。管径越小,表面张力作用越明显。所以一个合适的管径是形成段塞流的关键因素。

3. 形成段塞流的临界管径

普通弹状流并不能保证下水管段的气泡与水流共同运动,但段塞流由于其分段性,虽然会减缓流动速度,但是液体的流动势必会带动气泡的运动,气泡可以随水流一同运动而不会发生管内空气积累,从而可以保证虹吸系统长期有效。

形成段塞流的基础是气泡占满虹吸管,且在流动过程中气泡具有物理上的稳定性。因此,可以通过分析水中最大稳定气泡的直径,来确定形成段塞流的临界管径。

当稳定、静止不动的水体中出现一个气泡时,由于表面张力作用,气泡形状总是向球形发展,并且气泡会由于浮力作用上升直至自由液面。不考虑上升过程的气体溶回,由于周围水压的不断减小,气泡大小会逐渐增大。但是气泡大小的增加并不是无止境的,由于表面张力作用的限制,气泡大小在理论上存在一个极限值。当气泡增大超过极限值时,表面张力不足以支撑整个气泡的稳定,气泡会发生破裂分离形成多个气泡。这与自然条件下形成的空气中最大水滴直径问题相类似。

常温 21℃,没有外界干扰的静态水中,根据液面的能量法推导,计算得出表面张力作用的稳定气泡最大极限形状如图 A2.7 所示。即稳定气泡存在的最大极限直径为 4.6mm,当虹吸管直径大于该临界管径时,虹吸管中始终无法形成稳定气泡,也就无法形成稳定的弹状流段塞流。而当虹吸管直径小于 4.6mm 时,虹吸管中的气泡始终能够保持自身稳定,从而可形成稳定的段塞流。

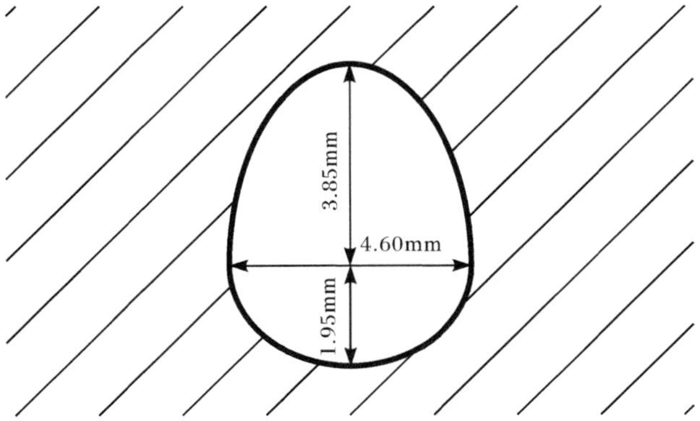

图 A2.7　理论计算静态水中气泡极限大小

4. 斜坡虹吸排水的虹吸管径选择

根据形成段塞流的要求以及理论计算静态水中稳定气泡极限直径为 4.6mm,为保证虹吸管不产生空气积累,虹吸管直径应该小于 4.6mm,确保形成稳定的段塞流。但当虹吸水流速度较大时,略大于 4.6mm 虹吸管亦可形成较稳定的段塞流。因此,对于经常性降雨并且坡体地下水丰富的地区,虹吸排水孔水量很大时,可选用直径为 5mm 的虹吸管;一般情况下,为保持虹吸过程的长期有效,应选择 4mm 的虹吸管。

A2.4　虹吸管材选择

1. 虹吸管材的透气性

任何固体材料或多或少地具有透气性。高扬程虹吸管的顶部近似于真空状态，其管壁外侧处于大气环境下，管内外存在气压差。由于一般管材的透气性很低，在短时间内一般不会产生明显的影响，但在长期停流状态下，就必须考虑管外空气入渗产生虹吸管顶部空气积累问题。

各种气体成分会在压力差作用下，以分子扩散的方式从高压区进入低压区。分子渗透进入虹吸管内分三个阶段：①气体分子在管材外表面的吸附溶解；②气体分子在管壁内的扩散；③气体分子在管材内表面的解吸附。

对于虹吸排水，关注的重点是管内真空度的长期保持，气体分子在管材外表面的吸附溶解过程和管壁内的解吸附，虽然在虹吸开始阶段会延缓气体进入管内时间，但当达到动态平衡后，控制气体分子进入管内的因素就只有气体分子在管壁中的扩散速度。

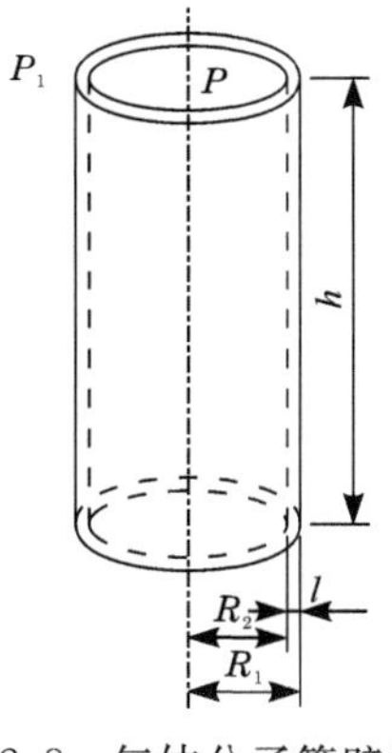

A2.8　气体分子管壁扩散

虹吸长期停止流动的条件下，取高为 h 的一管段进行计算(见图 A2.8)。设圆管外气压为 P_1，圆管内为真空 P、V 的空间，管壁厚 l(内外径分别为 R_2 和 R_1)。气体分子通过管壁的扩散速度可以用式(A2.4)来表示：

$$F=D\left(\frac{\partial C}{\partial r}\right)_{r=R_2}=\frac{kP_1}{R_2\ln\frac{R_1}{R_2}} \tag{A2.4}$$

式中，F 为单位时间通过单位面积扩散的气体量，cm^3(标准状况)/(s · cm)；D 为扩散系数，cm^2/s；C 为浓度，cm^3(标准状况)/cm^3；k 为表示气体-固体配组渗透性能的基本参量。在分子态渗透的情况下，k 与扩散系数 D 的单位一致，即 cm^2/s。为实用上的方便，K 的单位还可以写成：cm^3(STP)/(cm^2 · s · cmHg/mm)，这个单位比前者大 7.6 倍，在计算中应注意换算。STP 表示标准状态下气体的体积，即满足 22.4L/mol的摩尔体积。P_1 为圆管外气压。R_1 和 R_2 分别为虹吸管的外径与内径。

由式(A2.4)可以得出，空气由外界向真空圆管内的渗透速率与渗透系数 k 以及外界气压 P_1 成正比，且与内外径的大小比值等相关。在工程应用中，为保证形成段塞流，对内径 R_2 给出了建议值取 2mm，故可控参数包括渗透系数 k 以及 $\ln(R_1/R_2)$ 的大小。其中渗透系数的大小取值与温度及固体材料相关，常温下工程中常用的几种高分子管材的渗透系数取值如表 A2.2 所示。

表 A2.2　常温下气体在有机材料中的渗透系数

材料	渗透系数 k/[10^{-10} cm^3(STP)/(cm^2 · s · cmHg/mm)]	
	氮气	氧气
PA(尼龙)	0.1～0.2	0.38
PE(聚乙烯)	3.3～20	11～59
PU(聚氨酯)	4.9	15.2～48
PVC(聚氯乙烯)	0.4～1.7	1.2～6

由表 A2.2 可以看出，PA 材料的渗透系数最小，PVC 材料次之，而 PE 与 PU 材料的渗透系数较大。因此，工程中应采用 PA 管作为虹吸管，以便减小外界空气渗入虹吸内，避免长期停止虹吸期间在管顶产生过长的空气段。

2. 虹吸管材透气可能引起气泡积累速度

高扬程虹吸管的顶部近似于真空状态，其管壁外侧处于大气环境下，气体会在压力差作用下，以分子扩散的方式从管壁外侧高压区进入管内低压区。通过理论计算分析，推导得出了管外空气渗入量的计算表达式(A2.4)。以管内径 4mm 的虹吸管进行计算。

聚氨酯(PU)材料虹吸管，每米计算管段长度 PU 虹吸管的气柱长度增速：壁厚 1mm 为 5.3～10.8cm/d、壁厚 2mm 为 3.0～6.2cm/d、壁厚 3mm 为 2.3～4.8cm/d。

尼龙(PA)材料虹吸管，每米计算管段长度 PA 虹吸管的气柱长度增速：壁厚 1mm 为 1.2～1.9mm/d、壁厚 2mm 为 0.7～1.1mm/d、壁厚 3mm 为 0.6～0.8mm/d。

结合经济因素，工程中建议使用内径 4mm、外径 9mm 的 PA 材料虹吸管，可以使每米虹吸管的气柱长度增速降至 1mm/d 以下，从而可以保障在间歇性虹吸排水过程中不会因为管顶空气段过长而无法自动恢复虹吸。

A3 虹吸排水系统设计

A3.1 虹吸排水孔布置

1. 虹吸排水孔平面布置

虹吸排水孔的平面布置,应根据斜坡的地形特征、坡体地质结构、地下水位埋深、地下水的补径排条件、滑体厚度、施工条件等因素综合考虑决定。应满足以下要求:

(1) 降雨入渗的汇水区主要来自后缘时,应首先考虑在滑坡后缘布置虹吸排水孔。

(2) 潜在滑坡有明显的抗滑段与滑动段时,应首先考虑降低抗滑段的坡体地下水位。

(3) 坡体地质结构决定着地下水渗流方式,虹吸排水孔的进水段,宜处于透水性相对较好的土层中,可以达到更好的集排水作用。

(4) 受虹吸排水的最大扬程不超过 10m 的物理限制,应根据地下水埋深条件,选择地下水位埋深较浅的部位布置虹吸孔,以便减小钻孔深度;考虑地下水的补径排条件,虹吸排水孔应能拦截主要地下水补给来源。

(5) 当滑坡体厚度很大时,可以根据滑坡稳定性分析结果,决定是否需要将地下水位降低到滑动面以下,但滑坡体厚度较小时,宜将排水的控制地下水位降低到滑动面以下。

(6) 施工条件主要是影响工程造价,应综合考虑排水要求并平衡工程造价,最终确定虹吸排水孔的平面布置方案。

2. 排水孔排数确定

对地质条件简单的中小型滑坡,一般在滑体中后缘布设一排虹吸排水孔即可,排孔的延伸方向应与潜在滑体地下水渗流方向大角度相交。

对于轴向很长或渗透性差的斜坡,可考虑将虹吸排水孔布置成两排或多排,进行分级排水。

特别是潜在滑坡的地下水补给既来自后缘也来自侧边的情况下,采用多排虹吸排水孔就非常必要。

3. 钻孔倾角和孔深

虹吸排水可实现的最大跨越扬程约 10m。因此,钻孔内水位的最大降深与孔口高差不能超过 10m。斜坡的地下水埋深一般较大，需要排出深部地下水，但受限于虹吸过程自然启动的扬程条件，采用垂直钻孔常常无法满足地下水位降深的要求，一般应采用下倾斜孔。根据潜在滑坡排水的降深要求，利用向下倾斜的钻孔进入坡体深部，通过调节倾斜钻孔的倾角及长度，实现斜坡地下水位的降深要求（图 A3.1）。

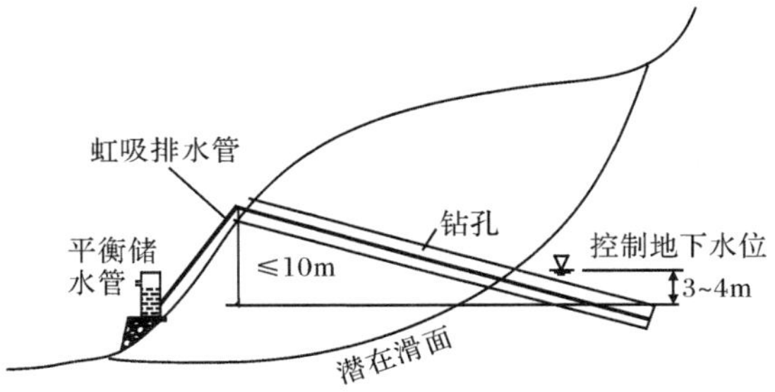

图 A3.1 倾斜式虹吸排水系统

地下水位降深控制高程，根据斜坡稳定性分析结果确定，保障经虹吸排水拦截后，下游潜在滑坡区的地下水位下降到稳定性的控制要求。根据地下水位降深的要求，确定钻孔倾角和孔深。满足如下要求：

（1）虹吸排水最大降深约 10m，考虑虹吸管内必然会出现一定程度的空气积累，再次启动虹吸时，坡体地下水位必然需要上升到一定的高度，为保证潜在滑坡稳定，应预留 3～4m 地下水位允许波动范围。

（2）一般将地下水位控制点与孔口的相对高差取 6～7m，以满足地下水位降深要求。允许孔内地下水位波动范围可按所在地区降雨丰富情况分别取值：降雨量丰富地区的孔底与孔内地下水位控制点高差取 3m；干旱地区的孔底与孔内地下水位控制点的高差取 4m。

考虑到干旱季节，可能出现长时间无地下水，虹吸过程会有长时间停止流动期，在此期间，虹吸管的顶部会出现一定长度的气泡积累，重新启动虹吸时，孔内水位需要上升到一定的高度才能克服管内气泡的影响。也就是说，在虹吸管内存在气泡时，启动虹吸排水的最大跨越扬程将小于 10m，即需要预留一定的地下水位上升量，确保斜坡在地下水位适度上升后不会发生滑坡灾害。试验研究结果表明，经历连续 100 天虹吸停止期，重启虹吸所需的水位上升余量小于 2.1m。也就是说，斜坡虹吸排水停止 100 天后，坡体地下水位上升到距钻孔孔口高差 7.9m 时，虹吸能够自然恢复。为保证斜坡安全，设计上可考虑将与孔口高差 6～7m 作为斜坡的控制地下水位，预留 3～4m 水位变动区来确保虹吸过程长期有效，保证在地下水位适当上升条件下的斜坡处于稳定状态。具体取值可根据斜坡所在区域可能出现的干旱期长短确定，持续干旱期在 3 个月以内的地区，预留 3m 水位变动区即可，持续干旱期可能在6个月以上的地区，宜预留4m水位变动区。

4. 虹吸排水管出水口平衡储水管设置

为保证虹吸过程长期有效，既需要确保钻孔内地下水不被排干，也需要保证虹吸管内的水不被倒吸到钻孔内。虹吸系统建设施工应满足如下要求：

（1）当孔口与孔底相对高差大于11m时，使虹吸排水的出水口高程低于钻孔孔口大于11m。

（2）当孔口与孔底相对高差小于11m时，虹吸排水的出水口应设置平衡储水管，确保平衡储水管的出水口高程高于钻孔的底部、平衡储水管的管底高程低于钻孔的底部。

A3.2 斜坡虹吸排水基本要求

1. 地下水位降深要求

降低滑动带岩土的含水量，最有利于提高滑坡的稳定性。因此，为了有效提高潜在滑坡的稳定性，虹吸排水孔应尽可能穿过潜在滑动面，尽可能将地下水位降低到潜在滑动面以下。许多滑坡的滑动面往往就是相对隔水层，滑面以下岩土的渗透系数远小于滑体的渗透系数，这种情况下，显然无法将地下水位完全降低到潜在滑面以下，但仍可有效降低潜在滑面的孔隙水压力而提高斜坡的稳定性。

2. 虹吸排水能力要求

虹吸排水能力需要满足的条件：强降雨过程入渗引起的地下水位上升高度不能超过控制地下水位。降雨入渗量与地形条件、气候环境、斜坡规模、岩土结构及性质等众多复杂因素相关，无法完全定量进行分析，但斜坡地下水最大渗流量不会超过地下水位到达坡面时的渗流量。根据达西定律，地下水流过斜坡横断面的流量Q，可由式(A3.1)计算：

$$Q=kAj \tag{A3.1}$$

式中，Q为渗流总流量；A为斜坡横断面上的渗流面积；k为土的渗透系数；j为水力坡降。

假设地下水位到达坡面时，水力坡降j为斜坡的斜率。由土的渗透系数经验值，一般土质斜坡的渗透系数k为小于10^{-4}cm/s(8.64×10^{-2}m/d)的某个值。事实上，如果是砂土、碎石土等强渗透性土坡，降雨时入渗的地下水位是不可能达到坡面附近的，具体情况可通过工程地质分析确定。如果斜坡的坡度θ、堆积层厚度h、排水孔间距d、渗透系数k，则单孔排水能力的最大渗流量Q为

$$Q=khd\tan\theta \tag{A3.2}$$

例如，某斜坡的透系数 k 为 10^{-4} cm/s、坡度为 20°、堆积层厚度 10m、排水孔间距 3m，如果全部截流地下水，则依据式(A3.2)，所需的单孔排水量 Q 为

$$Q=0.0864\times10\times3\times\tan20°\approx0.94(\mathrm{m^3/d})$$

实际工程中，可根据斜坡稳定性特征，考虑排水要求，依据式(A3.2)进行排水量估算，确定排水孔和虹吸管的数量。但应该注意到，并非需要拦截全部的地下水流量，根据斜坡稳定的要求进行具体分析。同时应注意到，单孔的入渗流量是有限的，特别是渗透性很小的黏土类斜坡，对于它们的排水，既需要考虑排水的总流量，也需要考虑排水孔的影响半径，不宜把排水孔间距设置过大，才能有效拦截地下水。

A3.3 虹吸排水孔间距

1. 虹吸排水孔间距基本规定

根据岩土的渗透性大小以及排水拦截比的要求，选择虹吸排水孔间距。对应坡体不同的渗透系数 10^{-3} cm/s、10^{-4} cm/s、10^{-5} cm/s、10^{-6} cm/s 条件，一般斜坡可采用 4m、3m、2m 和 1m 的虹吸排水孔间距。对于重要斜坡排水，应根据岩土的渗透性大小以及排水拦截比的要求，通过计算分析确定，或根据经验确定的孔间距适当加密。

2. 虹吸排水孔浸润曲线

对于滑面以下岩土的渗透性很低的情况，虹吸排水孔设计时，一般可将穿过潜在滑面的虹吸排水孔作为潜水完整井考虑，排水计算中只把潜在滑动面以上部分坡体看成含水层。垂直虹吸排水孔的情况下，地下水向潜水完整井渗流达到稳定状态后降水浸润曲线如图 A3.2 所示，潜水位分布方程(浸润曲线方程)为

$$h^2=h_{\mathrm{w}}^2+(H_0^2-h_{\mathrm{w}}^2)\frac{\ln\dfrac{r}{r_{\mathrm{w}}}}{\ln\dfrac{R}{r_{\mathrm{w}}}} \tag{A3.3}$$

式中，H_0 为潜水位水深；h_{w} 为排水孔水深；h 为任一点的水深；r_{w} 为排水孔半径；R 排水孔影响半径；r 为任一点距离排水孔中心在水平方向的距离。

对于无隔水层的情况，需要按非完整井进行相关计算，可参照有关地下水动力学的计算公式。

虹吸钻孔在剖面上的影响半径宜通过试验或根据当地经验确定。在缺乏条件时，可按经验公式计算，潜水含水层：

$$R=2S\sqrt{kH} \tag{A3.4}$$

承压含水层：

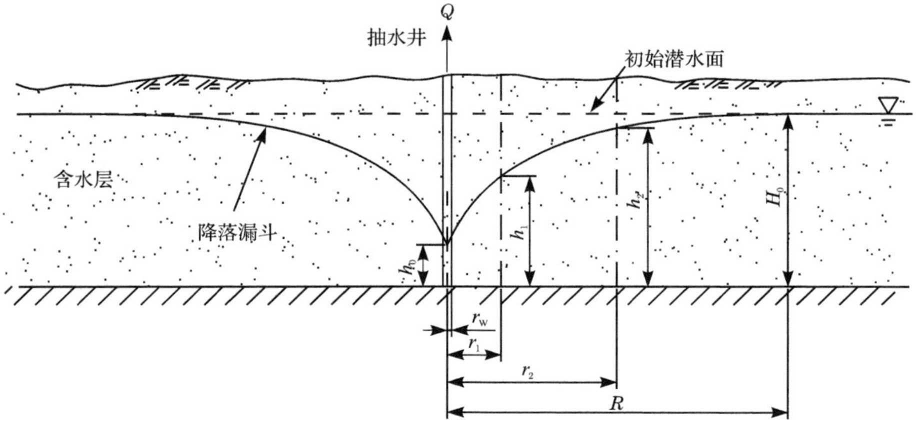

图 A3.2　地下水向潜水完整井稳定流动的浸润曲线

$$R=10S\sqrt{k} \tag{A3.5}$$

式中，R 为降水影响半径，m；S 为水位降深，m；k 为渗透系数，m/d；H 为含水层厚度，m。

3. 虹吸排水孔间距计算

虹吸排水孔的钻孔间距可根据影响半径 R 进行设计，并考虑斜坡的地质环境条件，进行虹吸排水孔位间距调整，保证各虹吸排水孔位之间的影响半径有部分重叠而形成干扰井，使斜坡虹吸排水后的水位降深能够确保潜在滑坡处于稳定状态。

群孔共同出水时，忽略群孔间的影响，根据对称性可得地下水浸润线如图 A3.3 所示。可根据斜坡需要拦截的地下水流量，计算确定排水孔间距。

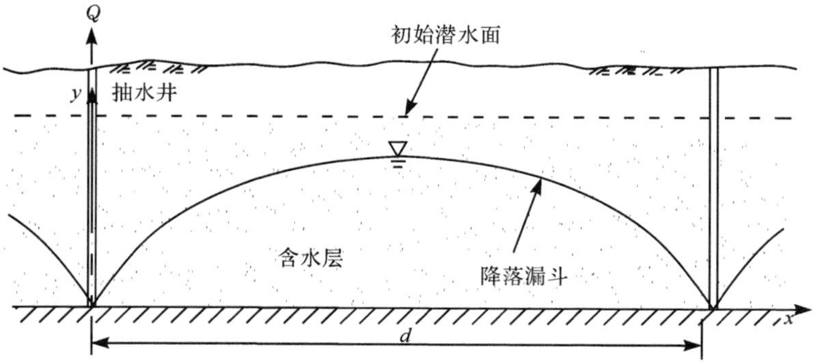

图 A3.3　群孔出水时地下水浸润线

在确定的斜坡水文地质参数条件下，斜坡断面的地下水渗流量与过水断面的面积成正比。设置虹吸排水孔前斜坡断面的地下水过水面积为 A、渗流量为 Q，设置排水虹吸孔后的斜坡断面地下水过水面积为 A_s、渗流量为 Q_s，定义拦截比 λ：

$$\lambda=\frac{Q_s}{Q}=\frac{A_s kj}{Akj}=\frac{A_s}{A} \tag{A3.6}$$

为了简化分析计算，在这里假设了水力坡度 j 和渗透系数 k 为恒定值。如图 A3.3 所示，以左边排水孔中心为原点建立坐标系，A_s 表示流量减少部分的降水漏斗区面积，即初始潜水面与浸润曲线间的面积，A 为排水孔以上部分流量所对应的面积，即 x 轴以上至初始潜水面的矩形面积。拦截比 λ 表达了设置排水孔而减少地下水流向斜坡下游的流量，可按式(A3.7)计算：

$$A_s=H_0 d-2\int_{r_w}^{\frac{d}{2}}\sqrt{h_w^2+(H_0^2-h_w^2)\frac{\ln\frac{r}{r_w}}{\ln\frac{R}{r_w}}}\,\mathrm{d}r \tag{A3.7}$$

式(A3.7)建立了拦截比 λ 与孔间距 d 的关系式。

虽然虹吸排水孔的地下水位最大降深不能超过 10m，但采用斜孔虹吸排水时，孔底到地表的垂直距离可以远远大于 10m，相应的钻孔在地下水位线以下孔段的长度也将远大于 10m。为了简化分析排水孔地下水位下降后拦截地下水渗流量的能力，可以把斜孔简单理解成垂直孔，以孔底所在点对应地表的垂直线作为分析剖面，计算分析虹吸排水后使地下水位下降到孔底时的地下水拦截比。

假设潜水位水深 H_0 分别为 20m、15m、10m 和 5m，排水孔半径 r_w 为 10cm。考虑排水孔降深为 20m、15m、10m 和 5m，渗透系数分别为 10^{-3} cm/s、10^{-4} cm/s、10^{-5} cm/s、10^{-6} cm/s。排水孔影响半径可由式(A3.4)或式(A3.5)得到。根据式(A3.7)可计算得到表 A3.1～表 A3.4 所示的结果。

表 A3.1　排水孔地下水位降深为 5m 时不同拦截比 λ 下的孔距 d　(单位:m)

渗透系数 k /(cm/s)	拦截比 λ								
	90%	80%	70%	60%	50%	40%	30%	20%	10%
10^{-3}	0.36	0.55	0.85	1.36	2.32	4.23	8.39	18.32	44.45
10^{-4}	0.34	0.49	0.73	1.09	1.70	2.77	4.81	8.92	17.87
10^{-5}	0.32	0.44	0.61	0.85	1.22	1.79	2.72	4.31	7.19
10^{-6}	0.29	0.39	0.50	0.64	0.84	1.10	1.48	2.02	2.84

表 A3.2　排水孔地下水位降深为 10m 时不同拦截比 λ 下的孔距 d　（单位：m）

渗透系数 k /(cm/s)	拦截比 λ								
	90%	80%	70%	60%	50%	40%	30%	20%	10%
10^{-3}	0.37	0.59	0.96	1.65	3.03	6.13	13.80	35.09	101.64
10^{-4}	0.35	0.54	0.83	1.33	2.25	4.06	7.94	17.08	40.69
10^{-5}	0.33	0.49	0.71	1.06	1.64	2.66	4.55	8.32	16.36
10^{-6}	0.31	0.44	0.60	0.83	1.17	1.71	2.57	4.01	6.57

表 A3.3　排水孔地下水位降深为 15m 时不同拦截比 λ 下的孔距 d　（单位：m）

渗透系数 k /(cm/s)	拦截比 λ								
	90%	80%	70%	60%	50%	40%	30%	20%	10%
10^{-3}	0.38	0.62	1.03	1.83	3.54	7.60	18.44	51.37	165.17
10^{-4}	0.36	0.57	0.90	1.49	2.64	5.05	10.63	24.98	65.96
10^{-5}	0.34	0.52	0.78	1.20	1.94	3.33	6.12	12.17	26.47
10^{-6}	0.33	0.46	0.66	0.95	1.41	2.17	3.48	5.91	10.65

表 A3.4　排水孔地下水位降深为 20m 时不同拦截比 λ 下的孔距 d　（单位：m）

渗透系数 k /(cm/s)	拦截比 λ								
	90%	80%	70%	60%	50%	40%	30%	20%	10%
10^{-3}	0.38	0.63	1.08	1.98	3.95	8.85	22.67	67.35	233.26
10^{-4}	0.37	0.58	0.95	1.61	2.95	5.89	13.07	32.72	92.99
10^{-5}	0.35	0.53	0.82	1.30	2.18	3.90	7.53	15.94	37.25
10^{-6}	0.33	0.48	0.70	1.04	1.59	2.55	4.31	7.76	14.98

由表 A3.1～表 A3.4 可见，如果需要地下水渗流量的拦截率达到 50%，对应坡体不同的渗透系数 10^{-3}cm/s、10^{-4}cm/s、10^{-5}cm/s、10^{-6}cm/s，排水孔地下水位降深为 5m 需要采用的虹吸排水孔间距为 0.84～2.32m，排水孔地下水位降深为 10m 需要采用的虹吸排水孔间距为 1.17～3.03m，排水孔地下水位降深为 15m 需要采用的虹吸排水孔间距为 1.41～3.54m，排水孔地下水位降深为 20m 需要采用的虹吸排水孔间距为 1.59～3.95m。因此，提高孔位的地下水位降深，可以减少钻孔的数量。

在相同排水孔地下水位降深的条件下，随着排水孔间距的加大，斜坡断面地下水渗流量的拦截比 λ 迅速下降，渗透系数越小，拦截比 λ 随排水孔间距下降速率越大。地下水渗流量拦截比、渗透系数和排水孔地下水位降深是影响钻孔间距选择的因素。工程上可根据斜坡的工程地质条件和水文地质条件，结合施工条件分析，合理布置虹吸排水孔的间距。

A3.4 虹吸排水流量计算

1. 管流水力特性

如果将管内流速看成平均流速的话，则管流的水力特性可用伯努利方程来描述。伯努利方程建立有四个假设条件：①流体必须是理想流体，即无黏性流体，无内摩擦力和能量损失；②稳定流动，各运动要素不随时间变化而变化；③过空间某点在同一时刻只能作一根流线；④具有静止惯性参考系。伯努利方程表达式为

$$z_1+\frac{p_1}{\rho g}+\frac{{v_1}^2}{2g}=z_2+\frac{p_2}{\rho g}+\frac{{v_2}^2}{2g}+h_{\mathrm{f}} \tag{A3.8}$$

式中，z 为位置水头；$\frac{p}{\rho g}$为压强水头；$\frac{v^2}{2g}$为流速水头；h_{f} 为沿程水头损失。

对于图A3.4所示的虹吸系统，当液面 A 与液面 C 的水头差大于液面 A 与液面 B 的水头差时，管流系统的流速将取决于液面 A 和液面 B 的水位差。设 H_A 为左侧液面高程、H_B 为右侧液面高程、ρg 为水的重度，由伯努利方程计算虹吸流速 v：

$$H_A+\frac{p_A}{\rho g}=H_B+\frac{p_B}{\rho g}+\frac{v^2}{2g} \tag{A3.9}$$

$$v=\sqrt{2g(H_A-H_B)}=\sqrt{2g\Delta h_{AB}} \tag{A3.10}$$

当液面 A 与液面 C 的水头差小于液面 A 与液面 B 的水头差时，式(A3.10)应该改变为

$$v=\sqrt{2g(H_A-H_C)}=\sqrt{2g\Delta h_{AC}} \tag{A3.11}$$

从式(A3.10)或式(A3.11)可以看出，虹吸流速的平方与水头差 Δh_{AC} 或 Δh_{AB} 较小者成正比。

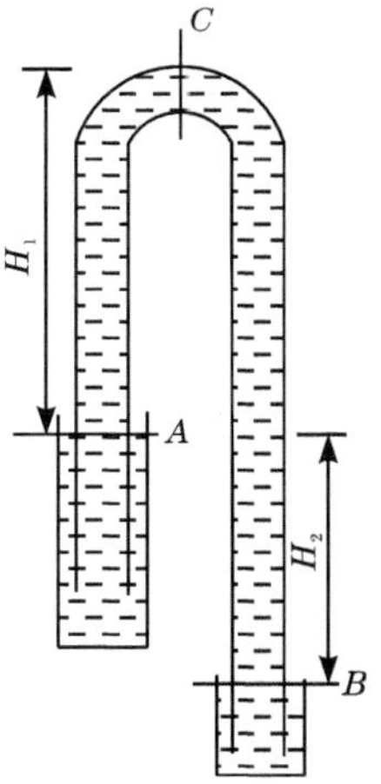

图A3.4 虹吸管流模型

实际虹吸过程中，虹吸管内流体为水，具有黏性，黏性切应力会阻碍流体的运动，进而产生能量损失，这种能量损失主要分为沿程阻力水头损失和局部阻力水头损失。沿程阻力水头损失即沿程上单位重量的流体不断与管壁发生摩擦，流体之间也会发生内摩擦，为克服阻力，流体将损失机械能。局部阻力水头损失是指当虹吸管内水流在某些局部地方，因为水流方向的改变，如弯管、气泡等，而产生额外的水头损失。由于沿程阻力水头损失和局部阻力水头损失的存在，由式(A3.10)或式(A3.11)计算获得的流速将会大于实际流速，特别是对于小直径的虹吸管，计算误差将会很大。考虑虹吸流动中的沿程损失及局部水头损失，虹吸的流速表达式可以写为

$$v=\sqrt{\frac{2g\Delta h}{1+\zeta+\lambda L/d}} \tag{A3.12}$$

其中，ζ 为虹吸管的局部阻力系数；λ 为虹吸管的沿程阻力系数；L 和 d 分别为虹吸管的管长及内径。

流速乘以虹吸管断面面积即得到虹吸流量。在扬程较小（小于等于 3m）的虹吸管中，大量的试验及工程表明，式（A3. 12）对计算虹吸流速符合得较好。然而对于高扬程虹吸问题，仅考虑弯头处的局部水头损失及沿程损失，对于虹吸流量下降的影响还远远不够。这主要是由于虹吸管中析出气泡，产生很大的阻力作用。事实上，式（A3. 12）的计算需要满足水流连续的条件，对于气液两相流动还需引入折减系数。故需要对高扬程条件下的虹吸流量进行试验测定，以确定合理的虹吸流量估算方法。

2. 单根虹吸管排水能力估算取值

虹吸流速可参考试验测试值选取相似条件下的流速进行估算。

表 A3. 5 和表 A3. 6 为试验测试值，可作为单根虹吸管排水能力分析计算的参考依据。当虹吸流速取决于扬程时，可按表 A3. 5 取值计算；当虹吸流速取决于进水口与出水口高差时，可参照表 A3. 6 取值计算。

对于重要工程，应根据工程条件进行模拟试验确定虹吸流速计算参数。

表 A3. 5　单根虹吸管排水能力

扬程/m	流速/(L/h)	
	4mm 虹吸管	5mm 虹吸管
1	29. 62	59. 95
2	29. 95	59. 64
3	29. 20	59. 96
4	28. 21	53. 01
5	23. 22	46. 01
6	19. 35	39. 78
7	15. 87	33. 55
8	11. 15	24. 89
9	6. 15	15. 04
10	1. 01	2. 69

注：虹吸管总长度为 60m。

表 A3.6 不同进出水口高差下单根虹吸管排水能力(虹吸扬程 H_1 为 8m)

扬程/m	流速/(L/h)	
	4mm 虹吸管	5mm 虹吸管
1.07	2.40	6.48
1.95	4.24	10.70
3.00	6.76	15.11
4.04	9.02	20.54
5.08	9.35	20.62
6.00	10.16	22.30
7.03	10.17	22.48
8.10	10.24	22.28
9.00	10.57	22.62
10.04	10.40	22.49
10.33	10.43	22.61
11.00	10.43	22.37
12.60	10.45	22.94
16.80	10.32	22.55

注:扬程 H_1 为 8m,虹吸管总长度为 60m。

3. 单孔需要的虹吸排水能力

对于打设垂直钻孔的情况,在不考虑排水孔相互干扰条件下,各排水孔的涌水量与含水层厚度、水位降深等因素有关,可按照地下水向潜水完整井的稳定流量计算公式(A3.13)计算:

$$q=1.366\frac{k_0(H_0^2-h_w^2)}{\lg\frac{R}{r_w}} \tag{A3.13}$$

式中,k_0 为土体渗透系数;H_0 为虹吸排水前的水位;h_w 为虹吸排水后的水位;R 为影响半径,$R=2(H_0-h_w)\sqrt{HK_0}$;H 为含水层厚度;r_w 为虹吸排水孔的半径。

斜孔可参照式(A3.13)进行估算。根据式(A3.13)计算不同潜水位水深、不同排水孔地下水位降深条件下,取排水孔半径为 10cm,各排水孔在要求的地下水位降深条件下,单孔涌水量计算结果见表 A3.7,可以作为单孔虹吸管排水能力设计的依据,结合表 A3.5 和表 A3.6 的不同虹吸扬程的虹吸管排水能力选择虹吸管的数量。

表 A3.7 单孔涌水量

渗透系数 k /(cm/s)	涌水量 q/(m^3/d)			
	h=5m	h=10m	h=15m	h=20m
10^{-3}	12.73	42.62	87.54	146.57
10^{-4}	1.62	5.20	10.48	17.35
10^{-5}	0.22	0.67	1.31	2.13
10^{-6}	0.04	0.09	0.17	0.27

对于斜坡地下水丰富、单孔涌水量很大的情况，可以采用增加排水管数量的方式，也可以采用加大虹吸管直径的方式(此时需要考虑虹吸系统的持续有效性问题)。

A4 虹吸排水系统建设

A4.1 孔底储水管靴与透水管

1. 孔底储水管靴的功能与规格要求

孔底储水管靴应具备的功能如下：

(1) 保持虹吸管的进水口始终处于地下水位以下。

(2) 将泥沙隔离，避免泥沙堵塞虹吸管的进水口。

(3) 利用其刚性和端头的圆润光滑特性，使透水管顺利插入钻孔到达孔底。

(4) 避免孔底段产生过大的挤压变形，利于地下水的汇集。

孔底储水管靴的规格：孔底储水管靴底部密封、顶部开口(见图 A4.1)，一般采用 HDPE 材料制作，管的长度 600～800mm、内径 55～65mm。

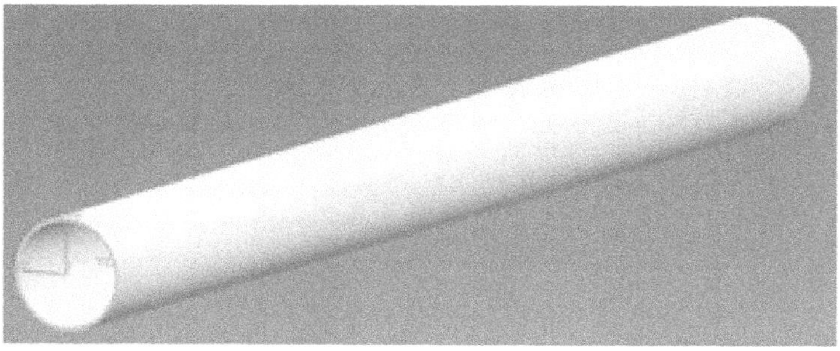

图 A4.1 孔底储水管

2. 透水管的功能与规格要求

透水管必须保证地下水能顺利进入管内并阻止泥沙石块进入，其质量控制对虹吸系统的有效运行十分重要。透水管应满足下列要求：

（1）由于虹吸管的管径很小，必须隔离粒径大于 1mm 的泥沙石块进入透水管内，否则会堵塞虹吸管。

（2）有足够的透水能力，使坡体中的地下水顺利进入透水管内。

（3）在岩土体压力作用下，有足够的刚度抵抗变形，以便虹吸管顺利插入透水管内到达孔底。

（4）透水管易于放入钻孔，现场安装方便。

根据透水管的功能要求，可采用内撑 HDPE 双壁孔波纹管外织滤布（见图 A4.2）。打孔波纹管具有良好透水性和较强的支撑围岩压力的能力，外织滤布可防止泥沙进入透水管内。

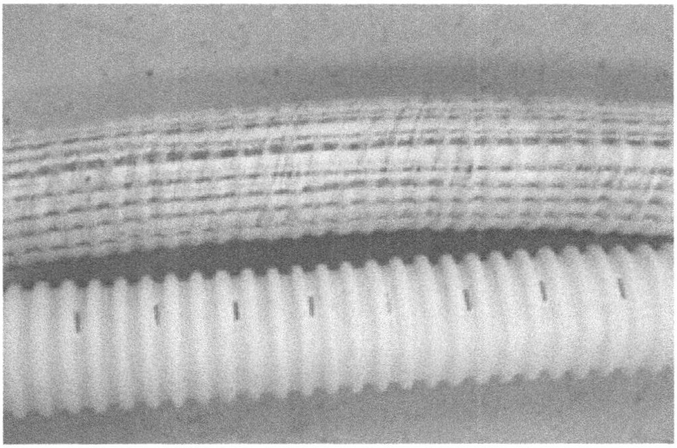

图 A4.2　打孔波纹管外织滤布透水管

HDPE 打孔波纹管规格要求：外径以可紧密插入孔底储水管靴为宜，一般采用规格 50±3mm。HDPE 打孔波纹管性能指标要求：最小壁厚≥0.5mm、最小进水面积≥25cm/m、环刚度≥8kN/m^2、扁平试验压至 1/2 不坏、落锤冲击不破裂、坠落试验不破裂；外包滤布性能指标要求：纵向抗拉强度≥1000N/5cm、纵横向伸长率 ≥12.0%、横向抗拉强度≥800N/5cm、顶破强度≥1100N、渗透系数 k_{20}≥0.1cm/s、等效孔径 O_{95}＝0.06～0.25mm。

A4.2 钻孔施工与高差检测

1. 钻孔施工要求

虹吸排水钻孔，因不能采用泥浆护壁等钻探方法，可以简单划分为跟管钻进和非跟管钻进两大类。岩土体结构松散，钻探过程中容易塌孔时，需要采用跟管钻进。

钻孔施工应满足下列要求：

(1) 根据地形坡度，或搭建钻探平台，或开挖形成钻探施工平台(见图 A4.3)，宽度以方便施工为宜，确保钻孔倾角的有效控制。

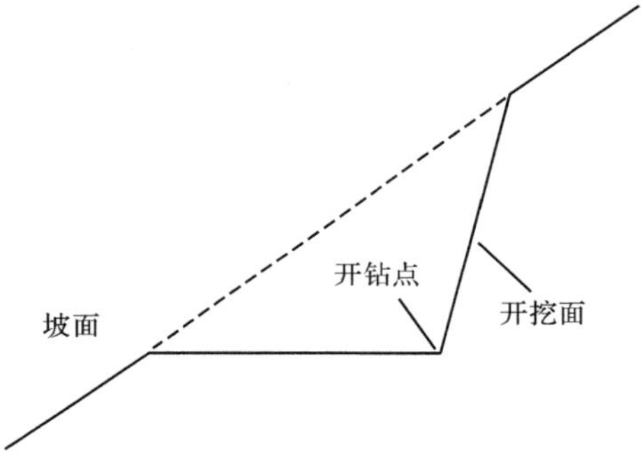

图 A4.3 钻孔开钻点示意图

(2) 采用倾斜钻机成孔，倾角和深度根据斜坡坡度和排水要求确定；钻孔的终孔倾角综合误差小于±2°。

(3) 钻孔直径大于 75mm。

(4) 易坍孔地层钻探时，应采用跟管钻进的方法。

(5) 钻孔的坡面定位误差应控制在允许范围：水平间距误差不超过 0.5m，相邻钻孔垂直高程误差不超过 0.2m，排距高程误差不超过 1m。

(6) 钻孔过程中应做好钻进情况记录，包括地层情况、地下水埋深及富水性等。

(7) 钻孔完成后应进行终孔倾角测量并记录。

2. 孔口与孔底高差检测

为确保虹吸排水系统正常有效工作，需对钻孔的孔口与孔底高差进行检测。对于控制孔口与孔底高差大于 11m 的虹吸排水系统，一般抽检 5%～10%，但不少于 3 孔。对于控制孔口与孔底高差小于 10m 的虹吸排水系统，一般应抽检 10%

～20%，但不少于5孔。

扬程大于6m的虹吸排水系统，孔口与孔底高差检测，可以采用水压传感器进行检测。如图A4.4所示，将不透水的密封管插入钻孔到达孔底，在密封管的底部放置水压力传感器，向密封管注满水到孔口，通过电缆线连接读数仪和水压力传感器，读取密封管注满水时的水压力值，换算孔口与孔底高差。

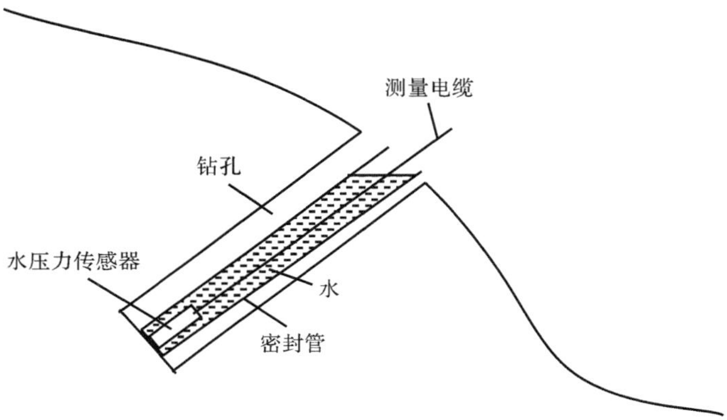

图A4.4 孔口与孔底高差检测

扬程小于6m的虹吸排水系统，孔口与孔底高差检测，可以采用如图A4.4所示的水压传感器进行检测，也可以采用连通管原理进行高差检测。连通管高差检测方法：在虹吸排水孔中插入多根虹吸排水管，其中1根内径6～8mm作为孔底高程测量管，使测量管的进水口低于其他排水管的进水口1～3cm。将所有虹吸管出水口提升到孔底高程以上并灌满水，保持测量管出水口高程，降低其他所有虹吸管的出水口高程至低于孔底高程，在虹吸排水过程中观察测量管水位变化，当其他排水管将管内水全部排出时，监测管的最低水位高程即为孔底高程。应注意：连通管高差检测方法，只适用于其他虹吸管启动后，能够将孔内地下水排干的情况，对于地下水丰富的边坡，可以采用加大虹吸排水能力或选择旱季施工。

A4.3 虹吸排水系统安装

1. 透水管安装

成孔后，拔出套管前，应立即安装带孔底储水管靴的透水管。透水管的一端深入孔底储水管靴内，透水管与孔底储水管靴固定连接。透水管的一端露出孔口约1m。排水管、透水管和孔底储水管靴构造如图A4.5所示。

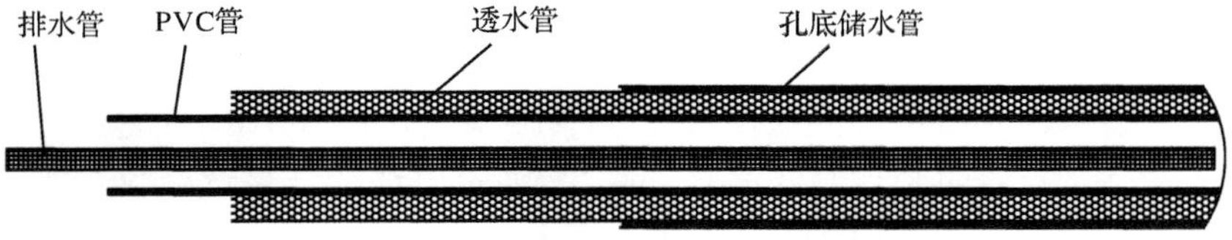

图 A4.5　排水管、透水管和孔底储水管靴构造示意图

采用跟管钻进成孔工艺时，由于在拔出套管前无法安装虹吸管，需要在完成透水管的安装并拔出套管后，再将虹吸管插入透水管内并到达孔底。完成透水管安装后，拔出套管。在拔出套管过程中，注意不能将透水管带出。

2. 平衡出水管安装要求

安装平衡出水管的目的：既要防止将孔内地下水排干，也要防止虹吸管内的水在枯水期被倒吸入孔内，导致虹吸管吸入空气而破坏虹吸系统。

依据孔口与孔底高差检测结果，当孔口与孔底相对高差大于 11m 时，使虹吸排水的出水口高程低于钻孔孔口大于 11m 即可；当孔口与孔底相对高差小于 11m 时，虹吸排水的出水口应设置平衡储水管，确保平衡储水管的出水口高程高于钻孔的底部、平衡储水管的管底高程低于钻孔的底部。

3. 孔内虹吸排水管安装

每个虹吸排水孔一般安装 3～4 根 PA 管，横截面特征如图 A4.6 所示。排水管长度根据实际情况取值，不得连接。

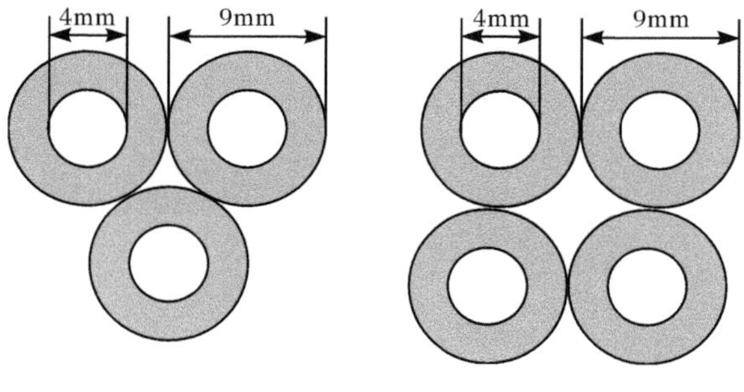

图 A4.6　排水管横断面

由于虹吸管插入孔底时，管端可能顶到储水管靴的壁面而导致进水口无法正常工作，为保障虹吸管的进水口不被堵塞，各虹吸管在距管端头 5～8cm 处打 2 个直径 4～6mm 的正交贯穿孔，使地下水可以顺利流入管内（见图 A4.7）。

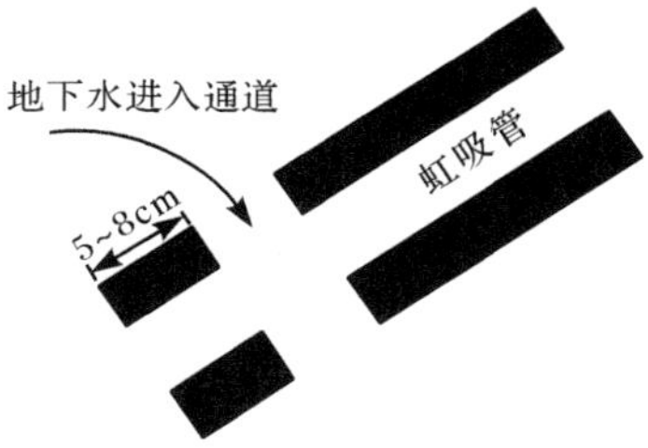

图 A4.7 管端虹吸管进水孔

为了确保虹吸管插入孔底，排水管在钻孔内的部分，可采用外套 ϕ32mm PVC 管或采用绑扎的方式，以便保持各独立 PA 管的相对固定性和具有较好的刚性，利于将虹吸管管束插入透水管中到达孔底。

采用非跟管钻进成孔工艺时，可在孔外将虹吸管插入透水管，并相互固定，然后一起插入钻孔，到达孔底。

4. 坡面虹吸排水管安装

PA 管是一种高分子材料，在暴露环境下，受阳光照射易发生老化，影响虹吸系统的长期使用。同时，地表环境下易受到人类生产生活影响以及动物活动的影响，排水管可能产生外力破坏。因此，钻孔以外坡面上的虹吸管布设，不能直接暴露在地表，应在坡面开挖沟槽，埋置虹吸管，达到有效保护。一般可采用以下方式：开挖深度大于 50cm 的沟槽，在沟底放开口向上的直径 160mm 以上的 PVC 管片（将 PVC 管锯开两片），将排水管放入 PVC 管片中，用更大直径的 PVC 管片覆盖扣合，然后覆土将排水管掩埋。

斜坡地形变化复杂、地表岩土类型多样，开挖沟槽时的规格控制难度很大，往往会出现局部虹吸管不易埋置现象。因为只有保证虹吸管的全线的气密性，才能保障虹吸系统的有效性。因此，确保孔口外虹吸管的整体埋置，当局部无法有效开挖埋置时，应该采用砌筑埋置或采用混凝土封埋，保证不出现局部的裸露现象。

将排水管引向集水槽，排入地表排水系统。

A4.4 虹吸启动方法

1. 出水口逆向压水启动虹吸

启动斜坡虹吸最常用的方法就是在出水口逆向压水。在虹吸管的出水口连接高压注水设备，通过人力或电力等产生高压，迫使外界水流进入虹吸管，通过虹吸管反向流入坡体，使虹吸管充满水。由于斜坡虹吸排水的出水口位置可能很低，与虹吸管顶点的高差可能远大于 10m，除高差外，虹吸管壁黏滞阻力等的影响也需要克服。因此,逆向压水设备的压力必须可以快速有效地抬升数十米水柱高度。

逆向压水过程必须对压水量进行一定的控制,如果通过虹吸管向坡内注水不加节制,会对坡内地下水位产生一定的影响,从而影响坡体的稳定;而注水量过少,对于一些布设较长的虹吸管,则可能无法完全充满水,达不到虹吸启动目标。

高压注水设备可采用常见的农用喷雾器。当虹吸管数量较少时,可以使用人力手摇式的喷雾器(见图 A4.8(a)),其极限压力一般可以达到 0.4MPa,满足逆向压水所需的启动压力需要。当虹吸管数量较多时,可以采用电动喷雾器(见图 A4.8(b))或柴油机喷雾器等,设备的极限压力可达 0.7MPa。只需将喷雾器出水端与虹吸管可靠相接,即可实现快速有效的压水。

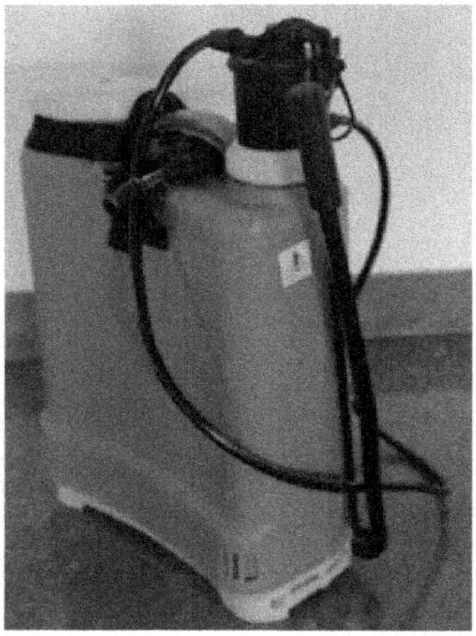

(a) 手压喷雾器

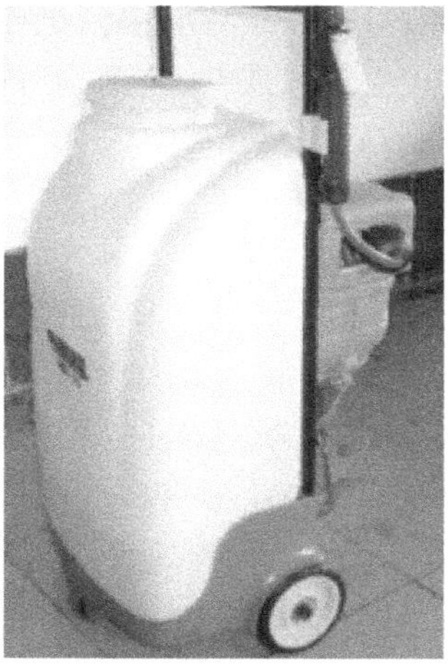

(b) 电动喷雾器

图 A4.8　常用逆向压水设备

逆向压水所需的设备简单、易于操作,在旱季或地下水位较低的边区,逆向压水亦可以保证虹吸管内气体的排出,且保证虹吸管进水口的储水管靴充满水。即使在孔内无水的情况,逆向压水亦可以使虹吸管处于临界启动状态,一旦坡内地下水位上升,虹吸即可启动实时排水。

2. U 形管逆向灌水启动虹吸

在缺乏设备时,可以利用连通管原理,采用 U 形管进行逆向灌水。首先将排水管的出水端按图 A4.9 的形式布置,开口端高度应高于整个虹吸管的最高点。向管中灌清水,使水沿虹吸管反向注入钻孔内,当估计注水充满孔底储水管时停止。反向孔内注水停止后,将坡面排水管的注水口(出水口)高度降低到设计的高程,此时通过虹吸作用,孔内的水会流出。

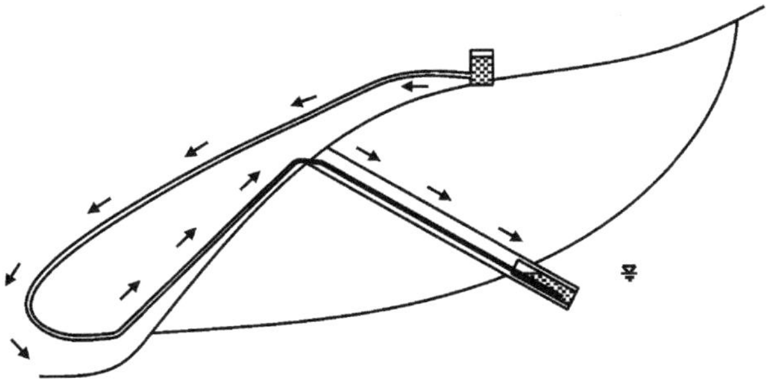

图 A4.9 U形管逆向灌水

逆向灌水的流动速度由顶部水箱的高度决定,水箱越高,灌水速度越快。考虑到能量的损失及管壁的黏滞力等,水箱与虹吸管顶弯头的高程差应不小于 3m。U 形管逆向灌水是一种简单的虹吸启动方法,但其在布设上相对繁杂。需事先预留一定长度的虹吸管,或将虹吸管与预设的 U 形管相连,且水箱位置位于山上,供水条件一般较难满足。该法宜用于在缺少相应设备、虹吸管数量少的斜坡进行虹吸系统的启动。

3. 出水口抽水启动虹吸

要达到虹吸管内充满水,最直接方式是在出水口安装抽水设备,通过抽水启动虹吸,如采用真空泵、高压手动泵等。

对于扬程较低的情况,在出水口抽水启动虹吸是可行的方法,其启动虹吸需要的时间短、工作效率高。在斜坡虹吸排水中,若使用抽水设备进行虹吸启动,首先应确定虹吸排水孔内的坡体地下水位和富水情况。当钻孔水位较高且地下水丰富时,可以采取抽水设备抽水启动虹吸。当钻孔水位较低、或地下水量较少,甚至在旱季出现无水的情况,则不宜采用抽吸启动虹吸的方法。抽水设备易将钻孔内的水排干,从而使虹吸发生不可逆的中断,这是虹吸启动中应注意的问题。

A4.5 虹吸系统布置其他要求

1. 尽可能减小虹吸管顶部水平段长度

虹吸系统布设时,在许多情况下会出现水平管段,才能将虹吸水引到合理的位置。因虹吸管内的压力是随着距进水口水面的垂直高度的增加而降低,而管外空气进入管内的速度与压力差成正比,如图 A4.10 所示,随着 L 的增大,在相同时间段内,管外空气进入虹吸管的量也将增大。同时,随着水平管段的长度增加,虹吸管流的沿程阻力也将增大,这种沿程阻力,不仅表现为沿管壁的黏滞力,更主要是管道中大量气泡段作用,会大幅降低虹吸管的流速。因此,在虹吸管铺设设计时,应通过增加集水池等措施,尽可能减小虹吸管顶部水平段长度,以便提高排水效率和减少空气积累。

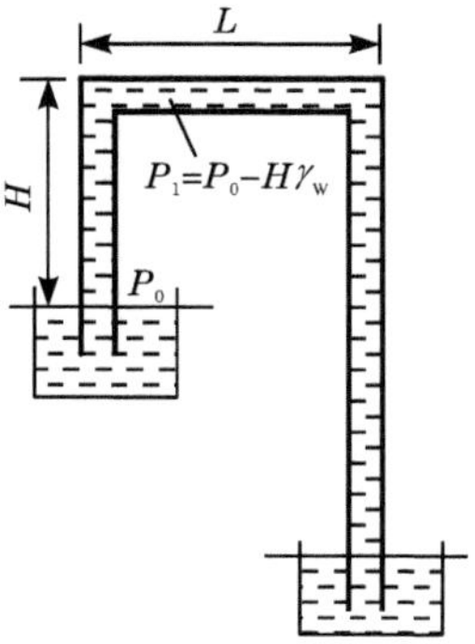

图 A4.10　尽可能减小 L 值

2. 保持进水口和出水口均处于水位下

虹吸管内充满水是维持虹吸系统正常工作的基础。对于斜坡虹吸排水,由于坡体地下水位始终处于波动变化过程中,如果虹吸管的进水口和出水口不处于水面以下,就可能出现如图 A4.11 所示的情况。在某时刻虹吸排水停止在平衡状态(图 A4.11(a)),随后坡体地下水位上升,就会出现图 A4.11(b)的状态,出水管中的水柱长度会由原先的 H_2 减小到 $H_2-\Delta H_1$,如果此时虹吸再次启动,则排水后恢复到图 A4.11(a)的状态,但如果出现图 A4.11(b)的情况后,坡体地下水位下降而不启动虹吸,且出水口不处于水面以下,因没有水补充反向流动,就会出现图 A4.11(c)的情况,导致虹吸管出水管段的水柱长度减小。这个过程的反复作用,就会导致管内的水柱长度减小而最终破坏虹吸过程。相反,如果进水口和出水口均处于水面以下,因为有水补充反向流动,就不会出现 ΔH_2 的空气段,从而削弱地下水位反复波动对虹吸可持续性的影响。

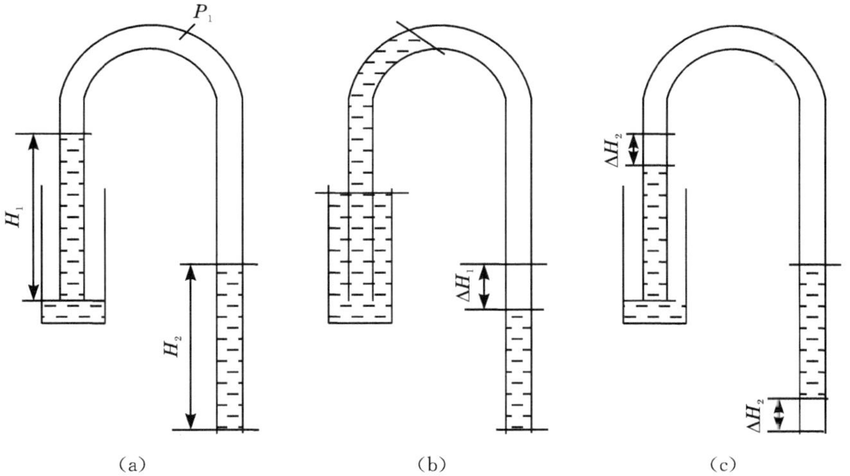

图 A4.11 坡体地下水位波动对虹吸管水柱长度影响

3. 尽可能保持各虹吸排水孔的控制水位接近

高扬程虹吸管的顶部近于真空状态，在经历长期停流过程中，总是会有一定的空气进入虹吸管。为了避免虹吸停止持续时间过长而导致管内空气积累量过大，总体上要求各次虹吸停流期的持续时间应该尽可能短。在干旱季节，许多斜坡没有地下水可以排出，虹吸过程会出现停止，这是无法改变的结果。另一种导致虹吸停止流动的情况，是相邻虹吸孔的地下水位降深幅度很大，使坡体地下水位始终处于较低的位置，而导致孔底位置相对较高的虹吸孔在很长时期无水可排，处于长期停止虹吸的这些虹吸排水孔可能失效，而无法在下次强降雨时启动虹吸，导致有效排水孔的数量减少，排水的总能力降低，而导致强降雨过程中地下水位上升过大引起地质灾害。因此，应该尽可能保持各虹吸排水孔的控制水位接近，使所有虹吸排水孔都能进行周期性启动而防止管内空气积累量过大。

A5 虹吸排水效果检测与建设工程验收

A5.1 虹吸流量监测

1. 单孔虹吸流量检测

完成虹吸排水系统安装和虹吸启动后，应根据各排水管的钻孔编号，对各钻孔的虹吸流量进行检测，并做好记录，为斜坡水文地质条件分析和虹吸排水效果评价提供依据。钻孔施工过程中，所在斜坡部位的富水性，一般可根据钻进情况进行判断，如果钻进过程反映为富水性孔，但虹吸却不出水，则应分析原因。孔底泥浆沉淀过多、排水管堵塞、孔口与孔底高差未达要求等原因，均可能导致虹吸不出水或出水量小。对于孔底泥浆堵塞情况，可反复进行逆向压水和正向虹吸；对于孔口与孔底高差未达要求的情况，可根据情况考虑改变出水口高程，并设置平衡储水管；必要时应增补钻孔。

2. 排水总流量监测

排水总流量是反映斜坡排水效果的最直接指标。对虹吸排水总流量的变化进行监测，既可为虹吸排水系统的有效性分析评价提供数据，也可为虹吸系统运行是否正常的判断提供依据。为了监测虹吸排水的总流量，宜将各虹吸排水孔的排水量引到集水槽。可以设置一个或多个集水槽，也可以设置一个总集水槽和多个分集水槽，根据现场条件确定。

对于多排虹吸排水孔的情况，宜在各排虹吸孔分别修建分集水槽，汇集虹吸管排出的地下水。然后通过 PE 管，将各分集水槽的地下水导流到具有水流量监测功能的总集水槽，进行虹吸排水流量监测。分集水槽修建点高程应低于任何一个虹吸排水孔的孔口高程，地表土质坚硬，且方便检视易于保护。集水槽宜布置在坡脚附近，以便监测人员到达。

流量监测一般采用三角堰监测系统或水表。水表监测方法简单，直观性好，从水表读数可随时掌握累计排水流量，缺点是无法反映流量的变化过程，且在使用过程中容易出现堵塞问题。

利用三角堰监测系统（见图 A5.1），可以记录虹吸排水系统的排水流量随时间的变化过程。由于流量较小，三角堰开口角度应尽可能小，以便提高监测精度。水位高度可采用高分辨率水位计自动记录（如电容式探头的 Odyssey 水位计等），将仪器固定安装在堰槛前，连续监测水位高度 H 的变化，换算出任意时刻的堰口水位高度 h，从而实现对水流量的连续监测。实施时应注意：水位计监测位置离开堰口位置的距离应大于 0.2m，且堰槛前应该有较大面积的集水池，使水面高程监测不受堰口水流影响；保持堰板直立。

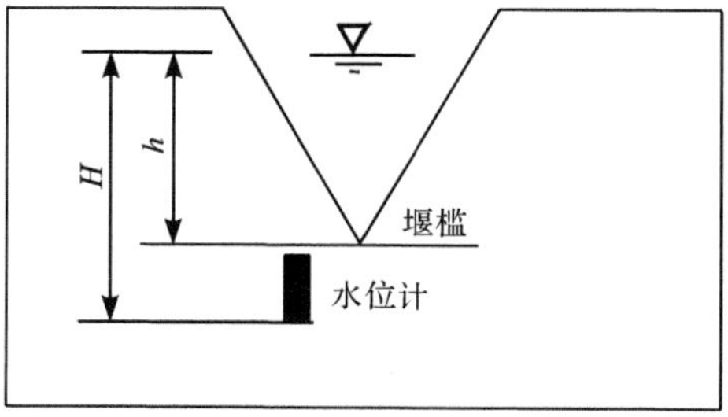

图 A5.1　水流量测量三角堰及水位计

A5.2 降雨量和地下水位监测

1. 降雨量和地下水位监测的基本要求

降雨量监测和斜坡地下水位监测，可以分析降雨过程对虹吸排水流量的影响方式，分析地下水位变化与虹吸排水流量的变化关系，分析虹吸排水对斜坡地下水位的控制能力，从而对斜坡虹吸排水效果进行合理评价。监测的基本要求如下：

(1) 降雨量监测和斜坡地下水位监测工作应先于首个虹吸排水孔启动 10 天以上。

(2) 降雨量监测点距所在斜坡距离应在 500m 范围以内。

(3) 斜坡地下水位监测孔应能掌握斜坡地下水位的基本分布特征。

(4) 地下水位监测孔施工应满足相关规范的要求。

2. 降雨量监测

降雨量监测可以采用自动雨量计。仪器使用简单、自动化程度高、连续采集数据时间长、测量精度高，配有专用的数据处理软件，测量数据处理效率高。只需定期读取监测数据并进行整理分析。

3. 斜坡地下水位监测

地下水是斜坡失稳的主要诱发因素，对斜坡虹吸排水而言，排水前后地下水位变化动态监测，是评价虹吸排水效果的基础数据资料，也是评价斜坡稳定性的重要监测内容，特别是对于地下水丰富的斜坡，应特别重视坡体地下水位监测。地下水位动态监测常用的仪器设备有电测水位计、自动水位记录仪。由于钻孔水位波动往往较大，钻孔水位监测应注意选择合适的量程。

电测水位计由测头、电缆、滚筒、手摇柄和指示器等组成。测头为金属制成的短棒，两芯电缆在测头中与电极相连，形成开闭电路。当测头接触水面时使电极在水中接通电路，信号经电缆传到指示器，触发蜂鸣器和指示灯，从电缆标尺上直接读出地下水位埋深。优点是简单、可靠、价廉，缺点是人工监测工作量大、数据连续性差。

自动水位记录仪，可长时间连续采集数据，可同时记录水位和温度，自带存储容量，可存储数万个压力和温度数据。低功耗，一般自动水位记录仪 1 分钟采样电池可用 5 年。使用时将水压力传感器用钢丝绳悬挂在测井中，需要读取数据时提出测井，用专用数据下载 USB 接口读取数据。优点是简单、可靠、数据连续性好，缺点是费用较高。

A5.3　斜坡变形监测

1. 监测项目

斜坡变形监测是防止滑坡灾害发生的一个重要环节。地质条件复杂多变,依据地质调查和勘察,要准确无误地预测岩土体的性状及其稳定性变化是十分困难的。斜坡监测既是保障斜坡安全的重要手段也是深化斜坡物理力学特性认识的有效途径。对斜坡的变形观测包括表面位移观测和内部位移观测,目的是测量坡体的水平位移和垂向位移,掌握动态变化规律,研究斜坡是否有变形发展和滑坡的可能性。配合斜坡虹吸排水效果监测,一般只进行表面变形监测,对于重要斜坡则应开展深部变形监测。

2. 监测仪器选择与监测系统布置

工程监测是一项长期和连续的工作,量测元件和仪器选用是否得当是做好监测工作的重要环节。由于室外工作环境,监测元件和仪器的选用应考虑可靠性、坚固性、经济性、直观性和精度要求。

监测系统布置,需分析和确定以下几个方面:

(1) 据调查分析确定表征斜坡安全的要素。

(2) 确定对斜坡整体安全起调节作用的单元。

(3) 确定能够最好地描述斜坡动态的物理量。

(4) 选择观测这些物理量的仪器及其安装方式、工艺要求。

(5) 选择仪器放置位置,确定仪器的数量、密度和分布。

(6) 确定观测频率。

3. 巡视检查

采用仪器进行斜坡安全监测常常是不可缺少的重要手段,但由于仪器监测的测点有限,不可能覆盖整个斜坡面,同时仪器本身也存在可靠性问题,作为补充,进行地表人工巡视检查是十分必要的,巡视检查方法如下:

(1) 人工巡视检查是监测人员到边(滑)坡现场察看。参加巡视的人员应有一定的专业经验。

(2) 巡视检查分日常巡查和年度巡查。日常巡查一般每 2 个月 1 次,年度巡查一般在每年汛期、汛后全面地进行。

(3) 检查内容:①边(滑)坡地表或排水隧洞有无新裂缝、坍塌发生,原有裂缝有无扩大、延伸;②地表有无隆起或下陷,滑坡后缘有无新的拉裂缝,前缘有无剪出口出现,局部楔体有无滑动现象;③排水沟、截水沟是否通畅、排水孔是否正常;

④是否有新的地下水露头、原有的渗水量和水质有无变化；⑤安全监测设施有无损坏。

(4) 巡视检查记录和报告。每次巡视检查都应有记录，记录内容包括巡视检查日期、参加人员、巡视检查内容、检查中发现的情况，记录方式采取文字、表格、照相等。

A5.4 质量检查与验收

1. 施工质量控制

(1) 虹吸排水工程施工单位应建立健全质量保证体系，建立运行有效的质量管理机构。

(2) 编制虹吸排水工程施工作业指导书，有切实可行的质量控制方法和具体措施，还应明确各工序的质量标准。

(3) 施工前应向操作人员进行计算交底，技术交底应有记录。

(4) 虹吸排水孔施工过程中，应进行各工序的质量检查，对每道工序的检查应做详细记录，并作为工序质量评定的依据。

2. 钻孔施工

(1) 钻孔施工有稳定的钻探施工平台，确保钻孔倾角的有效控制。

(2) 钻孔深度和倾角控制满足设计要求。

(3) 有完整的钻进情况记录。

(4) 孔口与孔底高差抽检数量满足 A4.2 的规定，检测结果满足设计要求。

3. 虹吸排水相关材料

(1) 孔底储水管采用底部密封、顶部开口的 HDPE 管，规格尺寸满足设计要求，能保证孔底长期有水，使虹吸管的进水口长期处于水面下。

(2) 透水管采用内撑 HDPE 双壁打孔波纹管外织滤布，规格尺寸满足设计要求。HDPE 双壁打孔波纹管最小壁厚≥0.5mm；外包滤布无破损。

(3) 排水管采用尼龙管(PA 管)，规格尺寸和每个钻孔安装根数满足设计要求，虹吸管没有接头。

4. 坡面虹吸排水管布设

在坡面开挖沟槽，将虹吸排水管集中放入 PVC 管片中，覆土将排水管掩埋入地表 50cm 以下。将排水管引向集水槽。除水池部位外，其他任何部位均无虹吸管裸露地表，保证最小埋深不小于 30cm。

5. 集水井和集水槽

各排虹吸孔分别修建集水井，汇集虹吸排出的地下水。将各集水井的地下水导流到具有水流量监测功能的集水槽，进行虹吸排水流量监测后排入稳定沟道。

集水井顶面高程满足设计要求，集水井高水位时的稳定水深大于 50cm，集水井顶面盖板坚固且可移动。

集水槽用于收集虹吸管排出的水，进行流量监测，用于评价虹吸排水效果。集水槽安装的实时流量和积累流量监测装置能稳定工作。

6. 虹吸管的空管数

空管数＜5％。

虹吸管质量问题、施工过程虹吸管的局部弯折、踩踏等原因，可能引起个别虹吸管的气密性不达标，使虹吸管无法保持真空度，导致管内水体无法保留而形成空管。

7. 竣工资料

斜坡虹吸排水工程建设竣工报告应包括下列资料：

(1) 工程概况、施工图、施工方案、施工组织设计、施工进程、施工执行中的变更情况等。

(2) 各虹吸排水孔的钻孔日期、钻孔深度、开钻倾角和终孔倾角，钻孔反映的坡体地质结构特征、初见地下水位、终孔地下水位、富水情况等。

(3) 施工期间降雨、斜坡地下水位和斜坡变形监测结果，虹吸排水孔的孔口与孔底高差检测结果，单孔虹吸排水情况和全部虹吸排水孔的总排水量。

(4) 根据斜坡地质勘察结果，结合虹吸排水孔揭示的斜坡地质结构特征和施工期间相关检测资料，分析斜坡工程地质条件和水文地质特征，评价虹吸排水系统的工作效果，分析虹吸排水后的斜坡稳定特征，提出今后工作建议。